《广州大典》普及书系
主编　陈建华

近代三十年政学潮流的领跑者

梁启超作品选读

李　旭◎编著

广州新华出版发行集团
广州出版社

图书在版编目（CIP）数据

近代三十年政学潮流的领跑者：梁启超作品选读 / 李旭编著. —广州：广州出版社，2020.12（2022.4重印）

（《广州大典》普及书系 / 陈建华主编）

ISBN 978-7-5462-3156-3

Ⅰ. ①近… Ⅱ. ①李… Ⅲ. ①梁启超（1873—1929）—文集 Ⅳ. ①C53

中国版本图书馆CIP数据核字（2020）第221963号

书　　名　近代三十年政学潮流的领跑者：梁启超作品选读

Jindai Sanshinian Zhengxue Chaoliu de Lingpaozhe：Liang Qichao Zuoping Xuandu

出版发行　广州出版社

（地址：广州市天河区天润路87号9、10楼　邮政编码：510635

网址：www.gzcbs.com.cn）

出 品 人　柳宗慧

责任编辑　潘孟良　李畅炜

责任校对　刘小娟

装帧设计　肖晓文

印刷单位　佛山市浩文彩色印刷有限公司

（地址：佛山市南海区狮山科技工业园A区　电话：0757-88368558　邮编：528225）

规　　格　787 mm × 1092 mm　1/16

印　　张　19.25

字　　数　257千

版　　次　2020年12月第1版

印　　次　2022年4月第2次

书　　号　ISBN 978-7-5462-3156-3

定　　价　58.00元

《广州大典》普及书系编辑委员会

关于“广府名人读本”系列
编选出版的几点说明

一、本书属于《广州大典》普及书系“广府名人读本”系列；

二、“广府名人读本”系列作为《广州大典》普及书系的开篇，将分为若干辑出版，成熟一辑，出版一辑；

三、因书系以《广州大典》所收文献为编选基础，故个人著述不存世或存世稀少者不纳入“广府名人读本”系列；

四、考虑到《广州大典》（民国篇）正在编纂和不少近代广府名人著述活动时段跨越清末民初的实际情况，“广府名人读本”系列会适当拓宽选录范围。

《广州大典》普及书系
出版前言

广州自古以来就是岭南地区的政治、经济、文化中心，是首批国家历史文化名城。自秦始皇三十三年（前214年）广州建城，至今已有2200余年，大量珍贵的地方文献翔实地反映了广州文化不断发展、不断繁荣的悠久历程。

《广州大典》是由中共广州市委宣传部、广东省文化厅策划并组织研究编纂，旨在系统搜集整理和抢救保护广州文献典籍、传播广州历史文化的大型地方文献丛书，是千年羊城的“根”和“魂”。《广州大典》收录文献的时间范围截至1911年（个别门类的时限延至民国），地域范围包括清代中期广州府所辖南海、番禺、顺德、东莞、从化、龙门、增城、新会、香山、三水、新宁、新安、清远、花县以及香港、澳门、佛冈、赤溪，内容范围包括广州人士（含寓贤）著述、有关广州历史文化的著述及广州版丛书，依经、史、子、集、丛五部分类，共计收录文献4064种，编成520册，于2015年出版。2019年，《广州大典·曲类》专辑单行出版，共计收录文献1589种，编成43册。

为贯彻落实习近平总书记关于让书写在古籍里的文字活起来、推动优秀传统文化的创造性转化和创新性发展，以及要把优秀传统文化的精神标识提炼出来、展示出来，把优秀传统文化中具有当代价值、世界意义的文化精髓提炼出来、展示出来等指示精神，开发利用《广州大典》这一广州历史文献宝库，广州大典研究中心、广州出版社有限公司决定联合编纂出版《广州大典》普及书系，努力将书系打造成集学术性、知识性和可读性于一体的优秀出版物。

书系以《广州大典》为文献基础（可根据实际情况，适当拓宽选录范围），组织一批专家学者从《广州大典》中精选最具代表性、最具可读性、对当代读者有一定借鉴价值的文献，进行普及性的内容整理、发掘，形成《广州大典》普及书系。书系按年分辑来出版，拟分为广府名人读本系列、地方风物读本系列、地方游记读本系列、西学东渐读本系列、小说读本系列、戏曲曲艺读本系列等。书系每种读本均将尽量吸收、反映学术界最新研究成果。每种读本均包括导读、代表性作品选编（含注释、翻译、评析或解题、延伸阅读等）和相关资料附录，作者均为学有专长、研究有素的专家学者。每种读本均力求做到图文并茂、雅俗共赏。因此，《广州大典》普及书系可视作《广州大典》的延伸，且与《岭南文库》的延伸《岭南文化知识书系》《广东历史文化名人丛书》等普及性读物，既桴鼓相应，又各具匠心，可谓和而不同、美美与共。

民族复兴，以文化传承、文化创新为重，既需要薪火相传、代代守护，又要与时俱进、推陈出新。《广州大典》普及书系既是一项重要的文化普及工程，又是一项推动城市文化综合实力出新出彩的切实举措。

食髓知味，小书不小。我们相信，书系的陆续出版，将充分展示广州深厚的历史文化底蕴，擦亮广州历史文化品牌，并有助于中华优秀文化的传承和发展。

《广州大典》普及书系编辑委员会

目录

导读

引言

梁启超像

从1902年梁启超著作首次结集出版（日本东京新智学社石印《饮冰室壬寅癸卯全集》），到2018年汤志钧收罗最全的《梁启超全集》（中国人民大学出版社），100余年来，有40多种任公著作的编集与辑佚本出版（参见李华兴《梁启超选集·前言》、董方奎《梁启超研究著论目录》等）。其中梁廷灿所编的《饮冰室文集》有重新整理的简注本，林志钧所编的《饮冰室合集》则多次印行（含台湾地区）。超大部头的学术文献有这样的出版市场（可能是近代学者著作版次最多、出版量最大的；尚不计数量更加巨大的各类文选本与单行本），从接受史的角度来说，它本身的价值与地位，已由历史牢牢筑基。因此可以说，梁启超的著作，已经成为中国近代文化的经典文献。近代史家说："很少有人像梁启超那样……其著作在一百年中，却始终保持它的亲切感和吸引力。"（耿云志、崔志海《梁启超·结语》）

但是，对梁启超的著作，从来就有不同的声音。撇开政治和意识形态的因素，从文化和学术价值的角度看，这种不同的声音也强烈地振动我们的耳膜，令人不能忽视。例如，胡适就说：

> 任公的才高而不得有统系的训练，好学而不得良师益友，入世太早，成名太速，自任太多，故他的影响甚大，而自身成就甚微。近几日我追想他一生著作最可传世不朽者何在，颇难指名一篇一书。（1929.2.2日记）

这段日记写于梁启超追悼会筹备期间，可以看作胡适为梁作盖棺定论的反思。其中包含四层意思，其逻辑从逆序见出：最后两句是关键，说明用的是中国传统衡定学术的最高标准，即是否可以“传世不朽”。因为是在这个前提下说话，所以说梁“影响甚大，而自身成就甚微”。微到什么程度呢？微到没有“一篇一书”可以“传世不朽”。梁才高过人何以如此令人遗憾？原因有两方面：一是“入世太早，成名太速，自任太多”。梁23岁公车上书，24岁为《时务报》主笔文名满天下，25岁任湖南时务学堂总教习，26岁参与戊戌变法授六品衔主办译书局事务最后流亡日本，直至联袁倒袁、推段驱张、入阁为司法财政首长……这个原因实实在在，梁自己也说“我于学问未尝有一精深之研究，盖门类过多，时间又少故也”。（张荫麟谓其“才大工疏，事繁骛博”；梁容若谓其“慢事急办”）二是“不得有统系的训练”与“不得良师益友”。学海堂之优等生，康有为之高足，黄遵宪、谭嗣同之至交，王国维、陈寅恪之同事，为何说“不得有统系的训练”“不得良师益友”呢？大概是指学海堂当时已非盛景，康有为学问剑走偏锋，都影响了梁的学术根基。若拿胡适自己的学历履历来衡量，梁还缺正规的留学专业（学位）教育——因此不通西语、无法畅读西学原著。而与黄、谭、王、陈交往，梁确乎受益不少，但自身格局已成，名声日著，难以有大改观了（如梁在日本十数年，执定自己的便捷法学日文，所以水平尚不及黄遵宪）。

梁启超故居

现在回到胡适评论的关键点：梁启超有1000多万字的著作，却很难找出一二“可传世不朽者”。于是问题来了：梁的学术著作被众多的出版社以各种形式大量出版，100多年行之不衰（近二三十年尤其盛况空前），而且可以预期，就中国现阶段的社会实际和发展前景来看，梁的著作在下一个百年（至少50年）不会失去其广泛的阅读、借鉴价值（还不说更长远的学术研究价值）。从这可以看出，历史事实与胡适的判断存在矛盾。

这一矛盾现象揭示出一个重要问题：如何看待梁启超的著作和梁启超的意义。尤其作为一个读者，如何更深入、更全面地理解梁启超的著作作为中国近代文化经典文献的价值和意义呢？

对于这一问题，我觉得可以从以下三个方面看。这是我数年来“阅读梁启超”摸索得到的几把钥匙，希望对大家打开“阅读梁启超”的大门有所帮助。

梁启超著作自身的价值特性

这个问题是：梁启超著作的长处，特有的取胜处，在当时受到欢迎之处，100年后还能令读者怦然心动之处，究竟是什么？这是最重要的一点，是关键所在。这里仅从其著作的内容方面看，尚不涉及表达形式。这一点包含两个方面。

其一是强烈的现实性。即从近代中国革故鼎新的现实需求、救弊起衰的历史责任出发，紧紧围绕谋求祖国富强的时代主题。

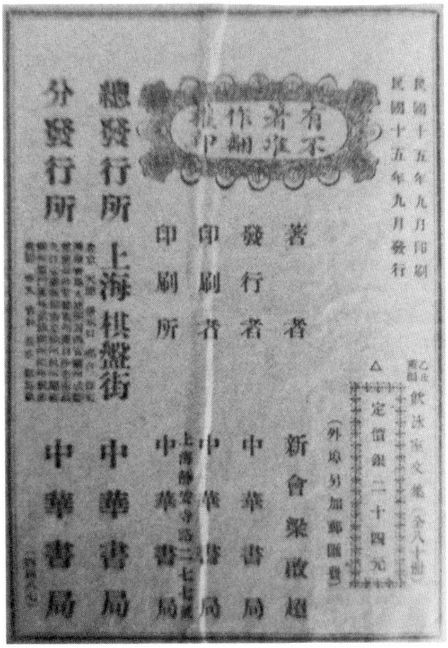
民國十五年九月印刷
民國十五年九月發行
有著作權 不准翻印
飲冰室文集（全八十冊）
定價銀二十四元
（外埠另加郵匯費）
著者 新會梁啟超
發行者 中華書局
印刷者 中華書局
印刷所 上海靜安寺路二七七號 中華書局
總發行所 上海棋盤街 中華書局
分發行所 中華書局

《饮冰室合集》（中华书局1926年版）

梁启超自己说：“吾辈之为文……应于时势，发其胸中所欲言，而为国民道铎。”（1902年版《饮冰室文集》原序）梁固然是近代最会做文章的人，但他做文章不仅是做自己想做的文章、擅长做的文章，题目不只是凭一己之主观想象出来的；他做的是解决紧迫现实问题的急文章，是中国近代发展不得不做的时代的大文章。他是应现实、时代的需要“命题作文”。当时，他的文章，带着紧迫的现实问题本身扣人心弦的力量；而在其后世，只要那一类现实问题本身没有完全解决，或尚未失去意义（1902年版《饮冰室文集》原序：“中国之进步亦缓矣。”），他的文章的力量就仍然存在；即使文章中的问题在历史中已然解决，并不存在了，那种直面问题的担当精神也仍能给人启发。就做文章本身而论，这样的文章肯定是有的做得好，有的做得不尽好，但回应问题本身的力度，远比文章做得好坏更重要（看看当下那些回应重大现实问题的文章在网络上受欢迎的情况，对此会有很深的理解），而那些回应问题有力而文章又做得好的，其意义就更加突出了。

梁启超是一位人文学者，其学术根基及其专业所长在于文史。对于财政、金融、货币、工商诸领域，他缺乏专业训练和系统知识，但作为一个推动近代中国变革的政治家，他对这些问题极为关注。在流亡日本期间，梁启超更是集中阅读了大量日文著作，做了充足的学理准备（1912年《上袁大总统书》所谓“启超十年来竭虑研究”），从1896年到1926年的30年间，梁启超在这些领域写下了约70篇著作，来回应中国变革发展现实之所需。我这次通读《梁启超文集》，感到他在经济学方面的很多文章仍然动人，有不少问题及论述仍然很有意义。专攻经济史和经济思想史的赖建诚教授在《梁启超的经济面向》最后一章说：

> 在将近一个世纪之后，用现代眼光重读梁的经济见解，真有那么肤浅的感觉吗？大体而言，不但不会，有时还很能感受到一些力量。主要原因之一，是梁所说的大都是具体的弊病与实情，而非抽象深刻的推理。既有弊端，那支能搅动社会的笔端就能发挥很大的功能……所以不完全是因为梁的经济学理透彻，也不完全是他对经济政策的理解高超。

就是说，能抓住现实问题，回应社会需求，给予有力表达，唤起社会关注，而不是学理的透彻与理解的高超，构成了任公著作魅力的基础。

其二是坚定的现代性。即从近代中国挣脱陈旧保守传统的束缚，追赶世界先进文明的历史趋向出发，始终贯彻中国现代蜕变的发展理念。

作为坚定的，毫不动摇、始终如一地追求中国走向现代世界的思想家，任公与胡适很相似，是近代以来人莫之及的代表人物。他从投身康门求新学，到参与戊戌变法，在日本办报从事启蒙宣传，新政时期促进建党立宪，辛亥后怀揣梦想入阁，到粉碎袁世凯称帝美梦，“狙击”张勋复辟，直到晚年回归教育与学术，尽管别人说他“多变”，他自己也说“以今日之我难昨日之我”，但其建设现代国家、实现现代政治、发展现代经济、创造现代文化、奉行现代道德与文明生活准则的目标，却从未改变。所以他一生的著作，尽管各时段主题不同，态度有异，但无不有这一目标贯穿其中。

所谓现代性，离不开西方化。因为西方文艺复兴以后发展起来的政治、经济、军事、教育、文化，从培根、孟德斯鸠、卢梭、亚当·斯密到马克思等提出的新思想，是中国近代以来变革图强所必须取法借鉴的。从“睁眼看世界的第一人”林则徐开始，敏感于世界潮流强力的士人，无论是主张“中学为体，西学为用”，还是主张不仅取法其船坚炮利，还要学到制度文化，都是要借鉴西方近代文明来扬弃传统，改革现实。梁启超在其30年的文字生涯里，获得“时代鼓手”“宣传部长”的声名，就是因为他积极主动、坚持不懈地介绍西方文化，借鉴近代西方文明，发表其政治、经济、法律、教育、文化诸方面变革和建设的意见，轰动国人，形成了巨大的、持续的影响力。

而且，就像梁启超针对现实问题的著作一样——只要其问题未能完全解决，其意义与力量就依然存在——中国走向现代世界、建设现代文明富强国家、形成现代文明生活及道德规范的历程没有终结，梁那些贯穿着顽强的现代追求、坚定的现代精神的著作，也不会失去其借鉴价值，仍然能震撼读者的心灵，发挥进步作用。夏晓虹说：“他生前探讨的诸多问题，在今日并未过时，仍然令人关注。”（《文章与性情·著论求为百世师》）我自己近年来连续阅读《饮冰室文集》等，常有“百年重回梁启超”的强烈感觉[①]。我相信这绝不是纯个人的感觉。即如他在20世纪初年写的介绍现代民主政治和法治思想的那些文章，确乎报刊文章而已，谈不上专深研究，对人类政治理论并无新贡献可言，但其中却不是没有精见特识，不是

① 余英时：“今天中国似乎又重新回到了体制改革的始点，面对的困难则远比一百年前复杂而深刻。”（《是什么注定了戊戌变法必然失败？》，见《二十一世纪》）。

没有可以长存的意义。例如关于现代民主政治制度，林肯在《葛底斯堡演说》中提到“of the people，by the people，and for the people”三个方面，梁启超说我们中国不缺“of the people”与“for the people”，即我们自古就不缺“水能载舟，亦能覆舟”式的人民权利观念，不缺为民父母式的为人民服务观念，我们缺的是“by the people”，即缺乏政府属于人民、政府为了人民铁的制度保障：权力怎样产生、怎样监督、怎样行使，植根于真正的人民参与制度，始终有严格的法律保障。不然，“徒言民为邦本，政在养民，而政之所从出，其权利乃在人民以外，此种无参政权的民本主义，为效几何？！我国政治论之最大缺点，毋乃在是！”总之，“不承认国家为一个君主和某种阶级所有”，“不承认国家为一个君主和某种阶级的利益而存在”，现代国家是“民众自身实行政治”的形式。（《先秦政治思想史》，见《饮冰室合集》7658、7845-7846；《论中国学术思想变迁之大势》第四节）[①]不然“of the people”“for the people”很容易落空，很容易产生政治强人肆行个人意志、保权固位的专制统治，很容易产生掌握公权者高高在上宰制小民的恶政。梁启超这种锐利的眼光和深透的见识，毫无疑问具有伴随中国现代政治文明建设和发展历史过程之始终的意义。

辛亥革命后，孙中山不得已把权力交给袁世凯，于是梁启超有一个积极同袁世凯合作的时期，在这个过程中他确乎与国民党人有竞斗，因而长期受到非议与攻击。梁这一段的政治策略和政治动作不无可议之处，但他绝不是要投身袁世凯权力的牢笼，成为袁世凯建立独裁专制的帮手，而是要影响、引导袁世凯，建立近代开明专制的政治制度，为将来实现民主政

① 梁启超《论政府与人民之权限》：“‘仁政’必言保民，必言牧民，牧之保之云者，其权无限也。故言仁政者，只能论其当如是，而无术以使之必如是。……何也？治人者有权，而治于人者无权。……若夫贵自由定权限者，一国之事，其责任不专在一二人，分工而事易举，其有善政，莫不遍及，欲行暴者，随时随事，皆有所牵制，非惟不敢，抑亦不能。……政府与人民立于平等之地位，相约而定其界也，非谓政府畀民以权也。”

治打基础。我们现在来看他1912年2月23日近3000字的《致袁世凯书》的一段：

> 政党之论，今腾喧于国中，以今日民智之稚，民德之漓，其果能产出健全之政党与否，此当别论。要之，既以共和为政体，则非有多数舆论之拥护，不能成为有力之政治家……今后之中国，非参用开明专制之意，不足以奏整齐严肃之治。夫开明专制与服从舆论，为道若大相反，然在共和国非居服从舆论之名，不能举开明专制之实。以公之明，于此中消息，当已参之极熟。

其中还说到"暗中为舆论之主，而表面居舆论之仆"，意思不是任意操纵舆论、压制舆论，而是善于谋求将个人意志与社会舆论达成一致，其中不能缺少"服从舆论"、协商决策的过程，这是"开明专制"的真义之一。英国维多利亚女王或坚持或退让协调决策的政治智慧（所谓"不逞己意以实现英国数十年盛世"），是最好的典型。

还有更重要的，要发挥好政党政治的作用，培育健全的党派政治，"必求之旧立宪党与旧革命党中之有政治思想者"，以为坚强的政治根基。同时，"政党道贵广大，岂能限以奇节；先后疏附，端赖此辈，多多益办，何嫌何疑"。还有，广泛容纳人才，"访集国中有政治常识之人，而好为政治上之活动者，礼罗之"：以旧官僚中富于经验之佳士为行政部之中坚，以立宪党与革命党中有政治思想者入立法部。并告诫说：以袁世凯的位置，"运用行政部非所忧也，最当措意者，思所以博同情于立法部而已"，其中以养成"健全之大党，使为公正之党争"，最为重要。

此是政治方面，还有经济方面，提出"今世之理财与古代大异，若搜剔于锱铢，察察于簿书，虽极廉谨精核，无补于大计必也。合租税政策、银行政策、公债政策冶为一炉，消息于国民生计之微，而善导之，利用之，庶几有济”。还针对洋务派借外债、官办垄断企业之失，提出“有国者安能举一切生产事业而垄断之”的忠告。

这些现代政治、经济的建国策略，袁世凯自然不能行也不想行（以袁为英雄、开明者，于此可深思之），所以梁启超从政失败，与袁世凯合作失败。后来反袁称帝、再造共和，其思想根基草蛇灰线，已暗伏于这篇书信中了。

梁启超著作与现代文化学术的多维关系

梁启超是中国近代杰出的思想家和学术大师，经过100多年历史的检验[①]，这已成为学界共识。“阅读梁启超”，这两个视角都很重要。胡适、周善培等一些人从纯专业视角批评梁，自是不无道理（其中也有形而上学的偏颇），但有些批评者有意无意地忽视了梁启蒙思想家的一面。若真以他们的观点来“阅读梁启超”，势必遮蔽任公近代启蒙思想的价值，那对于认识和借鉴近代文化遗产，损失是很大的！

梁启超著作中相当大的一部分属于思想启蒙之作。中国由自居中心、蛮夷环伺的世界，到与列强周旋、面对政教器物发展阶段都在自己之先的世界，自己已不是原来的自己，世界更不是原来的世界了！因此，中国不得不重新检点、审视自己的家底，同时睁大眼睛探察、穷究列强主宰的世界，并在此基础上正确定位自己，谋划发展路径，在新世界中争取一个具有灿烂文明史的大国应有的地位。

这是中国近代历史演变的主题。为这道历史考验的大题目提供正确

① 陈登原称“梁著《饮冰室集》正如王世贞《四部稿》，非不庞然巨帙，非不一时风靡，然以浅尝辄止之故……当风行草偃之后，成无人过问之物……等身著作竟似过眼烟云”（《无据谈往录·梁启超》）。百年后回看，梁启超的著作站住了，而陈氏此论，褒贬任情、滑口肆言、雌黄太过，与历史结论相左。

的、可资参考的答案，是历史交给启蒙发愚的思想家的任务，梁启超是承担这一历史任务的答题者中最突出的代表之一。作为启蒙思想家，他与伏尔泰有相似处，即运用新思想和有力的文笔，掀起革新风潮（参见任公《论学术之势力左右世界》）。

他要把那个政教器物发展阶段在中国之先的世界展现出来，让国人看清他们先走的那几步有哪些决定历史发展的内容，包括思想自由、政治民主、宪政立国、法律保障，以及关乎财税制度、银行制度、土地制度、工商实业政策的现代经济体系，等等。对这些东西，有转运介绍，也有自己的研究。这些东西在我们悠久的传统中可以找到一些对应的元素，但总体是全新的，为传统所不具备、国人所不熟悉的。如果不睁开眼把这些东西看清楚、弄透彻，形成科学的知识系统，我们将永远自闭于新世界之外，而走不进新世界。

所以启蒙必须睁开眼睛认识构成新世界的知识系统，制度是运行这个系统的硬件设备，而更重要的是人本身。“未有其民愚陋怯弱涣散混浊而国犹能立者。”因此，梁启超办《新民丛报》，输送培育新民的文化营养，写成《新民说》《新民议》等系列长文阐发新民的主旨要义。他相信：“苟有新民，何患无新制度、无新政府、无新国家！”（《新民说·叙论》）梁看到要使固陋愚弱的封建臣民，变为现代化文明国家的公民，“必取数千年横暴混浊之政体，破碎而齑粉之，使数千年如虎如狼如蝗如蝻如蜮如蛆之官吏，失其社鼠城狼之凭借……必取数千年腐败柔媚之学说，廓清而辞辟之，使数百万如蠹鱼如鹦鹉……之学子，勿得摇笔弄舌舞文嚼字，为民贼之后援，然后能一新耳目以行进步之事业！”（《新民议》）总之，推翻一切封建陈规陋习及其依凭，助国民养成国家思想、权利思想、自由思想、自治思想、生利能力、政治能力……这对胡适、毛泽东等一代人产生了有力的影响。胡适赞扬《新民说》，“要把这老大的病夫民族，改造成一个新鲜活泼的民族”，“给我开辟了一个新世界”

（《四十自述》）。毛泽东则对《新民丛报》及梁的文章爱不释手，“读了又读，直到可以背得出来”（埃德加·斯诺《西行漫记·一个共产党员的由来》）。1910年秋，在读了《新民说·论国家思想》后，毛泽东还写下了一段批语，称赞“如今日英、日诸国”，其“宪法为人民所制定”，是具有正式国家资格的“立宪之国家”；批判缺乏正式国家资格的，如古代中国数千年列朝窃国、“法令为君主所制定”的“专制之国家”。（李锐《三十岁以前的毛泽东》。原见韶山毛泽东纪念馆藏《新民丛报》第四号梁文《论国家思想》处毛的批语。）

梁启超作为启蒙思想家在中国近代启蒙运动中的贡献，已然是史有定评。胡适挽梁启超即谓：“文字收功，神州革命；平生自许，中国新民。”埃德加·斯诺称他是辛亥革命的“精神之父”。清史与近代史专家戴逸称他为近代“知识界的启蒙大师和精神领袖”（吴廷嘉《梁启超评传·序》）。梁漱溟则说：“总论任公先生一生成就……独在他迎接新世运，开出新潮流，撼动全国人心，达成历史上中国社会应有之一段转变”，“推动了整个国家的大局”。（《纪念梁任公先生》）

同时，梁启超也是近代学术界的大师级学者，“古学极有根柢”，加上“如饥似渴地学习和吸取西学”，“故能成为中国近代学术的奠基人”。其“学术精髓在于继旧开新，沟通中西”，在多种学科“构建现代学术理论体系”方面做出了不朽贡献（戴逸语）。

所以，认识梁启超著作的学术价值，一个十分重要的方面，就是要重视他对中国近代学术思想做出的倡发性、开创性的贡献，要重视他对多种学科构建现代学术理论体系所做的筑石奠基的工作。按照戴逸的说法，任公在学术上“最有成就的当推历史学、思想史、历史研究法，旁及政治学、经济学、财政学、法学、新闻学、教育学、佛学、诸子学、目录学、文艺、诗歌、小说等”（吴廷嘉《梁启超评传·序》）。

倡发性的学术启蒙、开创性的学科筑基，和那种精深成熟的学术建树、严密的学科体系不同，靠的是立足于高视点，借助开阔的眼界、广博的学识、对新知识的敏感，以及高度的融会能力，而不是精确选点、收窄深挖，以沉潜功夫、独到境地取胜。尤其是中国近代学术理论与学科建立，由于多需借鉴西方相关成果而加以融会，是以眼界与学识至关紧要，但毕竟有可借鉴的成果在前，因而只要见得透，也就做得出。因此只要具备站位（立足高度）和眼界（知识广度）的优势，成功就相对容易。其可贵的价值在于开辟新的基地，打开新的门径。梁启超自幼受旧学训练，又师出名门，较早广泛接受西学，旅居日本14年，早年游访北美洲、澳洲和中国香港等地区时间不短，中年赴欧洲考察1年有余，所结交由国内的维新俊杰、并世名流、当朝政要，直至欧美政学各界的著名人物，他自己又始终立于时代潮流的峰头之上，所以这种学术倡发与学科开创方面得天独厚的优势，中国近代几乎无人可及（只有胡适等可与相比，所以他与胡适在学术风格上颇多相类）。也正因此，他未能沉潜专精，在辟基开门之后，无法多挣镇宅传世的贵重家私。此一长一短，不必因其长而讳其短，也不可以其短而忽其长。梁自己说：

> 启蒙时代之大学者，其造诣不必精深，但常规定研究之范围，创革研究之方法，而以新锐之精神贯注之。
>
> 故此期之著作恒驳而不纯，但在散乱粗糙之中，自有一种元气淋漓之象。（《清代学术概论》）

因此近代史学者吴廷嘉说，每读《饮冰室合集》，都能感受到潜藏于其中的那种“蓬勃的生命力”。她认为，“《饮冰室合集》是一代学人知识的积淀和宝藏，是晚生后人寻求智慧的钥匙”。她客观评价说，在清华国学院，“王国维的学术功底和所下的功夫，确在梁启超之上。对一些具体问题的考证与研究，王国维的精深和独到可算首屈一指。但在提出众多新的研究课题，开辟新的学科领域，建立近代学术理论体系方面，梁启超的贡献又是近代学者们望尘莫及的。”

当然，梁启超作为近代学术大师，以纯专业学术的尺度来看待和要求他，尤其是从专业学术的原创贡献的角度，从做成独一无二、不可替代的“绝学”的角度来看待和要求他，也是题中应有之义。

从这方面看，批评或不满意梁启超的颇不乏人。前述称任公“成就甚微”，“一生著作最可传世不朽者”难得一二的胡适，是其中的代表。周善培、刘师培、梁漱溟，甚至他的学生中，都有对他在学问方面未能做到精深绝世给予批评或表示遗憾的（参见夏晓虹《追忆梁启超》）。所以擅长研究近代学人与学术的桑兵说：“对其学问，功力越深者评价似越有保留。”（《晚清民国的国学研究·讲学与研究》）

梁启超本人对此有十分清醒的自觉。他在给长女思顺的信中说：“吾学病爱博，是用浅且芜。”在总结有清一代学术的《清代学术概论》中他评价自己：“启超务广而荒，每一学稍涉其樊，便加论列，故其所述著，多模糊影响笼统之谈，甚者纯然错误。”他与清华研究院学生谈话，说自己“对于任何学问，并没有专门的特长”，“定要我指导某种学问的最高境界，我简直是不能”，“专门学问的深刻研究，在我们同事诸教授中，谁都比我强”，甚至“也许有我们同学的专门工作，比我还做得好”（《北海谈话记》）。批评自己可谓不留余地。

科学研究的最高境界是只有第一，没有第二。你的发明、发现别人先一步做出，你提出的原理、证明学术上已经存在，你就无法到达学术金字塔的顶端。梁启超最后几年任教于清华大学国学院，四大导师中，他比王国维年长，是陈寅恪父执辈人，但他学术上多推王国维居先，对陈寅恪的学问公开表示佩服。他曾对学生演讲说：“教授方面，以静安先生为最难得。其专精之学今日几成绝学，而其所谦称为未尝研究者，亦且高我十倍……诚国内有数之学者。”就纯粹的、专业的学术本身而论，梁启超在历史学领域成就最高，但与王国维、陈寅恪、陈垣相比，他确乎要让出一头，甚至有人认为他们不在一个层次上。这是我们深入阅读、理解梁启超时，无须讳言的。

但对此也不能简单执一种形而上学的观念。因为就学术自身的封闭世界而论，其最高境界确乎只有第一，没有第二，原创独到，方称绝学；但就学术与社会、受众的多维关系而论，学术是分层次的，各层次的价值不是绝对的，尤其是人文社会科学。珠峰顶上的绝世奇观，予人以无限憧憬之意境，但终不无领解者过寡的遗憾。黄山、九寨沟乃至青藏高原的莽莽横陈，虽不必人人能至，但能广惠愿至者，其可玩可赏之美所予人的陶醉、充实，价值之巨大也是不言而喻的。据统计，21世纪头10年里，《饮冰室合集》在被历史学者引用的国内学术著作中排名第一（苏新宁《中国人文社会科学图书学术影响力报告》），可以说明问题。而且，他的《中国历史研究法》（及续编）以及《论中国学术思想变迁之大势》《先秦政治思想史》《清代学术概论》《近三百年学术史》《儒家哲学》等，蔚然深秀，恰足令人陶醉，而且不可忘记《饮冰室诗话》、小说理论，以及有关屈原、陶渊明等的多种文学评论之杰作。

诚然，学问百尺竿头，臻于绝顶，必然艰深冷峻，而倡发、开创期的学问虽平广散漫，难免粗糙，但其中“自有一种元气淋漓之象”。所谓“元气淋漓之象”，主要来自社会、观念转型所包含的粗朴而强大的能量，它对学术创新具有特殊作用是不可否认的。这种能量确乎容易滑入以学术为手段、忘怀学术独立的斜路，但其能帮助解放思想、挣脱旧学桎梏的价值，也需肯定。在这个意义上，梁启超的学术著作，与王国维、陈寅恪比固有其短，但也自有其长。读者能于其长短两方面皆有感受，才是善读梁启超者。

梁启超与胡适的学术风格颇有某种相似之处，两人遭受浮泛肤浅的批评也颇相似。我有时思考对他们的一些批评，内心难免犹疑——批评者虽不为无据，但若只是对梁、胡的学问下一个“浮泛肤浅”的大判断，其中似乎还有问题，所以不能安心惬怀。因为梁、胡前后相接，在推动中国走向现代文明的过程中，那种坚定、顽强、透彻明确、始终不易，具有绝特的地位和作用。在这一点上，他们是不可或缺、不可替代、立于绝顶、一时无两的（许多批评者在这一点上根本无法与他们相比）。中国近现代文化传统的宝库中，如果没有梁、胡，所失之大，可比者少。所以论学之事，有时深、透不易两全，深论至极，执定一念，定执一隅，窒碍随至，反而不透。

梁启超著作的文体创造及其意义

在公车上书与戊戌变法的政治运动中，梁启超起初只是作为康门弟子随师奔走呼吁，影响有限。1896年仲秋他离京赴沪担任《时务报》主笔，“便如鱼得水，即刻脱颖而出，显示了其以文字鼓动人的特殊才干”，形成了他自己的巨大影响力。20世纪初，他主办《清议报》《新民丛报》，发表《新民说》及大量介绍西学的文章，“其影响力达到了巅峰状态”，声誉之高，一时无两。他后期回归学术后的大量著述和讲演，多用其独特而流畅的白话文，“对当时向往新思想、新知识的读书人，仍具有巨大的吸引力”，受欢迎的程度，在一时学者之上。夏晓虹说得好：

> 统贯梁启超一生的精神追求，始终不离乎“开通民智”。报刊政论家心中的读者大众，大学院导师面对的莘莘学子，都与古雅深奥的高头讲章相抵牾。对民众发言的意识既经确立，梁氏前期的介绍西学，倡导改良政治，以及后期研治国学，促进教育普及，便都在内容与表述的通俗易懂上用力。他为人诟病的肤浅、粗疏，未尝不缘于此；而其广受社会欢迎，知名度居高不下，很大程度上也得益于这种努力。（《文章与性情·著论求为百世师》）

1920年在《清代学术概论》中，他总结自己的文字生涯：自流亡日本、谋自立军起义失败后，“启超复专以宣传为业，为《新民丛报》《新小说》等诸杂志，畅其旨意，国人喜竞读之……二十年来学子之思想，颇蒙其影响。”其早年为文，“学晚汉魏晋”，“至是自解放，务为平易畅达，时杂以俚语、韵语及外国语法，纵笔所至不检束……其文条理明晰，笔锋常带情感，对于读者，别有一种魔力焉”。他的这种文章，当时号为“新文体”。

梁启超的这种新文体，“纵笔所至不检束”，为一种创造，一种“解放”：古文崇尚“纯洁文体”，注重规范与格调，梁氏则不避“俚语、韵语及外国语法”，又常用辞赋、骈文、语录、小说、戏剧等笔法。这是“梁氏文章的奥秘”所在（陈平原《中国散文小说史》）。例如：

《少年中国说》“少年智则国智”以下“红日初升，其道大光”一段骈文，表现少年中国与中国少年的勃发生机与峥嵘气象，妙绝天下！

《与严又陵书》称赞“进种”与“教不可保”之说，“读至此，则据案狂叫，语人曰：‘不意数千年闷葫芦，被此老一言揭破！’”“科”“白”并用，是直以小说戏剧笔法入散文，很能反映其生动活泼的个性。

《欧游心影录·国民运动》全篇由像话剧一样的对话构成，或清澈或激昂，人物语气俨然，具有特别的表现力。

至于辞赋敷张扬厉，在梁文中更是寓目即是。

他的这种新文体，因为以政论等为主，所以讲求表达的逻辑，采用现代著述眉目清楚的结构，“条理明晰”（这看《饮冰室合集》的目录即可知）。

最奇特的，霍布士①、斯片诺莎②、卢梭三学案，把三人思想的发展

---

① 霍布士：即霍布斯（1588—1679），英国政治家、哲学家，提出国家是人们为遵守“自然法”而订立契约形成的，反对君权神授。著有《论公民》《利维坦》等。

② 斯片诺莎：即斯宾诺莎（1632—1677），犹太人，其从天赋人权出发，痛斥对思想和自由的压制，提出“政治的目的是自由”，著有《笛卡尔哲学原理》《伦理学》等。

逻辑表现得十分清楚。限于篇幅，此处仅举一点：霍布士提出国家建立在“契约”的基础上，为了守护契约、防止争斗，需靠君主集权。而斯片诺莎反对民众“各弃其权以奉君主”，认为“有所思、有所欲”，即每个人自由决定与表达的权利是不可让渡、不可剥夺的，所以“邦国所恃以立者，由众民皆有自由权，故政府以保护此权为本旨”。到卢梭，则强调保护自由权是每个人自身的责任，人若连自由权都放弃，则无恶不可为；同时个人自由权与人际平等权相携而立；人的天生条件是不平等的，所以需要法律来保障其政治道德上的平等。至此，卢梭更深入到具体：“法律者，苟以一人或数人所决定者，无论其人属何等人，而绝不足以成法律；又虽经国民全体之决议，苟其事仅关乎一人或数人之利害，而不及于众者，亦绝不足以成法律。”“契约—君主—自由—平等—法律”串在一条发展逻辑的线上，由契约确定权利的让渡与保障，到自由、平等成为契约立国（与武力立国相反）的基本理念；由崇奉君主守护契约与稳定，到依靠法律并规定法律不能成为少数人的工具或多数人的暴政，这种清晰的叙述逻辑使这三篇学案形成了一种特别的力量。

他的这种新文体，“笔锋常带情感”，不惜使用刺激感性、鼓动热忱的手法。

如在《政治学大家伯伦知理之学说》第三节末：“吾党之醉共和、梦共和、歌舞共和、尸祝共和，岂有他哉？为幸福耳，为自由耳。而孰意稽之历史，乃将不得幸福而乱亡；征诸理论，乃将不得自由而专制。……呜呼痛哉！吾十年来所醉、所梦、所歌舞、所尸祝之共和，竟绝我耶？吾与君别，吾涕滂沱！……呜呼！共和共和，吾爱汝也，然不如其爱祖国；吾爱汝也，然不如其爱自由！……吾与汝长别矣！”1903年是他追求君主立宪的时期，故有此论，而议论文出以如此笔触，梁启超为人为文之丰富感情，可见一斑矣。

吴其昌将他文章的情感影响力与其同时代的谭嗣同、章炳麟、林纾等

“一班青年文豪”相比，说：“至于雷鸣潮吼，恣睢淋漓，叱咤风云，震骇心魄，时或哀感曼鸣，长歌当哭，湘兰汗月，血沸神销，以饱带情感之笔，写流利畅达之文，洋洋万言，雅俗共赏，读时则摄魂忘疲，读竟或怒发冲冠，或热泪湿纸……唯有梁启超之文如此耳！”所以，“就文体改革的功绩论，经梁氏等16年来的洗涤与扫荡，新文体（或曰报章体）的体制、风格乃完全确立，国民阅读的程度，一日千里，而收获了神州文字革命成功之果了。”（《梁启超传》十六）

最后交待一下本书的编写思路，以便读者更好地利用本书。

梁启超是不息地推进中国迈向现代文明的启蒙思想家和政治改革家，他的著作很大一部分都是因此而产生。本书精选了这方面最主要的代表作。

梁启超的人品、学养境界很高，近代以来受到广泛的肯定和赞扬。良好的家风，使他的子女都学有所成，对国家有突出贡献。本书选取他手术失误后替医院讲话的文章和写给子女的书信。

梁启超作为著名学者和文学家，本书列举其诱导学子的短章、散文与诗歌。

本书作为梁启超普及读物，特点是“精”，突出展示梁启超之为梁启超的独特意义。而配合“导读”“编年事略”等，则又可以让读者对梁启超有一个比较全面的了解。

另外，本书缩小段落划分，根据文意重新标点，加上注释、评析，则可以帮助读者更好地理解文意和获得良好的阅读体验。

现在就让我们一同走进梁启超吧！

诗文选读

论变法不知本原之害（《变法通议》二）

［1896］

题解

本文为《变法通议》二，标题原有。《变法通议》是梁启超早期的重要著作，分20余次在《时务报》1～43期陆续连载，包括“论不变法之害”“论学校”（科举、学会、师范、幼学、女学、译书）和“论商务”（金银涨落）及满汉关系、官制等，共8万多字。在当时具有振聋发聩的作用，史家称“它是声震封建古国长空的第一声爱国启蒙”（陈其泰《梁启超评传》），在大江南北产生了强烈的反响。

《时务报》创刊号

难者曰：中国之法，非不变也，中兴以后，讲求洋务三十余年，创行新政，不一而足，然屡见败衄[①]，莫克振救，若是乎新法之果无益于人国也。

释之曰：前此之言变者，非真能变也，即吾向者所谓补苴

① 败衄［nǜ］：战败。

罅[1]漏，弥缝蚁穴，漂摇一至，同归死亡，而于去陈用新、改弦更张之道，未始有合也。昔同治初年，德相毕士麻克[2]语人曰：三十年后，日本其兴，中国其弱乎！日人之游欧洲者，讨论学业，讲求官制，归而行之；中人之游欧洲者，询某厂船炮之利，某厂价值之廉，购而用之。强弱之原，其在此乎！

呜呼！今虽不幸而言中矣。惩前毖后，亡羊补牢，有天下之责者，尚可以知所从也。

今之言变法者，其荦荦大端，必曰练兵也、开矿也、通商也。斯固然矣。

然将率不由学校，能知兵乎？选兵不用医生，任意招募，半属流丐，体之羸壮所不知，识字与否所不计，能用命乎？将俸极薄，兵饷极微，伤废无养其终身之文[3]，死亡无恤其家之典，能洁己效死乎？图学不兴，阨塞不知，能制胜乎？船械不能自造，仰息他人，能如志乎？海军不游弋他国，将卒不习风波，一旦临敌，能有功乎？如是则练兵如不练。

矿务学堂不兴，矿师乏绝，重金延聘西人，尚不可信，能尽地利乎？机器不备，化分不精，能无弃材乎？道路不通，从矿地运至海口，其运费视原价或至数倍，能有利乎？如是则开

---

① 罅［xià］：缝隙。

② 毕士麻克：今译俾斯麦（1815—1898），曾任普鲁士王国和德意志帝国宰相（1862—1890），有“铁血宰相”之称。他领导普鲁士分别在1866年的普奥战争、1870年的普法战争中获胜，统一了德国，确立了德国在欧洲的霸权。政治上保守专制，但创立了工人养老、医保、社保制度。

③ 文：与下句之“典”为互文，相当于伤残、死亡者抚恤文件（或证明）。

矿如不开。

商务学堂不立，罕明贸易之理，能保富乎？工艺不兴，制造不讲，土货销场，寥寥无几，能争利乎？道路梗塞，运费笨重，能广销乎？厘卡[①]满地，抑勒逗留，朘膏削脂[②]，有如虎狼，能劝商乎？领事不报外国商务，国家不护侨寓商民，能自立乎？如是则通商如不通。

其稍进者曰："欲求新政，必兴学校。"可谓知本矣。

然师学不讲，教习乏人，能育才乎？科举不改，聪明之士，皆务习帖括[③]，以取富贵，趋舍异路，能俯就乎？官制不改，学成而无所用，投闲置散，如前者出洋学生故事，奇才异能，能自安乎？既欲省、府、州、县皆设学校，然立学诸务，责在有司，今之守令，能奉行尽善乎？如是则兴学如不兴。

自余庶政，若铁路，若轮船，若银行，若邮政，若农务，若制造，莫不类是，盖事事皆有相因而至之端，而万事皆同出于一本原之地，不挈其领而握其枢，犹治丝而棼[④]之，故百举而无一效也。

今之言变法者，其蔽有二：其一欲以震古铄今之事，责成于肉食官吏之手；其二则以为黄种之人，无一可语，委心异

① 厘卡：指各地设置的对运送的货物收税的税卡。厘即厘金，晚清开始设立的值百抽一的一种商业税，百分之一即一厘，故称厘金（其后税率飞涨，其名不改）。

② 朘［juān］膏削脂：搜刮民脂民膏。朘：使之变小。

③ 帖括：指科举应试文章，即八股文。此词起于唐代。明经科考试将经文贴去若干字，让考生作答。考生为方便记忆，总括经文编成歌诀，称"帖括"。故有"明经者但记帖括"之语。

④ 治丝而棼［fén］：理丝没抓住头绪，越理越乱。本作治丝益棼。棼，纷乱。

族，有终焉之志[①]。

夫当急则治标之时，吾固非谓西人之必不当用。虽然，则乌可以久也？中国之行新政也，用西人者，其事多成，不用西人者，其事多败。询其故，则曰："西人明达，华人固陋；西人奉法，华人营私也。"吾闻之，日本变法之始，客卿之多，过于中国也；十年以后，按年裁减；至今一切省署，皆日人自任其事，欧洲之人，百不一存矣。今中国之言变法，亦既数十年，而犹然借材异地，乃能图成，其可耻孰甚也！夫以西人而任中国之事，其爱中国与爱其国也孰愈？夫人而知之矣，况吾所用之西人，又未必其彼中之贤者乎？

若夫肉食官吏之不足任事，斯固然矣。虽然，吾固不尽为斯人咎也。帖括陋劣，国家本以此取之，一旦而责以经国之远猷，乌可得也？捐例[②]猥杂，国家本以此市之，一旦而责以奉公之廉耻，乌可得也？一人之身，忽焉而责以治民，忽焉而责以理财，又忽焉而责以治兵，欲其条理明澈，措置悉宜，乌可得也？在在[③]防弊，责任不专，一事必经数人，互相牵掣，互相推诿，欲其有成，乌可得也？学校不以此教，察计不以此取，任此者弗赏，弗任者弗罚，欲其振厉黾勉图功，乌可得也？途壅

① 终焉之志：本指终老于此的想法，此指寄托于外籍人，一切交给他们办。

② 捐例：明清捐钱捐粮入国子监等读书的制度，如"例监""例贡"；引申指捐官，康熙平"三藩"，为筹军费而倡此制，3年捐得知县者500余人，此后捐例之风屡禁不止，败坏吏制，直至清亡。

③ 在在：处处。此处有层层叠叠的意思。

俸薄，长官层累，非奔竞末由得官，非贪污无以谋食，欲其忍饥寒，蠲[1]身家，以从事于公义，自非圣者，乌可得也？

今夫人之智愚贤不肖，不甚相远也。必谓西人皆智，而华人皆愚，西人皆贤，而华人皆不肖，虽五尺之童，犹知其非。然而西官之能任事也如彼，华官之不能任事也如此。故吾曰：不能尽为斯人咎也，法使然也！立法善者，中人之性可以贤，中人之才可以智，不善者反是。塞其耳目而使之愚，缚其手足而驱之为不肖，故一旦有事，而无一人可为用也。不此之变，而鳃鳃然[2]效西人之一二事，以云自强，无惑乎言变法数十年，而利未一见，弊已百出，反为守旧之徒，抵其隙而肆其口也。

吾今为一言以蔽之曰：变法之本，在育人才；人才之兴，在开学校；学校之立，在变科举；而一切要其大成，在变官制。

难者曰：子之论探本穷原，靡有遗矣。然兹事体大，非天下才，惧弗克任，恐闻者惊怖其言以为河汉，遂并向者一二西法而亦弃之而不敢道，奈何子毋宁卑之无甚高论，令今可行矣？

释之曰：不然。夫渡江者泛乎中流，暴风忽至，握舵击楫，虽极疲顿，无敢云者；以偷安一息，而死亡在其后也。庸医疑证，用药游移。精于审证者，得病源之所在，知非此方不

① 蠲［juān］：舍弃。

② 鳃鳃［xǐ］然：惊慌的样子。鳃，古同葸，意即害怕。

愈此疾；三年畜艾，所弗辞已，虽曰难也，将焉避之？抑岂不闻东海之滨，区区三岛[①]，外受劫盟，内逼藩镇，崎岖多难，濒于灭亡，而转圜之间，化弱为强，岂不由斯道矣乎？则又乌知乎今之必不可行也？有非常之才，则足以济非常之变。呜呼！是所望于大人君子者矣。

去岁李相国[②]使欧洲，问治国之道于德故相俾士麦。俾士麦曰：我德所以强，练兵而已。今中国之大，患在兵少而不练，船械窳[③]而乏也，若留意于此二者，中国［不］足强也[④]。见去年七、八月间上海、香港各报所译西文报中。[⑤]今岁张侍郎[⑥]使欧，与德国某爵员语，其言犹俾相言。见七月上海某日报。中国自数十年以来，士夫已寡论变法，即有一二，则亦惟兵之为务，以谓外人之长技，吾国之急图，只此而已。众口一词，不可胜辨。既

---

① 区区三岛：指日本。日本由本州、九州、四国、北海道四个大岛组成。此或误作三岛，或不含北海道，盖北海道于19世纪后半期始得开发。

② 李相国：李鸿章（1823—1901），安徽合肥人。淮军和北洋水师创始人，洋务运动领袖，官至北洋通商大臣、直隶总督，封一等肃毅伯，谥文忠，有《李文忠公全集》传世。于军、政、外交任事甚多，德人称之为“东方俾斯麦”，伊藤博文称之为“大清唯一有能耐可和列强一争长短之人”，但当时办外交难免与列强委曲求全，故集矢亦多。

③ 窳［yǔ］：粗糙低劣。

④ 中国不足强也：从下文意思看，此句衍一“不”字，应为“中国足强也”或“中国足以强也”。下文批评俾斯麦不是从本原处指导李鸿章，而是为德国利益引导李练兵置械，实是“诳人”。

⑤ 此属梁启超文中夹注，后同。

⑥ 张侍郎：张荫桓（1837—1900），广东南海人，曾参与签订中法越南条约，并任特派美国、秘鲁、西班牙大臣，侨居华盛顿3年，回国后任总理衙门大臣，兼户部侍郎，加尚书衔。1897年代表清政府参加英国维多利亚女王在位60年庆典，并到法、德、俄、美等国游历。他将康有为介绍给翁同龢，举荐给光绪帝，并在戊戌变法期间发挥了重要作用。变法失败后，慈禧欲将其处死，因列强干预未果，但最终在1900年7月将之杀害于新疆戍所。有戊戌“第七君子”之称，也是戊戌政变中唯一被杀害的朝廷重臣。

闻此言也，则益自张大，谓西方之通人，其所论固亦如是。

梁启超曰：嗟乎！亡天下者，必此言[1]也。吾今持春秋无义战、墨翟非攻、宋钘寝兵之义以告中国，闻者必曰，以此孱国而陈高义以治之，是速其亡也。不知使有国于此，内治修，工商盛，学校昌，才智繁，虽无兵焉，犹之强也，彼美国是也。美国兵不过二万，其兵力于欧洲，不能比最小之国，而强邻眈眈，谁敢侮之？使有国于此，内治隳，工商窳，学校塞，才智希，虽举其国而兵焉，犹之亡也，彼土耳其是也。土耳其以陆军甲天下，俄土之役，五战而土三胜焉，而卒不免于今日。

若是乎国之强弱在兵，而所以强弱者不在兵，昭昭然矣。今有病者，其治之也，则必涤其滞积，养其荣卫[2]，培其元气，使之与无病人等，然后可以及他事，此不易之理也。今授之以甲胄，予之以戈戟，而曰尔盍从事焉，吾见其舞蹈不终日，而死期已至也。彼西人之练兵也，其犹壮士之披甲胄而执戈铤[3]也。若今日之中国，则病夫也，不务治病，而务壮士之所行，故吾曰：亡天下者，必此言也。

然则西人曷为为此言？曰：嗟乎！狡焉思启封疆以灭社稷者，何国蔑有？吾深惑乎吾国之所谓开新党者，何以于西人之言，辄深信谨奉，而不敢一致疑也？

---

① 此言：即前述俾斯麦答李鸿章之言。

② 荣卫：中医名词，指人体里两种气，荣气滋养身体，卫气防卫外邪。

③ 铤［chán］：有铁把的短矛。

西人之政事，可以行于中国者，若练兵也，置械也，铁路也，轮船也，开矿也。西官之在中国者，内焉聒之于吾政府，外焉聒之于吾有司，非一日也。若变科举也，兴学校也，改官制也，兴工艺开机器厂也，奖农事也，拓商务也，吾未见西人之为我一言也，是何也？练兵而将帅之才必取于彼焉；置械而船舰枪炮之值必归于彼焉；通轮船铁路而内地之商务彼得流通焉；开矿而地中之蓄藏彼得染指焉。且有一兴作，而一切工料，一切匠作，无不仰给之于彼，彼之士民，得以养焉。

以故铁路开矿诸事，其在中国，不得谓非急务也，然自西人言之，则其为中国谋者十之一，自为谋者十之九。若乃科举、学校、官制、工艺、农事、商务等，斯乃立国之元气，而致强之本原也，使西人而利吾之智且强也，宜其披肝沥胆，日日言之。今夫彼之所以得操大权、沾大利于中国者，以吾之弱也愚也，而乌肯举彼之所以智、所以强之道，而一以畀[①]我也？

恫乎英上李提摩太[②]之言也，曰：西官之为中国谋者，实以保护本国之权利耳！余于光绪十年回英，默念华人博习西学之期，必已不远，因拟谒见英、法、德等国学部大臣，请示振兴新学之道，以储异日传播中华之用。迨至某国，投刺晋谒其

① 畀［bì］：给予，送给。

② 李提摩太（1845—1919）：英国传教士，1869年来华在山东、山西传教，1890年到天津任《时报》主笔，1891年后任上海同文书会、广学会总干事，与李鸿章、张之洞、康有为、梁启超等关系密切，主张维新。戊戌政变后协助康有为出逃。利用庚子赔款创办山西大学。

学部某大臣，叩问学校新规，并请给一文凭[1]，俾得遍游全国大书院。大臣因问余考察本国新学之意，余实对曰："欲以传诸中华也。"语未竟，大臣艴[2]然变色曰："汝教华人尽明西学，其如我国何？其如我各与国何？"文凭遂不可得。又曰：西人之见华官，每以谀词献媚，曰"贵国学问，实为各国之首"，以骄其自以为是之心，而坚其藐视新学之志，必使无以自强而后已。并见李所自著《西铎》卷七。

今夫李君，亦西人也，其必非为谰言以污蔑西人，无可疑也。而其言若此，吾欲我政府有司之与西人酬酢者，一审此言也。

李相国之过德也，德之官吏及各厂主人，盛设供帐，致敬尽礼，以相款谳，非有爱于相国也，以谓吾所欲购之船舰枪炮，利将不赀[3]，而欲胁肩[4]捷足以夺之也。及哭龙姆[5]席间一语，咸始废然。英、法诸国，大哗笑之。事见去年《万国公报》。然则德人之津津然以练兵置械相劝勉者，由他国视之，若见肺肝矣！

且其心犹有叵测者，彼德人固欧洲新造之雄国也，又以为苟不得志于东方，则不能与俄、英、法诸国竞强弱也。中国之

---

① 文凭：此指文书凭证，如"介绍信"之类。

② 艴［bó］：形容生气、恼怒，又可读作fú。

③ 不赀［zī］：无数，很多。赀，计算。

④ 胁肩：故作恭敬。即胁肩谄笑，耸拉肩膀满脸堆笑逢迎讨好的样子。

⑤ 哭龙姆：德国地名，即克累弗。李鸿章1896年奉命出使俄、德、英、法、美诸国，曾到此地。

为俎上肉久矣，商务之权利握于英，铁路之权利握于俄，边防之权利握于法、日及诸国。德以后起，越国鄙远，择肥而噬，其道颇难，因思握吾邦之兵权，制全国之死命，故中国之练洋操、聘教习也，德廷必选知兵而有才者以相畀，令其以教习而兼统领之任。今岁鄂省武备学堂之聘某德弁也，改令只任教习，不充统领，而德廷乃至移书总署，反覆力争，此其意欲何为也？使吾十八行省，各练一洋操，各统以德弁，教之诲之，日与相习，月渐岁摩，一旦瓜分事起，吾国绿营防勇，一无所恃，而其一二可用者，惟德人号令之是闻，如是则德之所获利益，乃不在俄、英、法、日诸国下。此又德人隐忍之阴谋，而莫之或觉者也。

当中、日订《通商条约》之际，德国某日报云：我国恒以制造机器等售诸中国、日本，日本仿行西法，已得制造之要领，今若任其再流之中国，恐德国之商务，扫地尽矣。亦见《西铎》卷七。

去岁《字林西报》载某白人来书云：昔上海西商，争请中国务须准将机器进口，欧格讷[1]公使回国时，则谓此事非西国之福。今按英国所养水陆各军，专为扩充商务、保护工业起见，所费不赀。今若以我英向来制造之物，而令人皆能制造以夺我利，是自作孽也。见《时务报》第八册。

① 欧格讷：英国人，曾在19世纪80年代中期任英国驻清朝参赞（署理公使），19世纪90年代中期任英国驻清朝公使。

呜呼！西人之言学校商务也，则妒我如此，其言兵事也，则爱我如彼，虽负床之孙[1]，亦可以察其故矣。一铁甲之费，可以支学堂十余年；一快船之费，可以译西书数百卷；克虏伯[2]一尊之费，可以设小博物院三数所；洋操一营之费，可以遣出洋学生数十人。不此之务，而惟彼之图，吾甚惜乎以司农仰屋[3]艰难，罗掘所得之金币，而晏然馈于敌国，以易其用无可用之物，数年之后，又成盗粮[4]。

往车已折，来轸方遒！[5]独至语以开民智、植人才之道，则咸以款项无出，玩日愒时[6]，而曾不肯舍此一二以就此千万也！吾又惑乎变通科举、工艺专利等事，不劳国家铢金寸币之费者，而亦相率依违，坐视吾民失此生死肉骨之机会，而不肯一导之也。吾它无敢怼焉，吾不得不归罪于彼族设计之巧，而其言惑人之深也。《诗》曰：无信人之言，人实诳汝。

---

① 负床之孙：只能扶着床、靠着床站立的儿童，指能力极有限。负，倚靠。语出《战国策·燕策一》。

② 克虏伯：即克虏伯大炮。以制造者阿尔弗雷德·克虏伯（1812—1886）名字命名，在俾斯麦战胜奥地利与法国的战争中发挥了重要作用。口径280毫米，每分钟可发射1到2发，3000米内可穿透65.8毫米钢板，有效射程近2万米。

③ 仰屋：仰望屋顶，形容处境艰难。

④ 又成盗粮：应为“又成赍盗粮”，即又变成给敌方送粮草。《荀子·大略》：“非其人而教之，赍盗粮，借贼兵也。”

⑤ 往车已折，来轸方遒：此处指前者已错，后者不知改辙，在错误的道路上跑得更快。《后汉书·左雄等传论》：“往车虽折，而来轸方遒。”

⑥ 玩日愒［kài］时：不务正业、荒废时光。愒，荒废。《左传·昭公元年》：“玩岁而愒日，其与几何？”

简析

此文由对洋务运动的反思开篇，认为30余年“言变者，非真能变也……于去陈用新、改弦更张之道，未始有合也”。近代史专家说，1894年甲午之战宣告了洋务运动的失败，救亡图存之士不得不掉头再寻新的变法图强之道；这与梁启超此论是一个意思。梁立论的视点很高。

下面就此而论述：练兵、开矿、通商皆不知务本；兴学校未得正道，即缺乏兴科学、用人才、废科举、变官制、改庶政一整套变革思路。至此，直接提出：“变法之本，在育人才；人才之兴，在开学校；学校之立，在变科举；而一切要其大成，在变官制。”此可谓上半篇。下半篇就俾斯麦答李鸿章之问展开辩论：俾斯麦建议李“留意于”增兵练兵、购船置械。“练兵而将帅之才必取于彼焉；置械而船舰枪炮之值必归于彼焉”，所以引李提摩太和《字林西报》“西官之为中国谋者，实以保护本国之权利耳”“若以我英向来制造之物，而令人皆能制造以夺我利，是自作孽也”等论，得出“人实诳汝”的结论。中间又引日本以重教与商而兴、土耳其惟知强军而败，申论“开民智、植人才”“废科举、兴工艺”乃培育强国的科技、文化、人才、制度及经济基础。一笔到底，无不贯穿变法的“本原”。其中对兴学育才的重视，与之后“新民为今日中国第一要务”贯通。

结末“吾它无敢怼（怨恨、谴责）焉，吾不得不归罪于彼族设计之巧，而其言惑人之深也”，有深意焉。盖不便直言清廷数十年洋务不知务本之失，而归罪西人诳我以见也。

附：“为什么真正的变法不在于‘练兵’、不在于‘开矿’、不在于‘通商’？因为此诸项事皆需人办。而办这些事的人，或是‘肉食之官吏’，或是西方人士。”前一种固然难改旧的恶习，不能将事办好；后一种也不忘其本国权利与谋私。所以，“变法的根本在于变科举、立学校和改官制。立学校、变官制，就是培养有新知识、新思想、新才干、新品质的人才，来治理国家。”这是“将立学校、改官制作为变法根本”的原因所在。简单说，变法维新各项事业需要新干部，这就必须培养大量的新型人才，以便取代旧官僚。一言以蔽之，实质是彻底地换脑筋、换干部。（蒋广学《梁启超评传》）

梁启超1896年在《上南皮张尚书书》中批评洋务运动未得其要：“中国向于西学，仅袭皮毛。震其技艺之片长，忽其政本之大法。故方言、算学、制造、武备诸馆，颇有所建置，而政治学院，曾靡闻焉。”又说：“日本变法，以学校为最先；而日本学校，以政治为最重。”

当《时务报》盛行，启超名重一时，士大夫爱其笔札之妙，争礼下之。自通都大邑，至僻壤穷陬，无不知有新会梁启超者。（胡思敬《戊戌履霜录》卷四“党人列传”）

《时务报》馆里群星灿烂，但最亮的那颗非梁启超莫属。在不到2年的时间里，他撰写了12.3万字的政论文章，占《时务报》政论的60%。除自己撰文外，为报上的翻译文章润色，写按语、告白以及编排等，样样都少不了他。但是“萝卜快了不洗泥”，才24岁的梁启超在思想上还没有成熟定型，不少文章率尔操觚，写得粗糙。严复就曾多次写信对梁文的缺点提出批评。梁自己也承认“未能自度，而先度人”。这些粗糙的文章之所以能风靡一时，只有一种解释：它吹响的是由专制到民主的政治革命号角。（汤传福、黄大明《纸上的火焰》）

报馆之势力及其责任

［1901.12.21］

题解

《清议报》

本文节选自《本馆第一百册祝词并论报馆之责任及本馆之经历》。《清议报》1898年12月23日创办于日本横滨，实际负责人为梁启超，其主旨是主持清议、开发民智，即批判以慈禧为首的清廷反动势力，介绍西方政治学说与文化思想。1901年12月22日，即一百册出版的次日，《清议报》因报社失火而停刊。

《清议报》之事业虽小，而报馆之事业则非小。

英国前大臣波尔克尝在下议院指报馆记事之席各国议院议事时，皆别设一席，以备各报馆之傍听记载。而叹曰：“此殆于贵族、教会、平民三大种族之外，而更为一绝大势力之第四种族也。”英国议院以贵族、教徒、平民三阶级组织而成。盖英国全国民，实不外此三大种族而已。

日本松本君平氏著《新闻学》一书，其颂报馆之功德也，曰：彼如豫言者，讴国民之运命；彼如裁判官，断国民之疑狱；彼如大立法家，制定律令；彼如大哲学家，教育国民；彼如大圣贤，弹劾国民之罪恶；彼如救世主，察国民之无告苦痛而与以救济之途。

谅哉[1]言乎！近世泰西各国之文明日进月迈，观已往数千年，殆如别辟一新天地。究其所以致此者何自乎？或曰：是法国大革命之产儿也。而产此大革命者谁乎？或曰：中世神权专制政体之反动力也。而唤起此反动力者谁乎？或曰：新学新艺勃兴之结果也。而勃兴此新学新艺者谁乎？无他，思想自由，言论自由，出版自由。

此三大自由者，实惟一切文明之母，而近世世界种种现象皆其子孙也。

而报馆者，实荟萃全国人之思想言论，或大或小，或精或粗，或庄或谐，或激或随，而一一绍介之于国民。故报馆者，能纳一切，能吐一切，能生一切，能灭一切。西谚云：报馆者，国家之耳目也，喉舌也，人群之镜也，文坛之王也，将来之灯也，现在之粮也。伟哉！报馆之势力。重哉！报馆之责任。

欧美各国之大报馆，其一言一论，动为全世界人之所注观所耸听。何以故？彼政府采其议以为政策焉，彼国民奉其言

① 谅哉：诚然。谅，诚。

以为精神焉。故往往有今日为大宰相、大统领，而明日为主笔者；亦往往有今日为主笔，而明日为大宰相、大统领者。美国禁黑奴之盛业何自成乎？林肯主笔之报馆为之也。英国爱尔兰自治案何以通过乎？格兰斯顿主笔之报馆为之也。近日俄皇何以开弭兵会乎？吐尔斯吐主笔之报馆为之也。

报馆者？政本之本，而教师之师也。惟其然也，故其人民嗜之如饮食，男女不可须臾离。闻之英国人，无论男妇老幼、贫富贵贱，有不读书者，无不读报者。其他文明诸国国民，大率例是。

以此之故，其从事于报馆事业者，亦益复奋勉刻厉，日求进步。故报章愈多，体例愈善，议论愈精，记载愈富；能使人专读报纸数种，而可以尽知古今天下之政治、学问、风俗事迹，吸纳全世界之新空气于其脑中。

故欲觇①国家之强弱，无他道焉，则于其报章之多寡、良否而已矣。

校②报章之良否，其率何如？一曰宗旨定而高。二曰思想新而正。三曰材料富而当。四曰报事确而速。若是者良，反是则劣。

所谓“宗旨定而高”者何也？

凡行一事，著一书，皆不可无宗旨，惟报亦然。宗旨一

---

① 觇［chān］：考见、了解。

② 校［jiào］：比较，对照。下“校本国之历史”之“校”同。

定，如项庄舞剑，其意常在沛公，旦旦而聒之，月月而浸润之，大声而呼之，谲谏而逗之。以一报之力而发明一宗旨，何坚不摧！何艰不成！

虽然，宗旨固有择焉。牟利亦宗旨也，媚权贵亦宗旨也，悦市人亦宗旨也。故为报馆者，不可不以热诚慧眼，注定一最高之宗旨而守之。政治学者之言曰：政治者，以国民最多数之公益为目的。若为报者，能以国民最多数之公益为目的，斯可谓真善良之宗旨焉矣。

所谓“思想新而正”者何也？

所贵乎报馆之著述者，贵其能以语言文字开将来之世界也。使取人人所已知者而敷衍之，则与其阅报，何如坐禅？使拾前人所已言者而牙慧之，则与其阅报，何如观剧？故思想不可以不新。

凡欲造成一种新国民者，不可不将其国古来误谬之理想摧陷廓清，以变其脑质。而欲达此目的，恒须借他社会之事物理论输入之而调和之，如南北极之寒流与赤道之热流相剂而成新海潮，如常雪界之冷气与地平[①]之热气相摩而成新空气。故交换智识，实惟人生第一要件，而报馆之天职，则取万国之新思想以贡于其同胞者也。

不宁惟是，凡一新理之出世也，恒与旧义不相容，故或举国敌之，一世弃之，固又视其自信力何如焉。信之坚而持之

① 地平：指地面。

殽，此又前者所谓定宗旨也。若夫处今日万芽齐茁[1]之世界，其各种新思想殽列[2]而不一家，则又当校本国之历史，察国民之原质，审今后之时势，而知以何种思想为最有利而无病，而后以全力鼓吹之。是之谓正。

所谓“材料富而当”者何也？

凡真善良之报，能使人读其报而全世界之智识无一不具备焉。若此者，日报与从报从报者，指旬报、月报、来复报等，日本所谓杂志者是也。皆所当务，而从报为尤要。各国之大丛报，其搜罗极博，其门类极繁，如政治，如理财，如法律，如哲学，如教育，如宗教，如格致，如农工商，如军事，如各国近事，如小说，如文苑，如图画，如评骘[3]，各报无一不载，而其选择又极严。闻之欧美有力之丛报，每年所蒐集著记之论说、纪事，在一万篇以上，而其刊发者不过二百篇内外。盖其目的在使阅者省无谓之目力，阅一字则得一字之益，而又不使有所罣漏[4]，有所缺陷。诚哉！其进步。诚哉！其难能而可贵也。

所谓“报事速而确”者何也？

报之所以惠人者不一端，而知今为最要。故各国之报馆，不徒重主笔也，而更重时事。或访问，或通信，或电报，费重赀以求一新事不惜焉。此事之要，业此者多能知之，兹不具论。

---

① 茁：指地面植物的生长。

② 殽［xiáo］列：杂陈，此处意指并列。殽，淆的异体字，混杂。

③ 评骘［zhì］：评定高下、排列等次。

④ 罣［guà］漏：挂一漏万。罣，同挂。

合此四端，则成一完全尽善之报。盖其难哉！是以报章如牛毛，而良者如麟角也。欧美且然，而况于中国乎？

评析

梁启超一生的业绩，最突出、最成功者当数办报。他以办报成名，其推动中国思想启蒙、观念变革和现代进步的伟大贡献，由办报实现；因此被称为近代中国新闻学奠基者和最出色的宣传家。他创办、主笔、参与的报刊有十多种，产生了一时无两的巨大影响。

本文是梁启超新闻思想的重要文献之一。

19世纪，英国出现了一个名词——无冕之王，又称第四等级，用来指舆论界权威人士。梁启超由此说入。报刊（舆论）之所以有这样的地位，在于它是现代文明的工具。什么是现代文明？就是反对中世纪神权专制政体的力量，是各种新学艺、新思想，一言以蔽之，就是“思想自由，言论自由，出版自由”。所以“此三大自由者，实惟一切文明之母，而近世世界种种现象皆其子孙也”。而报刊，括此三大自由而一之，“能纳一切，能吐一切”，在宪法范围内没有禁区，既有巨大的力量，又肩负巨大的责任。所以从报刊状况，可以考见一国文明与强弱。

报刊状况良好，有四条准则：宗旨定而高、思想新而正、材料富而当、报事确而速。

报刊尤其要有对社会民生的“热诚慧眼”，“以国民最多数之公益为目的”；要“取万国之新思想以贡于其同胞”；要将“古来误谬之理想摧陷廓清”，改变脑质，“造成一种新国民”。

的确，现代社会是信息能量不断扩大的社会。报刊是纸质媒体时代信息的基础载体，它与思想启蒙、民主政治、科教工商革命，以及现代生活方式同生共振。在当代数字传媒时代，信息更是无处不在，无孔不入。所以传媒能说什么，即人民所能言论的范围，也即人民所知的界限，因而更能以之“觇国家之强弱”。

附：梁启超还是近代新闻学、教育学的奠基人。若论在这两门学科建设上的理论贡献，任公的同时代人与他相比，无出其右。

在新闻方面，梁启超是第一个系统论证报刊性质、特点、作用、评判质量标准、新闻工作者自身的素养与要求等重大理论问题的人，也是第一个自觉地将这些理论中有关原则付诸实践的人。从1895年创办《中外纪闻》开始，他终身都在为新闻事业奋斗。（吴廷嘉《梁启超评传》）

（康有为）反对在《清议报》上发表任何激烈的言论，不允许报上出现任何稍涉激烈的词汇。举凡“革命”“民权”“自由”“独立”“自主”，他都禁止在报纸上出现。他利用党魁的权威在自己的阵营里实施“敏感词”审查制度……看到欧榘甲的一篇文章谈到“汤武革命顺天应人”的史事，他不高兴；梁启超的“饮冰室自由书”专栏，因为用了“自由”二字，他反对……

吃过“敏感词”苦头的梁启超要创办一份完全属于自己掌握的报纸，他对报纸的认识已经达到一个新的境界，要“全脱一党报之范围，而进入一国报之范围，而更努力渐进以达于世界报之范围”。这份报纸就是《新民丛报》。（汤传福、黄大明《纸上的火焰》）

论权利思想（《新民说》第八节）

［1902.4.22］

题解

《新民说》为任公最重要的著作之一，共20节，于1902年2月至1906年1月陆续发表于《新民丛报》1～72号“论说”栏。“余为《新民说》，欲以探求我国民腐败堕落之根源，而以他国所以发达进步者比较之，使国民知受病所在，以自警厉，自策进。”（《新民议》叙论）

《新民丛报》创刊号

人人对于人而有当尽之责任，人人对于我而有当尽之责任。对人而不尽责任者，谓之间接以害群；对我而不尽责任者，谓之直接以害群。何也？对人而不尽责任，譬之则杀人也；对我而不尽责任，譬之则自杀也。一人自杀，则群中少一人；举一群之人而皆自杀，则不啻其群之自杀也。

我对我之责任奈何？天生物而赋之以自捍自保之良能，

此有血气者之公例也。而人之所以贵于万物者，则以其不徒有“形而下”之生存，而更有“形而上”之生存。“形而上”之生存，其条件不一端，而权利其最要也。

故禽兽以保生命为对我独一无二之责任，而号称人类者，则以保生命、保权利两者相倚，然后此责任乃完。苟不尔者，则忽丧其所以为人之资格，而与禽兽立于同等之地位。故罗马法视奴隶与禽兽等，于论理上诚得其当也。以论理学三段法演之，其式如下：无权利者禽兽也，奴隶者无权利者也，故奴隶即禽兽也。故形而下之自杀，所杀者不过一人；形而上之自杀，则举全社会而禽兽之，且禽兽其苗裔以至于无穷，吾故曰直接以害群也。呜呼！吾一不解吾中国人之甘于自杀者何其多也。

权利何自生？曰生于强。彼狮、虎之对于群兽也，酋长、国王之对百姓也，贵族之对平民也，男子之对女子也，大群之对于小群也，雄国之对于孱国也，皆常占优等绝对之权利。非狮、虎、酋长等之暴恶也，人人欲伸张己之权利而无所厌，天性然也。是故权利之为物，必有甲焉先放弃之，然后有乙焉能侵入之。

人人务自强，以自保吾权，此实固其群、善其群之不二法门也。

古代希腊有供养正义之神者，其造像也，左手握衡，右手提剑。衡所以权权利之轻重，剑所以护权利之实行。有剑无衡，是豺狼也；有衡无剑，则权利者亦空言，而卒归于无效。

德儒伊耶陵（Jhering）所著《权利竞争论》原名为 *Der Kampfums Recht*，英译为 *Battle of Right*。伊氏为私法学大儒，生于一八一八年，卒于一八九二年。此书乃其被聘于奥国维也纳大学为教授时所著也，在本国重版九回，他国文翻译者二十一种，其书之价值可知矣。去年《译书汇编》同人曾以我国文翻译之，仅成第一章，而其下阙如。余亟欲续成之，以此书药治中国人尤为对病也。本论要领，大率取材伊氏之作，故述其崖略如此。云：权利之目的在平和，而达此目的之方法则不离战斗。有相侵者则必相拒，侵者无已时，故拒者亦无尽期。质而言之，则权利之生涯，竞争而已。又曰：权利者，不断之勤劳也；勤劳一弛，而权利即归于灭亡。

若是乎，权利之为物，其所以得之与所以保之者，如此其不易也。藉欲得之，藉欲保之，则权利思想实为之原。

夫人之有四肢五脏也，是形而下生存之要件也，使内而或肝或肺，外而或指或趾，其有一不适者，孰不感苦痛而急思疗治之。夫肢脏之苦痛，是即其身内机关失和之征也，是即其机关有被侵焉之征也，而疗治者，即所以防御此侵害以自保也。形而上者之侵害亦有然。有权利思想者，一遇侵压，则其苦痛之感情直刺焉激焉，动机一拨而不能自制，亟亟焉谋抵抗之以复其本来。夫肢脏受侵害而不觉苦痛者，必其麻木不仁者也；权利受侵害而不觉苦痛，则又奚择焉。

故无权利思想者，虽谓之麻木不仁可也。

权利思想之强弱，实为其人品格之所关。彼夫为臧获[1]者，虽以穷卑极耻之事廷辱[2]之，其受也泰然；若在高尚之武士，则虽掷头颅以抗雪其名誉，所不辞矣。为穿窬[3]者，虽以至丑极垢之名过毁之，其居也恬然；若在纯洁之商人，则虽倾万金以表白其信用，所不辞矣。何也？当其受侵受压受诬也，其精神上无形之苦痛，直感觉而不能自已。

彼误解权利之真相者，以为是不过于形骸上物质上之利益，龂龂[4]计较焉。嘻，鄙哉！其为浅丈夫之言也。譬诸我有是物而横夺于人，被夺者奋然抗争于法廷，彼其所争之目的，非在此物也，在此物之主权也。故常有诉讼之先，声言他日讼直所得之利益，悉以充慈善事业之用者。苟其志而在利也，则此胡为者？故此等之诉讼，可谓之道德上问题，而不可谓算学上之问题。苟为算学上之问题，则必先持筹而计之曰：吾诉讼费之所损，可以偿讼直之所得乎？能偿则为之，不能则已之。此鄙夫之行也。夫此等计算者，对于无意识之损害可以用之。譬如坠物于渊，欲佣人而索之，因预算其物值与佣值之相偿，是理之当然也，其目的在得物之利益也。争权利则不然，其目的非在得物之利益也。

故权利与利益，其性质正相反对，贪目前之苟安，计锱铢

① 臧获：古代对奴婢的贱称。奴曰臧，婢曰获。或曰：臧获，败敌，以虏获者为奴隶。

② 廷辱：本指在朝堂之上当众折辱，此处“廷”当指公堂或公共场合。

③ 窬［yú］：从墙上爬过去。

④ 龂［yín］龂：争辩的样子。

之小费者，其势必至视权利如弁髦[1]，此正人格高下垢净所由分也。

昔蔺相如叱秦王曰：臣头与璧俱碎。以赵之大，何区区一璧是爱？使其爱璧，则碎之胡为者？乃知璧可毁，身可杀，敌可犯，国可危，而其不可屈者，别有在焉。噫，此所谓权利者也。

伊耶陵又言曰：英国人之游历欧洲大陆者，或偶遇旅馆舆夫，有无理之需索，辄毅然斥之，斥之不听，或争议不决者，往往宁延迟行期数日数旬，所耗旅费视所争之数增至十倍，亦所不恤焉。无识者莫不笑其大愚，而岂知此人所争之数喜林，英国货币名，一喜林约当墨银半圆。实所以使堂堂英吉利国屹然独立于世界之要具也。盖权利思想之丰富，权利感情之敏锐，即英人所以立国之大原也。

今试举一奥大利人，伊氏著书教授于奥大利，故以此鞭策奥人。与此英人地位同、财力同者相比较，其遇此等事，则所以处置者何如？必曰：此区区者，岂值以之自苦而滋事也，直掷金拂衣而去耳。而乌知夫此英人所拒、奥人所掷数片喜林之中，有一绝大之关系隐伏焉，即两国数百年来政治上之发达，社会上之变迁，皆消息乎其间也。

呜呼！伊氏之言，可谓博深而切明矣。吾国人试一自反，

① 弁髦：指无用之物。弁，古代贵族男子行加冠礼过程中用来束发的黑色布帽，三次加冠后，此弁即弃而不用。《左传·昭公九年》："岂如弁髦，而因以敝之。"

吾侪之权利思想，视英人、奥人，谁似也?

论者或疑此事为微末而不足道乎?请言其大者。譬有两国于此，甲国用无理之手段以夺乙国硗确[1]不毛之地一方里，此被害国者将默而息乎，抑奋起而争，争之不得而继以战乎?战役一起，则国帑可以竭，民财可以尽，数十万之壮丁可以一朝暴骨于原野之中，帝王之琼楼玉宇、窭民之筚门圭窦[2]，可以同成一烬，驯至宗社可以屋[3]，国祀可以灭。其所损与一方里地之比较，何啻什伯千万。就其得之，亦不过一方里石田耳。若以算学上两两相衡，彼战焉者可不谓大愚哉?而岂知一方里被夺而不敢问者，则十里亦夺，百里亦夺，千里亦夺，其势不至以全国委于他人而不止也，而此避竞争、贪安逸之主义，即使其国丧其所以立国之原也。

故夫受数喜林之欺骗屈辱而默然忍容者，则亦可以对于本身死刑之宣告，自署名而不辞者也。被夺一方里之地而不发愤者，则亦可以举其父母之邦之全图献卖于他人，而不以动其心者也。此其左证岂在远?反观我国，而使我惭悚无地矣!

盎格鲁撒逊人不待言矣，条顿人不待言矣，欧洲之白种人不待言矣，试就近比照之于日本。

---

① 硗［qiāo］确：土地坚硬贫瘠，与肥沃相对。

② 筚门圭窦：穷人的住处。犹言“小门小户”。筚门，柴门；圭窦，在墙壁上打的洞，上尖下方，如圭形。

③ 宗社可以屋：指王朝覆灭，简称“屋社”，即以房屋将社坛罩住。《礼记·郊特牲》：“是故丧国之社屋之，不受天阳也。”屋，动词。社，祭祀土地神的处所，也代指土地神。《白虎通·社稷》：“封土立社，示有土也。”

日本当四十年前，美国一军舰始到，不过一测量其海岸耳，而举国无论为官为士为农为工为商为僧为俗，莫不瞋目切齿，攘臂扼腕，风起水涌，遂以奏尊攘[①]之功，成维新[②]之业。而我中国以其时燔圆明园，定《南京条约》，割香港，开五口，试问我国民之感情何如也？当八年前俄、德、法三国逼日本还辽，不过以其所夺人者归原主耳[③]，而举国无论为官为士为农为工为商为僧为俗，莫不瞋目切齿，攘臂扼腕，风起水涌，汲汲焉扩张军备，卧薪尝胆，至今不忘。而我中国以其时割胶州、旅顺等六七军港，定各国势力范围，浸假而联军入京，燕蓟涂炭，试问我国民之感情何如也？

彼其智宁不知曰：此我之权利也。但其有权利而不识有之之为尊荣，失权利而不知失之之为苦痛，一言蔽之曰：无权利思想而已。

吾中国先哲之教，曰宽柔以教，不报无道[④]，曰犯而不校[⑤]，曰以德报怨，以直报怨[⑥]。此自前人有为而发之言，在盛

---

① 尊攘：尊王攘夷，即反对侵略。

② 维新：变旧法而行新政。《诗经·大雅·文王》："周虽旧邦，其命维新。"维，语助词。

③ 归原主耳：此指1894—1895年日本侵占盛京（今沈阳）和辽东半岛，俄、德、法出面干涉，日本被迫答应3个月内撤出，将辽东半岛归还中国，但强迫中国给付赎款白银3000万两。

④ 宽柔以教，不报无道：宽大怀柔而感化之，对蛮横无理也不给予回击。语出《中庸》第十章，是孔子答子路问"强"的一条。

⑤ 犯而不校：别人无端冒犯我，也不与之计较。语出《论语·泰伯》，注家多认为此为颜回之德。

⑥ 以直报怨：即虽与之有私怨，但仍以公平的直道来回报那私怨之事，既不加重报复，也不轻易宽宥。语出《论语·宪问》。

德君子偶一行之，虽有足令人起敬者；而末俗承流，遂借以文其怠惰恇怯之劣根性，而误尽天下。如所谓百忍成金[①]，所谓唾面自干[②]，岂非世俗传为佳话者耶？夫人而至于唾面自干，天下之顽钝无耻，孰过是焉！今乃欲举全国人而惟此之为务，是率全国人而为无骨无血无气之怪物，吾不知如何而可也。

中国数千年来，误此见解，习非成是，并为一谈，使勇者日即于销磨，而怯者反有所借口，遇势力之强于已者，始而让之，继而畏之，终而媚之。弱者愈弱，强者愈强，奴隶之性，日深一日。对一人如是，对团体亦然；对本国如是，对外国亦然。以是而立于生存竞争最剧最烈之场，吾不知如何而可也。

大抵中国善言仁，而泰西善言义。仁者，人也，我利人，人亦利我，是所重者常在人也。义者，我也[③]，我不害人，而亦不许人之害我，是所重者常在我也。此二德果孰为至乎？在千万年后大同太平之世界，吾不敢言；若在今日，则义也者，诚救时之至德要道哉！夫出吾仁以仁人者，虽非侵人自由；而待仁于人[④]者，则是放弃自由也。仁焉者多，则待仁于人者亦必多，其弊可以使人格日趋于卑下。欧西百年前，以施济贫民为政府之责

---

① 百忍成金：唐代张公艺有善名，能容忍常人不能容忍之事。其孙子结婚，一道人正好赶上，提出要先与新妇做一夜夫妻，张居然应允。那道人念叨“看得破，跳得过”在新房跳了一夜，天亮时倒地变成了一个金人，张家由此致富。事见《旧唐书·孝友传·张公艺》。

② 唾面自干：表示极度容忍，别人把唾沫吐在自己脸上也不拭去，让它留在脸上自然晾干。这是唐朝宰相娄师德教弟弟为官之道的话，事见《新唐书》本传、《大唐新语》卷七。

③ 义者，我也：许慎《说文》载“義，己之威仪也。从我、羊”。羊，一说为美、善之省。就是说，“义”是人自身的尊严与风度，是对自身生命的肯定。

④ 待仁于人：等待或依靠别人来施行仁爱。

任，而贫民日以多。后悟此理，厘而裁之，而民反殷富焉。君子爱人以德，不闻以姑息，故使人各能自立而不倚赖他人者上也。若曰吾举天下人而仁之，毋乃降斯人使下己一等乎？

若是乎，仁政者，非政体之至焉者也。吾中国人惟日望仁政于其君上也，故遇仁焉者，则为之婴儿；遇不仁焉者，则为之鱼肉。古今仁君少而暴君多，故吾民自数千年来祖宗之遗传，即以受人鱼肉为天经地义，而“权利”二字之识想，断绝于吾人脑质中者固已久矣！

杨朱曰：人人不损一毫，人人不利天下，天下治矣。吾畴昔最深恶痛恨其言，由今思之，盖亦有所见焉矣。其所谓人人不利天下，固公德之蟊贼；其所谓人人不损一毫，抑亦权利之保障也。《列子·杨朱》篇记杨徒孟孙阳与墨徒禽滑厘问答之言。孟孙阳难禽子曰：有侵若肌肤获万金者，为之乎？曰：为之。孟孙阳曰：有断若一节得一国，子为之乎？禽子默然有间。孟孙阳曰：一毛微于肌肤，肌肤微于一节，省矣，然则积一毛以成肌肤，积肌肤以成一节，一毛固一体万分中之一物，奈何轻之乎？此语与前所引英人争数喜林之事，及为一方里地而构兵之事，正同一理。盖哲学开派一大师之言，其持论必有所根据，非徒放诞纵乐而已。不然，其言何以能盈天下而与儒、墨鼎足为三也。然则杨朱者实主张权利之哲学家，而亦中国救时一良方也，不过其论有杂驳焉者耳。夫人虽至鄙吝，至不肖，亦何至爱及一毫，而顾龂龂焉争之者，非争此一毫，争夫人之损我一毫所有权也，所有权即主权。是推权利思想充类至义之尽者也。

一部分之权利，合之即为全体之权利；一私人之权利思想，积之即为一国家之权利思想。故欲养成此思想，必自个人始，人人皆不肯损一毫，则亦谁复敢撄他人之锋而损其一毫[1]者，故曰天下治矣，非虚言也。西哲名言曰：人人自由，而以他人之自由为界。实即人人不损一毫之义也，不过其语有完有不完者耳。

虽然，杨朱非能解权利之真相者也。彼知权利当保守而勿失，而不知权利以进取而始生。放佚也，偷乐也，任运也，厌世也，皆杀权利之刽子手也，而杨朱日昌言之，以是求权利，则何异饮鸩以祈永年也。此吾中国所以虽盛行杨学，而惟熏染其人人不利天下之流毒，而不能实行其人人不损一毫之理想也。权利思想薄弱使然也。

权利思想者，非徒我对于我应尽之义务而已，实亦一私人对于一公群应尽之义务也。譬之两阵交绥[2]，同队之人皆赌生命以当公敌，而一人独贪安逸，避竞争，曳兵而走焉，此人之牺牲其名誉，不待言矣。而试思此人何以能幸保首领，且其祸仍未延及于全群者，毋亦恃同队之人有代己而抗敌者耳？使全军将卒皆与此怯夫同流，望风争逃，则此怯夫与其群，非悉为敌所屠而同归于尽不止也。彼一私人自抛弃其权利者，与此逃亡之弱卒何择也。

不宁惟是，权利者常受外界之侵害而无已时者也，故亦必常出内力之抵抗而无已时，然后权利始成立。抵抗力之厚薄，

① 撄他人之锋而损其一毫：触犯他人自卫的刀刃，伤其一根毫毛。

② 交绥［suí］：即交战。

即为权利之强弱比例差。试更以前喻明之。夫以千人之队，则其间一卒之去就，微末亦甚矣，然使百人乃至数百人脱队而逃，则其结果如何？其所余不逃之卒，必不可不加数倍之苦战代此逃者而荷其负担，虽复忠勇义烈，而其力亦有所不逮矣。是何异逃者亲揕[①]不逃者之胸而剚[②]以刃也。

夫权利之竞争，亦若是则已耳，为国民者协力各尽其分内竞争之责任，则侵压自不得行。设有苟免幸脱而避其冲者，是不啻对于国民全体而为叛逆也。何也？是使公敌增其力，而跳梁暴肆之所由行也。彼浅见者，以为一私人之放弃权利，不过其本身之受亏被害，而影响不及于他人，何其傎[③]也！

权利竞争之不已，而确立之保障之者厥恃法律。故有权利思想者，必以争立法权为第一要义。凡一群之有法律，无论为良为恶，而皆由操立法权之人制定之以自护其权利者也。强于权利思想之国民，其法律必屡屡变更而日进于善。盖其始由少数之人，出其强权以自利；其后由多数之人，复出其强权相抵制而亦以自利。余所著《饮冰室自由书·论强权》一条参观。权利思想愈发达，则人人务为强者。强与强相遇，权与权相衡，于是平和善美之新法律乃成。

虽然，当新法律与旧法律相嬗之际，常为最剧最惨之竞争。盖一新法律出，则前此之凭借旧法律以享特别之权利者，

---

① 揕［zhèn］：用刀、剑等刺。

② 剚［zì］：刺入、插入。

③ 傎［diān］：颠倒错乱，昏乱不清。

必受异常之侵害，故倡议制新法律者，不啻对于旧有权力之人而下宣战书也。夫是以动力与反动力相搏，而大争起焉，此实生物天演之公例也。当此时也，新权利、新法律之能成就与否，全视乎抗战者之力之强弱以为断，而道理之优劣不与焉。而此过渡时代，则倚旧者与倡新者皆不可不受大损害。

试一读欧美诸国法律发达史，如立宪政，废奴隶，释佣农，劳力自由，信教自由等诸大法律，何一不自血风肉雨中薰浴而来。使倡之者有所偷，有所惮，有所姑息，而稍稍迁就于其间乎，则此退一步，彼进一步，而所谓新权利者亦必终归于灭亡而已。

吾中国人数千年来不识权利之为何状，亦未始不由迂儒煦煦之说阶之厉[①]也。质而言之，则权利之诞生，与人类之诞生略同，分娩拆副[②]之苦痛，势所不免，惟其得之也艰，故其获之也力，遂使国民与权利之间，其爱情一如母子之关系。母之生子也，实自以其性命孤注，故其爱有非他人他事所能易者也。权利之不经艰苦而得者，如飞鸿之遗雏，猛鹯[③]、狡狐时或得而攫之，若慈母怀中之爱儿，虽千百狐、鹯，岂能褫[④]也？

故权利之薰浴于血风肉雨而来者，既得之后，而永不可

① 煦煦之说阶之厉：温水般地传学讲道之害。阶，道；厉，恶。《诗经·大雅·桑柔》："谁生厉阶，至今为梗。"

② 拆副［pì］：女人生子时产门破裂，是生子不顺利的状况。拆、副，都是裂开的意思；拆，又作坼。语见《诗经·大雅·生民》。

③ 鹯［zhān］：鹰隼类猛禽。

④ 褫［chǐ］：剥夺，革除。本义为脱去、解下（衣服、佩饰）。

复失焉。谓余不信，请观日本人民拥护宪法之能力与英、美人民之能力相比较，其强弱之率何如矣。若是乎，专言仁政者，果不足以语于立国之道；而人民之望仁政以得一支半节之权利者，实含有亡国民之根性，明也。

夫专言仁政犹且不可，而虐政更何论焉！大抵人生之有权利思想也，天赋之良知良能也，而其或强、或弱、或隐伏、或澌亡至不齐者，何也？则常缘其国家之历史、政治之浸润以为差。孟子牛山之喻，先我言之矣，非无萌蘖，牛羊又从而牧之，是以若彼濯濯也。[1]

历览东西古今亡国之史乘，其始非无一二抵抗暴制以求自由者，一锄之，再锄之，三四锄之，渐萎废，渐衰颓，渐销铄，久之而猛烈沉醲之权利思想，愈制而愈驯，愈冲而愈淡，乃至回复之望绝，而受羁受轭，以为固然；积之数十年数百年，每下愈况，而常至澌亡。

此固由其人民能力之薄弱，而政府之罪，又乌可逭[2]也。夫此等政府，岂尝有一焉能嗣续其命脉以存于今日者；即有一二，亦不过风烛残年，旦夕待死而已。

政府以此道杀人，毋乃适为自杀之利刃乎！政府之自杀，己作之而己受之，其又奚尤！顾所最痛者，其祸乃延及于国家

---

① “孟子牛山之喻”以下数句：孟子以齐都牛山上的树木为喻，说那上面不是没有苗芽萌生，只是被牛羊吃掉了，才光秃秃的。萌蘖，植物的新芽。濯濯，草木不生，光秃秃的。见《孟子·告子上》。

② 逭［huàn］：逃避。

全体而不能救也。

国民者，一私人之所结集也；国权者，一私人之权利所团成也。故欲求国民之思想、之感觉、之行为，舍其分子之各私人之思想、感觉、行为，而终不可得见。其民强者谓之强国，其民弱者谓之弱国；其民富者谓之富国，其民贫者谓之贫国；其民有权者谓之有权国，其民无耻者谓之无耻国。夫至以“无耻国”三字成一名词，而犹欲其国之立于天地，有是理耶！有是理耶！其能受阉宦、差役之婪索一钱而安之者，必其能受外国之割一省而亦安之者也。其能现奴颜婢膝昏暮乞怜于权贵之门者，必其能悬顺民之旗箪食壶浆以迎他族之师者也。譬之器然，其完固者，无论何物，不能渗也；苟有穴焉，有罅焉，我能渗之，他人亦能渗之。

夫安知乎虐政所从入之门，乃即外寇所从入之门也。挑邻妇而利其从我，及为我妇，则欲其为我詈人[①]，安可得也。平昔之待其民也，鞭之挞之，敲之削之，戮之辱之，积千数百年霸者之余威，以震荡摧锄天下之廉耻，既殄既狝既夷，一旦敌国之艨艟麇集于海疆，寇仇之貔貅[②]迫临于城下，而后欲借人民之力以捍卫是而纲维是，是何异不胎而求子、蒸沙而求饭也？嗟

① “挑邻妇……”以下数句：楚人有二妻，被邻人勾引，长者怒斥，少者顺从。楚人死后，有人问邻人要娶哪一个，邻人回答，要娶长者，希望她也会为我怒斥想勾引她的人。詈［lì］，斥骂。事见《战国策·秦策一》。

② 貔貅：传说中的一种凶猛瑞兽，此处比喻勇猛的军士。

夫！嗟夫！前车之覆者，不知几何矣，而独不解丁兹阳九[1]者，曾一自审焉否也。

重为言曰：国家譬犹树也，权利思想譬犹根也。其根既拔，虽复干植崔嵬，华叶蓊郁，而必归于槁亡。遇疾风横雨，则摧落更速焉，即不尔，而旱暵之所暴炙，其萎黄凋敝，亦须时耳。国民无权利思想者，以之当外患，则槁木遇风雨之类也，即外患不来，亦遇旱暵之类。

吾见夫全地球千五百兆[2]生灵中，除印度、非洲、南洋之黑蛮外，其权利思想之薄弱，未有吾国人若者也。孟子有言：逸居而无教，则近于禽兽。若取罗马法之法理，而以论理解释之，则岂惟近焉而已。一国之大，而仅有四万万禽兽居焉，天下之可耻，孰过是也！我同胞其耻之乎？！

为政治家者，以勿摧压权利思想为第一义！

为教育家者，以养成权利思想为第一义！

为一私人者，无论士焉农焉工焉商焉男焉女焉，各以自坚持权利思想为第一义！

国民不能得权利于政府也则争之，政府见国民之争权利也则让之！

欲使吾国之国权与他国之国权平等，必先使吾国中人人固

---

① 丁兹阳九：遭遇这样的灾难。丁，当，遭遇。阳九，指灾年、厄运。古代术数家认为4617年为一元，在最初的106年中有9年发生了旱灾，称为阳九。见《汉书·律历志上》。此言“阳九”，故下言“旱暵”。暵［hàn］，干枯。

② 千五百兆：15亿。1兆=100万。

有之权皆平等，必先使吾国民在我国所享之权利与他国民在彼国所享之权利相平等！

若是者国庶有瘳，若是者国庶有瘳！

评析

读本文必须明白，其中所论述的权利思想，乃是对人之为人在世间承担的本体责任而言，而非对个人与群体间的权利与义务关系而言（要说义务，这里也是个体承担好自己不能退让的职责）。若把梁启超这里讲的权利思想归到与义务的关系范畴中去，必然会弄错理解的方向。

这一权利思想属于道德本体范畴。所以它是个人立世的基本觉悟，这种道德觉悟若成为群体的普遍意识，就会成为一种社会意识形态，成为国家强盛发展的政治基础。但即使如此，它与民主权利也不是一个范畴。

所以文章从人人对于“人”（类）、对于“我”（自身）当尽之责任开篇，从人与禽兽之别说起。拥有人之权利才是人，捍卫人之权利才是尽责！权利生于“强”，保护与伸张权利需自强。古希腊正义之神一手握衡，一手握剑：以衡来衡量权利之行为，以剑来捍卫权利之所有。所以权利思想的强弱与人之品格相关：奴隶、小偷能接受非人的毁辱；高尚的武士与纯洁的商人则不能。权利思想也不是物质利益的计算，蔺相如搏命守护和氏璧，英国游客面对宰客者不惜延误行程也要理论清楚，国家为了保卫一方里的领土不惜牺牲十百千万的生命，这里不论值不值的问题，而要论人对自身的所有权、主权无可让渡的问题，不然即人而非人、国而非国！

中国受列强欺负，亟须培养国民的权利思想。但先哲之教，不报无道，至于唾面自干，使“奴隶之性，日深一日”，权利思想正与奴性相反；而仁与仁政，非不善也，但“待仁于人者，则是放弃自由也”！梁启超指出仁与仁政之短，发出石破天惊之论：

“仁政者，非政体之至焉者也。吾中国人惟日望仁政于其君上也，故遇仁焉者，则为之婴儿；遇不仁焉者，则为之鱼肉。古今仁君少而暴君多，故吾民自数千年来祖宗之遗传，即以受人鱼肉为天经地义（按此即鲁迅所谓‘做稳了奴隶’），而‘权利’二字之识想，断绝于吾人脑质中者固已久矣。”

又论杨朱“为我”，损一毫以利天下而不为，但“人人不损一毫，抑亦权利之保障也……非争此一毫，争夫人之损我一毫所有权也”。只是杨朱一派道家“知权利当保守而勿失，而不知权利以进取而始生”，任运、厌世，“皆杀权利之刽子手也”。

所以，在中国培育权利思想，就要养成对侵权的抗争力，要形成对权利的法律保障（争人民的立法权，争新法代旧法的改革），这要像欧美当初一样，经历一番“血风肉雨中薰浴”，像母之生子一样，“以其性命孤注”！这样，人人养成权利思想，国权才能团成，才能由无耻国变为有权国，才能由弱而强、由贫而富。

文章最后，照应开篇无权利思想即为禽兽之论，并发出“为政治家者，以勿摧压权利思想为第一义！为教育家者，以养成权利思想为第一义！为一私人者，……各以自坚持权利思想为第一义”等三大呼吁，要唤醒国人，起千年之沉疴!

附：我个人受了梁先生的无穷恩惠……第一是他的《新民说》……“新民”的意义是要改造中国的民族，要把这老大的病夫民族改造成一个新鲜活泼的民族。他说……“必取数千年横暴混浊之政体破碎而齑粉之……必取数千年腐败柔媚之学说廓清而辞辟之……然后能一新耳目以行进步之实也……”（《新民说·论进步》）我们在那个时代读这样的文

字，没有一个人不受他的震荡感动的。他在那时代，主张最激烈，态度最鲜明，感动人的力量最深刻。（胡适《四十自述》第四章）

他的《新民说》可以算是他一生的最大贡献。《新民说》篇篇指摘中国文化的缺点，颂扬西洋的美德可给我国人取法的，这是他最不朽的功绩。故我的挽联指出他“中国之新民”的志愿。（《胡适日记》）

《新民说》是20世纪初中国启蒙思想最优秀的代表作。在这部著作中，梁启超对中国人的国民劣根性进行了一次彻底的批判。他痛斥中国人以束身寡过主义为德育的中心点，不讲公德；只顾一身一家的荣华富贵，不顾国家的兴亡盛衰；只知有天下，不知有国家；只知忠于君，不知忠于国，甘为一姓之家奴走狗；主柔好静，不尚竞争……缺乏独立人格；等等。在这部著作里，他借鉴西方思想，系统地向人们灌输一套新的道德理想和价值观念，如权利义务思想、国家思想、生利思想、合群思想、尚武精神、进取冒险精神，以及自尊自重、自治自立、平等自由观念等，力图造就与封建朝廷的臣民完全不同的一代新国民。……何干之在《中国启蒙运动史》中，也将《新民说》称作是“第三等级的人权宣言书”……《新民说》的实质是，为了实现中国社会由传统向现代的转变，首先实现人的现代化。其影响和意义超越了任何党派的界限。正因此，《新民说》中提出的一系列新道德、新理想、新观念，不但被当时政治立场对立的革命派所接受，而且在“五四”时期，又借着新文化运动者的嘴和笔再次被提了出来，成为现代中国思想的一个重要组成部分。（耿云志、崔志海《梁启超》）

另：黄克武《一个被放弃的选择》（新星出版社2006）是以《新民说》为基本研究对象的专著，该书及许纪霖等的“序”，都有对深入理解《新民说》颇有启发性的评论。

上康有为书

［1900.4.29、1902.5］

题解

这两封信表达了梁启超对自由、民主的崇信，对革命、破坏、扑满的热情，以及对保教的反对，是其受清廷迫害流亡日本后最激进思想之体现，也是中国近代启蒙思想最透辟的表达，开后来“五四”精神之先河。第一封信截取关于自由的一节，删去了末尾几句；第二封信删去末尾两段；原行间夹注也基本删去。

（1900年4月29日）

来示于自由之义，深恶而痛绝之，而弟子始终不欲弃此义。窃以为于天地之公理与中国之时势，皆非发明此义不为功也。

弟子之言自由者，非对于压力而言之，对于奴隶性而言之。

压力属于施者，奴隶性属于受者。中国数千年之腐败，其祸及于今日，推其大原，皆必自奴隶性来。不除此性，中国万不能立于世界万国之间。

而自由云者，正使人自知其本性，而不受钳制于他人。今日非施此药，万不能愈此病。

而先生屡引法国大革命为鉴。法国革命之惨，弟子深知之，日本人忌之恶之尤甚。虽然，此不足援以律中国也。中国与法国民情最相反。法国之民最好动，无一时而能静；中国之民最好静，经千年而不动。故路梭[①]诸贤之论，施之于法国，诚为取乱之具；而施之于中国，适为兴治之机。如参桂之药，投诸病热者，则增其剧；而投诸体虚者，则正起其衰也。而先生日虑及此，弟子窃以为过矣。

且法国之惨祸，由于革命诸人，借自由之名以生祸，而非自由之为祸。虽国学派不满于路梭者，亦未尝以此祸蔽累于路梭也。执此之说，是以李斯而罪荀卿，以吴起而罪曾子也。[②]

且中国数千年来，无自由二字，而历代鼎革之惨祸，亦岂下于法国哉?

然则祸天下者，全在其人，而不能归罪于所托之名。且以自由而生惨祸者，经此惨祸之后，而尚可有进于文明之一日；不以自由而生惨祸者，其惨祸日出而不知所穷——中国数千年是也。苟有爱天下之心者，于此二者，宜何择焉!

至欧人文明与法无关之说，弟子甚所不解。不必据他书，即《泰西新史揽要》亦可见其概。

英国为宪政发达最久最完之国，流血最少，而收效最多者也。而其安危强弱之大关键，实在一千八百三十二年之议院改

① 路梭：即卢梭。

② “执此之说”以下数句：李斯、吴起曾从荀子、曾子受学，但荀子、曾子是儒家大师，李斯、吴起却成为法家与兵家巨擘。梁氏以此说明不能将法国革命反复残杀的惨祸归于革命导师卢梭。

革案。而此案之起，乃由法人影响所及；英民闻法人争权之事而兴起。此案之得成，亦由执政者惮于法之惨祸，而降心遽许之。此《新史揽要》所明言也。

欧洲中原之日耳曼、奥斯马加、意大利、瑞士诸国，皆因并吞于拿破仑。时拿氏大改其政治，而予人民以自由。人民既得尝自由之滋味，此后更不能受治于专制民贼之下。故历千辛万苦而争之，以至于今日。

观于拿破仑第一次被放，而维也纳会议起；拿破仑第二次被放，而俄、普、奥三帝神圣同盟兴。维也纳会议、神圣同盟，皆为压制民权而设也。[①]

但观于此，而知法国革命影响于全欧多矣。

弟子谓法人自受苦难，以易全欧国民之安荣，法人诚可怜亦可敬也。泰西史学家无不以法国革命为新旧两世界之关键，而纯甫[②]难是说，然则此十九世纪之母何在也？弟子以为法国革命即其母，路得政教其祖母也。

若夫自由二字，夫子以为翻译不妥或尚可，至诋其意，则万万不可也。

---

① “维也纳会议”以下数句：维也纳会议是在1814—1815年（拿破仑第一次失败后至百日政变失败）召开的改组欧洲的会议，由奥地利、普鲁士、沙俄、英国主导，针对拿破仑帝国的崩溃，对欧洲版图重新划分，“恢复有关皇室不公平的特权和干预思想、写作、讲学自由”（威尔斯《世界史纲》）。神圣同盟于1815年9月26日在巴黎建立，由俄、奥、普三国君主发起，宣称其目的在于促进基督教教义对国际事务的影响，实际上是为了在法国革命和拿破仑失败之后，重构欧洲秩序和价值观。所以梁氏说其“皆为压制民权而设也”。

② 纯甫：容闳（1828—1912），号纯甫，曾参与维新变法。

自由之界说，有最要者一语，曰“人人自由，而不以侵人之自由为界”是矣。而省文言之，则“人人自由”四字，意义已具足。盖若有一人侵人之自由者，则必有一人之自由被侵者，是则不可谓之人人自由。以此言自由，乃真自由，毫无流弊。

要之，言自由者无他，不过使之得全其为人之资格而已。

质而论之，即不受“三纲[①]”之压制而已，不受古人之束缚而已！

夫子谓今日“但当言开民智，不当言兴民权”，弟子见此二语，不禁讶其与张之洞之言相类也。

夫不兴民权，则民智乌可得开哉？其脑质之思想，受数千年古学束缚，曾不敢有一线之走开，虽尽授以外国学问，一切普通学皆充入其记忆之中，终不过如机器砌成之人形，毫无发生[②]气象。

试观现时世界之奉耶教新教之国民，皆智而富；奉天主旧教之国民，皆愚而弱。无他，亦自由与不自由之分而已。[③]

---

① 三纲：“君为臣纲，父为子纲，夫为妻纲”。为韩非子首倡，西汉《礼·纬·含文嘉》《白虎通义》申言之，后来成为封建社会的政治原则和道德准则。

② 发生：发荣生长，如春天植物蓬勃之状。

③ “试观现时……”以下数句：8世纪，耶教（即基督教）在意大利成立教皇国，形成政教合一体制（教会后分裂为罗马公教——天主教和东正教，二者即梁氏所谓“旧教”），累世相传，腐败日生。1517年，德国神父马丁·路德贴出抨击教会弊端的《九十五条论纲》，影响巨大，遂产生了“抗罗宗”——新教，反对教皇对《圣经》解释权的垄断，提出人人皆可为祭司，直接与上帝沟通、领受恩典，上帝面前人人平等，提倡民族思想，建立国家教会，抑制罗马教权，反对偶像崇拜、禁欲等理念。新教“在使人不受宗教权威约束的同时，也在其他方面使人获得自由”（彼得·沃森《思想史》第4部第22节）。

故今日而知民智之为急，则舍自由无他道矣。

中国于教学之界，则守一先生之言，不敢稍有异想；于政治之界，则服一王之制，不敢稍有异言。此实为滋愚滋弱之最大病源。此病不去，百药无效！

必以万钧之力，激厉奋迅，决破罗网，热其已凉之血管，而使增热至沸度；搅其久伏之脑筋，而使大动至发狂。经此一度之沸，一度之狂，庶几可以受新益而底中和矣。

然弟子敢断中国之必不能沸、必不能狂也。虽使天下有如复生[①]及弟子者数十百人，亦必不能使之沸、使之狂也。弟子即尽全力以鼓吹之，而何至有法国之事乎？

至“自由”二字，字面上似稍有语病，弟子欲易之以“自主”，然自主又有自主之义；又欲易之以“自治”，自治二字，似颇善矣。“自治”含有二义：一者不受治于他人之义，二者真能治自己之义。既真能治自己，而何有侵人自由之事乎？而何有法国托名肆虐之事乎？故有自治，似颇善矣。而所谓不受治于他人者，非谓不受治于法律也。英人常自夸谓全国皆治人者，全国皆治于人者，盖公定法律而公守之，即自定法律而自守之也，实则乃受治于己而已。

盖法律者，所以保护个人之自由，而不使互侵也。此自由之极则，即法律之精义也。

① 复生：谭嗣同（1865—1898），字复生，湖南浏阳人，清末维新志士，以“我不入地狱，谁入地狱”的决心，投身变法运动，猛烈批判纲常名教和封建制度，清光绪帝授其四品军机章京。戊戌政变后被杀。有《仁学》传世。

抑以法国革命而谤自由，犹有不可者。盖“自由”二字，非法国之土产也。英之弥儿、德之康得[①]，皆近世大儒，全球所仰，其言自由，真可谓博深明切矣。

而夫子引隋炀、武后以比之，似未免涉于嫚骂矣。

弟子欲辩论此二字，真乃罄南山之竹，不能尽其词！岂[②]有他心，实觉其为今日救时之良药，不二之法门耳。现时所见如此，或他日有进，翻然弃之，亦未可定。但今日心中所蕴，不敢自欺，故不觉其言之长。其谓涉于不敬，非对长者之体者多多[③]。惟因文曲折，随笔应赴，不自检点，深知其罪。

又自由与服从，二者相反而相成。凡真自由，未有不服从者。英人所谓“人人皆治人，人人皆治于人”是也。但使有丝毫不服从法律，则必侵人自由。盖法律者，除保护人自由权之外，无他掌也。而侵人之自由，自由界说中所大戒也。故真自由，必服从。

（1902年5月）

前示告诫以革命、保教、大同等诸义，此事有甚难言者，

---

① 康得：即康德（1724—1804），德国哲学家。他在《实践理性批判》中，通过道德法则的存在（或可能），证明自由的勿庸置疑和绝对性。即只有人自己决定行动的自由意志，才是道德法则建立的基础——人自觉地、主动地、心甘情愿地遵守道德，道德才能存在。

② 岂：原作“其”，据文意改。

③ 非对长者之体者多多：多有不合于对长者的传统礼节处。长者，此具体指康有为。体，通“礼”。《汉书·贾谊传》：“所以体貌大臣，而厉其节也。”颜师古注：“体貌，谓加礼容而敬之。”

今欲一详陈之。

大同一义，前所著论题为《国家思想》，以此义为主客，托起本论宗旨，固非得已，非敢以相攻也。弟子即狂悖，何至以攻先生自快。攻先生有何益于我？即不为先生计，而自为计，外人见此反覆无状之小人，视之为何等耶？虽至愚亦不至此。但见夫近日西人著述，言国家主义者未有不借大同为衬笔、撇笔。盖欲主张其本论，使之圆到，不能不论及也。

大同之说，在中国固由先生精思独辟，而在泰西，实已久为陈言。希腊之柏拉图，英国之德麻摩里[①]，法国之仙世门、喀谟德[②]所言，其宗旨条理皆极精尽、极详密。而驳之者亦不下数十家。近人著书，几无不引之，无不驳之。弟子言及，亦袭前人说耳。当时下笔，若几忘此论在中国发自先生也者，其瞀[③]其疏固可责，然谓其有意相攻则冤也。但此义不过对国家思想之反面一言及之，以后断不复有此等语在报中矣。

至民主、扑满、保教等义，真有难言者。弟子于今日若面从先生之诫，他日亦必不能实行也，故不如披心沥胆一论之。

今日民族主义最发达之时代，非有此精神，绝不能立国，

---

① 德麻摩里：今译托马斯·莫尔（1478—1535），生于伦敦，法学院毕业，从律师做到大法官、众议院议长，在国王与教会的争斗中被杀。16世纪初发表《乌托邦》，数年内出版了多种文字版本，风行欧洲。梁氏将“乌托邦”译为“华严界”。梁实秋《英国文学史》：“摩尔的《乌托邦》是继柏拉图‘共和国’之后一大杰作。”

② 仙世门、喀谟德：此二人均为19世纪的哲学家。

③ 瞀［mào］：愚昧；目眩。

弟子誓焦舌秃笔以倡之，决不能舍去者也。[1]

其所以唤起民族精神者，势不得不攻满洲。日本以讨幕为最适宜之主义，中国以讨满为最适宜之主义。弟子所见，谓无以易此矣。满廷之无可望，久矣。今日日望归政、望复辟，夫何可得？即得矣，满朝皆仇敌，百事腐败已久，虽召吾党归用之，而决不能行其志也。

先生惧破坏，弟子亦未始不惧。然以为破坏终不可得免，愈迟则愈惨，毋宁早耳。

且我不言，他人亦言之，岂得禁乎？不惟他人而已，同门中人猖狂言此，有过弟子十倍者。先生殆未见《文兴报》耳，徐、欧在《文兴》所发之论，所记之事，虽弟子视之，犹为詟栗[2]。其《论广东宜速筹自立之法》一篇，稿凡二十七续，"满贼""清贼"之言，盈篇溢纸。檀香山《新中国报》亦然。《新民报》之含蓄亦甚矣。树园，吾党中最长者也，然其恶满洲之心更热。《新民报》中《扪虱谈虎》一门及《人肉楼》等篇，树园笔也。同门之人，皆趋于此。夫树园、君勉，岂肯背师之人哉？然皆若此，实则受先生救国救民之教，浸之已久，而迫于今日时势，实不得不然也。

先生受皇上厚恩，誓不肯齿及一字，固属仁至义尽。至门弟子等心先生之心以爱国，同归而殊途，一致而百虑，似亦不

---

① "今日……"以下数句：梁启超曾于1903年4月15日致信徐君勉："今每见新闻，则勃勃欲动，弟深信中国之万不能不革命。今怀此志，转益深也。"

② 詟［zhé］栗：惊恐的样子。詟，义同慑，恐惧、害怕。

必禁之矣。

来示谓此为党报，必全党人之同意，然后可以发言。无论党人分处四方，万无作成一文遍请画诺[①]，然后发刻之理；即以党人之意论之，苟属立宪政体，必以多数决议，恐亦画诺者十之七八也。然此决非好与先生立异者，实觉此事为今日救国民之要着而已。望先生听之[②]，以大度容之为盼。

至于保教一事，弟子亦实见保之之无谓。先生谓巴拿马、星加坡[③]各埠，今方兴起，而弟子摧其萌蘖。今所欲办者，如巴、星各埠所办，果有益于事否乎？他地吾不敢知，横滨一埠，则戊己庚辛四年皆庆诞[④]，每年费二千余金，试问于孔教有何影响，于大局有何关系？徒为虚文，浪费金钱而已。诚不如以之投诸学校之为妙矣。

今星加坡集捐二十余万建一孔子庙，弟子闻之，实深惜之。窃谓此等款项，若以投之他种公共事业，无论何事，皆胜多多矣。

至先生谓皆以保教而教强国强，以弟子观之，则正相反。

保教而强，固有之矣，然教强非国之利也。欧洲拉丁民族保教力最强，而人皆退化，国皆日衰，西班牙、葡萄牙、意大利是也。

---

① 画诺：在文书上签字表示同意。语出《后汉书·党锢列传序》。

② 听之：即听之任之，容许其意见存在。

③ 星加坡：即新加坡。

④ 庆诞：即办孔子诞辰纪念活动。孔子生于鲁襄公二十二年（前551年）九月二十八日。

条顿民族如英、美、德各国，皆政教分离而国乃强。

今欧洲之言保教者，皆下愚之人耳，或凭借教令为衣食者耳。

实则耶教今日亦何尝能强，其澌灭可立而待矣[①]。哲学家攻之，格致学[②]攻之，身无完肤，屡变其说，以趋时势，仅延残喘，穷遁狼狈之状，可笑已甚，我何必更尤而效之[③]？

且弟子实见夫欧洲所以有今日者，皆由脱教主之羁轭得来。盖非是则思想不自由，而民智终不得开也。倍根、笛卡儿、赫胥黎、达尔文、斯宾塞等轰轰大名，皆以攻耶稣教著也，而大有造于欧洲，实亦不可诬也。

弟子以为欲救今日之中国，莫急于以新学说变其思想，欧洲之兴全在此。然初时不可不有所破坏。

孔学之不适于新世界者多矣，而更提倡保之，是北行南辕也。

先生所示自由、服从二义，弟子以为行事当兼二者，而思想则惟有自由耳。思想不自由，民智更无进步之望矣。

先生谓弟子故为立异，以避服从之义，实则不然也。其有所见，自认为如此，然后有利益于国民，则固不可为违心之

① 其澌灭可立而待矣：这是说耶稣基督的神学信仰在当时社会的力量正在丧失，如同尼采所谓“上帝死了”一样，不是说基督教马上要灭亡。澌灭，尽灭。澌，水尽也。

② 格致学：《礼记·大学》：“致知在格物”，后世儒家提倡格物致知，即从物质世界探求道理、学问。格，推求、研究。近代以“格致学”称自然科学或物理学。

③ 尤而效之：知其错而步其后尘。效尤，仿效错误。《左传·庄公二十一年》：“郑伯效尤，其亦将有咎。”

论也。故先生以其所见之谬而教诲之，则弟子所乐受而相与明辨。若谓有心立异，则不敢受也。

弟子意欲以抉破罗网、造出新思想自任，故极思冲决此范围。明知非中正之言，然今后必有起而矫之者，矫之而适得其正，则道进矣。

即如日本，当民治初元，亦以破坏为事，至近年然后保存国粹之议起。国粹说在今日固大善，然使二十年前而昌之，则民智终不可得开而已。

此弟子怀之已数年，前在庇能时与先生言之，先生所面责者，当时虽无以难[①]，而此志今不能改也。

顷与树园、慧儒、觉顿、默厂等[②]思以数年之功，著一大书，揭孔教之缺点而是正之，知先生必不以为然矣。

至谓弟子从耶教，实则不然。耶教之不宜今日也尤甚。孔教且不欲保，何况于“耶”？请先生勿过虑也。

评析

第一封信是对倡导“自由”的辩说。最关键、最重要的是，自由乃“对于奴隶性而言之”。“自由云者，正使人自知其本性，而不受钳制于他人”；“使之得全其为人之资格……不受‘三纲’之压制而已，不受古人之束缚而已”！中国数千年专制统治，是培养奴隶性的温床；中国今日

① 难：反驳。即《韩非子》“难一”“难二”之难。

② 树园、慧儒、觉顿、默厂等：树园（番禺人，名文举，即扪虱谈虎客）、慧儒（名奎，新会人）、汤觉顿、陈默厂，四人皆万木草堂弟子。据原初稿批注注之。

弱困之极，“皆必自奴隶性来”。所以，除去奴隶性，是当务之急，是强国之要。除去奴隶性，必靠近代自由思想。至于以卢梭诸贤的自由思想为指导的法国大革命引发的一次次惨祸，其罪在人，不在自由思想。而且，法国革命的自由精神，对英国宪政改革，对欧洲今日的文明发展，都至关重要。所以，“法国革命为新旧两世界之关键”，是欧洲19世纪文明发展之母。

开民智，必兴民权；兴民权，必倡自由。“中国于教学之界，则守一生之言，不敢稍有异想；于政治之界，则服一王之制，不敢稍有异言。此实为滋愚滋弱之最大病源。”“必以万钧之力，激厉奋迅”，方能摧破之。梁启超尽全力鼓吹自由，缘由在此。

第二封信开篇对自己提倡国家思想、批评大同主义进行辩解，为下文“唤起民族精神者，势不得不攻满洲”做铺垫。攻击清朝统治是梁启超在湖南时务学堂时就有的。康有为因受光绪厚恩，戊戌后仍一心寄托于慈禧归政、皇帝复辟，再行改革，这完全是以个人主观意愿代替客观形势的妄想，根本做不到。而世界近代国家的建立和发展，与民族主义思潮密切相关。所以，“非有此精神，绝不能立国”。所以，发誓“焦舌颓笔以倡之”，不惜扑满而求国家新生。

康有为提倡保孔教，更是无谓之举。花钱庆孔子生诞、造孔子庙，不如用来办学校和建设公共事业。西方宗教改革以后，教宗愚人的势力日微；欧洲的发展，“皆由脱教主之羁轭得来。盖非是则思想不自由”。中国自然莫能外之。“孔学之不适于新世界者多矣，而更提倡保之，是北行南辕也”；罢黜百家，独尊儒术，禁锢思想，舆论一律，更是与当时之世界反其道而行。“救今日之中国，莫急于以新学说变其思想”，此“思想则惟有自由”才能做到，而保教、拜教则是重蹈禁锢思想、洗脑愚民、造成奴隶性的覆辙！

这些思想，在梁启超一生中是最激进的，但并不是孤立的，不是遽变而生的，自有其根源与发展逻辑。这些思想与他对清廷进行自上而下的改革的失望，与他在湖南时务学堂时对清朝统治的激烈批判，与受谭嗣同等果勇激进思想家的影响[①]，与到日本后大量阅读西学书籍等，都有紧密关系。（熊月之《中国近代民主思想史》第五章“六”）

附：耿云志、崔志海在《梁启超》第三章“五、因言革而师徒不睦”中，对康梁政治态度、思想性格不同，以及两人随着环境变化，“在许多重大问题上产生了严重对立”，有清晰论述，可以参看。兹录一小段：《清代学术概论》里说，“‘启超既日倡革命排满共和之论，而其师康有为深不谓然，屡责备之，继以婉劝，两年间函札数万言。’又说，‘启超自三十以后，已绝口不谈伪经，亦不甚谈改制，而其师康有为大倡设孔教会，定国教祀天配孔诸议，国中附和不乏，启超不谓然，屡起而驳之……康、梁学派遂分。’自兹以后，梁启超与康有为虽然一直保持师生之谊，但学术思想和政治主张上则各行其是。……康梁并称的时代已如明日黄花，一去不复返了。”

蒋广学《梁启超评传》第三章：“当他以新的自由观走出‘今文学’的传统之后，他便高高举起自己的旗帜。”正如张君劢《新儒家思想史》所说：“作为近代中国伟大的自由主义者……他是奠定西方思想传入中国，及以现代生活眼光重估中国传统价值之基础的先驱者。没有梁启超，中国人就不会那样早的接受改变。”

陈旭麓《近代中国人物论·论梁启超的思想》：前此，梁启超跟着康有为大倡保种、保教，而这时却发表了《保教非所以尊孔论》，反对保教。认为教不必保，也不可保。他今后的努力“惟保国而已。”……宣称“吾爱孔子，吾尤爱真理；吾爱先辈，吾尤爱国家；吾爱故人，吾尤爱自由”。这无异是向康有为举起叛旗。

① 梁氏在《亡友夏穗卿先生》中说，在时务学堂时期，与谭、夏观点不同时，“常常对吵。每天总大吵一两场，但吵的结果，十次有九次我被穗卿屈服，我们大概总得到一致意见。”

政闻社宣言书

[1907.10.7]

题解

1906年9月1日，清室下“预备立宪”诏，使酝酿已久的立宪思潮发展成蓬勃的政治运动。梁启超适时提出组织政党的主张。在联合杨度、张謇等组成全国性“宪政会”的设想失败后，梁启超与蒋智由、徐佛苏等迅速成立政闻社（1907年10月17日在东京成立），并发行《政论》，力图以政党和舆论的力量推进现代立宪政治的实现。《政闻社宣言书》表明了其政治目标、方法和路径。政闻社成立后，派干部回国运动，组织请愿要求速开国会，产生了广泛的影响，为后来各地响应武昌起义打下了基础。

政闻社总务员　马相伯

今日之中国，殆哉岌岌[1]乎！

政府棼瞀[2]于上，列强束胁于外，国民怨讟[3]于下，如半空

① 殆哉岌岌乎：危险到令人害怕。语出《孟子·万章上》，原句为“天下殆哉，岌岌乎”。

② 棼［fén］瞀：昏乱愚昧。

③ 讟［dú］：怨言。

之木、复被之霜雪；如久病之夫，益中以渗疠[①]。举国相视，咸儳然若不可终日[②]。志行薄弱者，袖手待尽；脑识单简者，铤而走险；自余一二热诚沉毅之士，亦彷徨歧路，莫审所适。

问中国当由何道而可以必免于亡？遍国中几罔知所以为对也。

夫此问题亦何难解决之！与有今日之恶果，皆政府艺[③]之！改造政府则恶根拔，而恶果遂取次[④]以消除矣。

虽然，于此而第二之问题生焉，则政府当由何道而能改造是也。曰：斯则在国民也已矣。

夫既曰改造政府，则现政府之不能自改造也甚明。何也？方将以现政府为被改造之客体，则不能同时认之为能改造之主体。使彼而可以为能改造之主体，则亦无复改造之必要焉矣。

然则孰能改造之？曰：惟立于现政府之外者能改造之，立于现政府之外者为谁？其一，曰君主；其他，曰国民。而当其着手于改造事业，此两方面孰为有力？此不可不深察也。

今之谭政治者，类无不知改造政府之为急。然叩其改造下

---

① 渗疠：溃烂渗水的麻风病，泛指凶险的病症。

② 儳［chán］然若不可终日：不安宁的样子。语本《礼记·表记》："君子不以一日使其躬儳焉，如不可终日。"陈澔注："儳者，参差不齐貌。心无所检束而纷纭杂乱，遂至儳焉错出。外既散乱而不整，内亦拘迫而不安，故不能终日也。"梁氏用此语，有国事混乱，人心不安，苟且放肆以待尽的意思。

③ 艺：种下、种植。

④ 取次：次第，一个接一个地。

手之次第，则率皆欲假途于君主，而不知任责于国民。于是乎有一派之心理焉，希望君主幡然改图，与民更始，以大英断取现政府而改造之者；或希望一二有力之大吏，启沃君主，取现政府而改造之者。此二说者，虽有直接间接之异，而其究竟责望于君主则同。

吾以为持此心理者，其于改造政府之精神，抑先已大剌缪[①]也。

何也？改造政府者，亦曰改无责任之政府为有责任之政府云尔。所谓有责任之政府者，非以其对君主负责任言之，乃以其对国民负责任言之。苟以对君主负责任而即为有责任，则我中国自有史以来以迄今日，其政府固无时不对君主而负责任，而安用复改造为？

夫谓为君主者，必愿得恶政府，而不愿得良政府，天下决无是人情。然则今之君王，其热望得良政府之心，应亦与吾侪不甚相远。然而不能得者，则以无论何国之政府，非日有人焉监督于其旁者，则不能以进于良；而对君主负责任之政府，其监督之者，惟有一君主。君主之监督万不能周，则政府惟有日逃责任以自固；非惟逃之而已，又且卸责任于君主，使君主代己受过，而因以自谢于国民[②]。政府腐败之总根原实起于是。

故立宪政治必以君主无责任为原则，君主纯超然于政府之

① 剌［là］缪：违逆，完全相反。缪，同谬。

② 而因以自谢于国民：这句说政府让君主代己受过，而在人民面前推卸自己的责任。谢，推卸责任。

外，然后政府乃无复可逃责任之余地。

今方将改造政府，而还以此事责诸君主，是先与此原则相冲突，而结果必无可望。然则此种心理之不能实现也明甚。

同时复有一派反对之心理焉，谓现在政府之腐败，实由现在之君主卵翼之，欲改造政府，必以颠覆君统为之前驱。

而此派中复分两小派，其一则绝对的不承认有君主，谓必为共和国体，然后良政府可以发生。其他则以种族问题搀入其间，谓在现君主统治之下，决无术以得良政府。

此说与希望君主之改造政府者，虽若为正反对，要之，认政府之能改造与否，枢机全系于君主，则其谬见亦正与彼同。

夫绝对不认君主，谓必为共和国体，然后良政府可以发生者，以英、德、日本之现状反诘之，则其说且立破，故不必复深辩。至搀入种族问题而谓在现君主统治之下，必无术以得良政府者，则不可无一言以解之。

夫为君主者，必无欲得恶政府而不愿得良政府之理。此为人之恒情，吾固言之矣。此恒情不以同族异族之故而生差别也。

今之君主谓其欲保持皇位于永久，吾固信之；谓其必坐视人民之涂炭以为快，虽重有憾者，固不能以此相诬也[①]。夫正以

① “谓其……”以下数句：这几句说，虽然君主对于使人民免受涂炭之苦之事负有重大责任，但绝不能因此将以坐视人民受涂炭之苦为快意的罪名加给他。

欲保持皇位之故，而得良政府，即为保持皇位之不二法门，吾是以益信其急欲得良政府之心，不让于吾辈也。而惜也彼方苦于不识所以得良政府之途。

夫政府之能良者，必其为国民的政府者也。

质言之，则于政治上减杀君权之一部分而以公诸民也。于政治上减杀君权之一部分而以公诸民，为君主计，实有百利而无一害。此征诸欧、美、日本历史确然可为保证者矣。

然人情狃于所习，而骇于所未经，故久惯专制之君主，骤闻此义，辄皇然谓将大不利于己，沉吟焉而忍不能与；必待人民汹汹要挟，不应之，则皇位不能保，夫然后乃肯降心相就。降心相就以后，见夫缘是所得之幸福，乃反逾于其前，还想前此之出全力以相抵抗，度未有不哑然失笑。盖先见之难彻，而当局之易迷，大抵如是也。

故遍征各国历史，未闻无国民的运动，而国民的政府能成立者，亦未闻有国民的运动，而国民的政府终不能成立者。斯其枢机全不在君主而在国民。

其始也，必有迷见；其究也，此迷见终不能久持。此盖凡过渡时代之君主所同，然亦不以同族异族之故而生差别也。

而彼持此派心理者，徒着眼于种族问题，而置政治问题为后图。种瓜得瓜，种豆得豆，毋惑夫汹汹数载，而政治现象迄无寸进也。由后之说，则君主苟非当国民运动极盛之际，断未有肯毅然改造政府者，夫故不必以此业责望于君主；由前之说，则虽君主毅然欲改造政府，然必有待于国民，然后改造之实乃可期，夫故不能以此业责望于君主。

夫既已知舍改造政府外，别无救国之途矣；又知政府之万不能自改造矣；又知改造之业非可以责望于君主矣，然则负荷此艰巨者非国民而谁？

吾党同人既为国民一分子，责任所在，不敢不勉；而更愿凡为国民之一分子者，咸认此责任而共勉焉。此政闻社之所由发生也。

西哲有言："国民恒立于其所欲立之地位。"斯言谅哉！

凡腐败不进步之政治，所以能久存于国中者，必其国民甘于腐败不进步之政治，而以自即安[①]者也。

人莫不知立宪之国，其政府皆从民意以为政。吾以为虽专制之国，其政府亦从民意以为政也。闻者其将疑吾言焉，曰："天下宁有乐专制之国民？"夫以常理论，则天下决无乐专制之国民，此固吾之所能信也。虽然，既已不乐之，则当以种种方式表示其不乐之意思。苟无意思之表示，则在法谓之"默认"矣。

凡专制政治之所以得行，必其藉国民"默认"之力，以为后援者也。苟其国民对于专制政治，有一部分焉为反对之意思表示者，则专制之基必动摇；有大多数焉为反对之意思表示

---

① 以自即安：此处当有误植，或为"即以自安"。

者，则专制之迹必永绝。此征诸欧、美、日本历史，历历而不爽者也。

前此，我中国国民于专制政体之外，曾不知复有他种政体，则其反对之之意思无自而生，不足为异也。比年以来，立宪之论洋洋盈耳矣。“预备立宪[①]”之一名词，且见诸诏书矣。稍有世界智识者，宜无不知专制政体不适于今日国家之生存。顾在君主方面，犹且有欲立宪的之意思表示，虽其诚伪未敢言，然固已现于正式公文矣。

还观夫国民方面，其反对专制的之意思表示，则阒[②]乎未之或闻。是何异默认专制政体为犹适用于今日之中国也！

国民既默认之，则政府藉此默认之后援以维持之，亦何足怪。

以吾平心论之，谓国民绝无反专制之意思者，诬国民也；谓其虽有此意思而绝不欲表示绝不敢表示者，亦诬国民也。

一部分之国民盖诚有此意思矣，且诚欲表示之矣，而苦于无可以正式表示之途。或私忧窃叹，对于二三同志互吐其胸臆；或于报纸上，以个人之资格发为言论。谓其非一种之意思表示焉不得也。然表示之也以个人，不能代舆论而认其价值；表示之也以空论，未尝示决心以期其实行。此种方式之表示，

① 预备立宪：1906年9月1日（时光绪三十二年七月十三日），慈禧以光绪名义发布上谕，诏有司议定官制、厘定法律、广兴教育、清理财政、整顿武备、普设巡警，以备立宪基础。俟数年后酌情定立宪期限。此即所谓“预备立宪诏”。

② 阒［qù］：形容没有声音。

虽谓其未尝表示焉可也。

然则正式之表示当若何？曰：必当有团体焉，以为表示之机关。

夫团体之为物，恒以其团体员合成之意思为意思，此通义也。故其团体员苟占国民之一小部分者，则其团体所表示之意思，即为此一小部分国民所表示之意思；其团体员苟占国民之大多数者，则其团体所表示之意思，即为大多数国民所表示之意思。

夫如是，则所谓国民意思者，乃有具体的之可寻而现于实矣。国民意思既现于实，则必非漫然表示之而已，必且求其贯彻焉。国民诚能表示其反对专制之意思，而且必欲贯彻之，则专制政府前此所恃默认之后援，既已失据于此，而犹欲宝其敝帚以抗此新潮，其道无由。所谓“国民恒立于其所欲立之地位”者，此之谓也。

吾党同人诚有反对专制政体之意思，而必欲为正式的表示；而又信我国民中其同有此意思、同欲为正式的表示者，大不乏人。彼此皆徒以无表示之机关而形迹几等于默认，夫本反对，而成为默认；本欲为立宪政治之忠仆，而反变为专制政治之后援，是自污也。夫自污则安可忍也？

此又政闻社之所由发生也。

夫所谓改造政府，所谓反对专制，申言之，则不外求立宪政治之成立而已。

立宪政治非他，即国民政治之谓也。欲国民政治之现于实，且常保持之而勿失坠，善运用之而日向荣，则其原动力不可不还求诸国民之自身。

其第一著，当使国民勿漠视政治，而常引为己任。

其第二著，当使国民对于政治之适否，而有判断之常识。

其第三著，当使国民具足政治上之能力，常能自起而当其冲。

夫国民必备此三种资格，然后立宪政治乃能化成；又必先建设立宪政治，然后国民此三种资格乃能进步。

谓国民程度不足，坐待其足然后立宪者，妄也；但高谈立宪，而于国民程度不一厝[①]意者，亦妄也。故各国无论在预备立宪时，在实行立宪后，莫不汲汲焉务所以进其国民程度而助长之者。

然此事业谁任之？则惟政治团体用力常最勤，而收效常最捷也。

政治团体非得国民多数之赞同，则不能有力。而国民苟漠视政治，如秦、越人之相视[②]，肥瘠一委诸政府而莫或过问，则

① 厝［cuò］：置于，放在。

② 如秦、越人之相视：离得很远，互不相关。先秦之时，秦越两国，一在西北，一在东南，相去极远。后遂以“视同秦越”喻指疏远隔膜、互不相关。

加入政治团体者自寡，团体势力永不发达，而其对于国家之天职，将无术以克践。

故为政治团体者，必常举人民对国家之权利义务，政治与人民之关系，不惮哓音瘏口①为国民告，务唤起一般国民政治上之热心，而增长其政治上之兴味。夫如是，则吾前所举第一著之目的于兹达矣。

复次，政治团体之起，必有其所自信之主义——谓此主义确有裨于国利民福，而欲实行之也；而凡反对此主义之政治则排斥之也。故凡为政治团体者，既有政友，同时亦必有政敌。友也敌也，皆非徇个人之感情，而惟以主义相竞胜。其竞胜也，又非以武力，而惟求同情。虽有良主义于此，必多数国民能知其良，则表同情者乃多；苟多数国民不能知其良，则表同情者必寡。

故为政治团体者，常务设种种方法，增进一般国民政治上之智识，而赋与以正当之判断力。夫如是，则吾前所举第二著之目的于兹达矣。

复次，政治团体所抱持之主义，必非徒空言而已，必将求其实行。其实行也，或直接而自起以当政局，或间接而与当局者提携。顾无论如何而行之也必赖人才。苟国民无多数之政才以供此需要，则其事业或将蹶于半途，而反使人致疑于其主义。

① 哓［xiāo］音瘏［tú］口：口干舌燥地辩论。哓音，争辩声；瘏口，口为之受病。

故为政治团体者，常从种种方面以训练国民，务养成其政治上之能力，毋使贻反对者以口实。夫如是，则吾所举第三著之目的于兹达矣。

准此以谈，则政治团体，诚增进国民程度惟一之导师哉！

我中国国民久栖息于专制政治之下，倚赖政府几成为第二之天性，故视政治之良否，以为非我所宜过问。其政治上之学识，以孤陋寡闻，而鲜能理解；其政治上之天才，以久置不用，而失其本能。故政府方言预备立宪，而多数之国民或反不知立宪为何物；政府玩愒濡滞①，既已万不能应世界之变，保国家之荣，而国民之玩愒濡滞，视政府犹若有加焉。

丁此之时，苟非相与鞭策焉、提挈焉，急起直追、月将日就，则内之何以能对于政府而申民义，外之何以能对于世界而张国权也？

则政治团体之责也，此又政闻社之所由发生也。

政闻社既以上述种种理由，应于今日时势之要求，而不得不发生，若夫政闻社所持之主义，欲以求同情于天下者，则有四纲焉：

一曰，实行国会制度，建设责任政府。

吾固言之矣，凡政府之能良者，必其为国民的政府者也。曷为谓之国民的政府？即对于国民而负责任之政府是也。国民

① 玩愒［kài］濡滞：苟且拖延。玩愒，苟且偷安，蹉跎岁月；濡滞，迟延。

则夥矣，政府安能一一对之而负责任？曰对于国民所选举之国会而负责任，是即对于国民而负责任也。

故无国会之国，则责任政府终古不成立，责任政府不成立，则政体终古不脱于专制。

今者朝廷鉴宇内之势，知立宪之万不容已，亦既涣汗大号[①]，表示其意思以告吾民。然横览天下，从未闻有无国会之立宪国，故吾党所主张，惟在速开国会，以证明立宪之诏非为具文。

吾党主张立宪政体，同时主张君主国体。然察现今中央政治机关之组织，与世界一般立宪君主国所采用之原则正相反背。彼则君主无责任，而政府大臣代负其责任；此则政府大臣无责任而君主代负其责任。君主代政府负责任之结果，一方面使政府有所诿卸，而政治末从改良；一方面使君主丛怨于人民，而国本将生摇动。

故必崇君主于政府以外，然后明定政府之责任，使对于国会，而功过皆自受之，此根本主义也。

二曰，厘订法律，巩固司法权之独立。

国家之目的，一方面谋国家自身之发达，一方面谋国中人民之安宁幸福。而人民之安宁幸福，又为国家发达之源泉，故首最当注意焉。

① 涣汗大号：皇帝发出的不能改变的号令。涣汗，焕然大发号令，如汗之出，而不返者也，语见颜师古注《汉书·刘向传》。

人民公权私权有一见摧抑，则民日以瘁而国亦随之。然欲保人民权利罔俾侵犯，则其一须有完备之法律，规定焉以为保障；其二须有独立之裁判官厅，得守法而无所瞻徇[①]。

今中国法律大率沿千年之旧，与现在社会情态强半不相应，又规定简略，惟恃判例以为补助，夥如牛毛，棼如乱丝，吏民莫知所适从。

重以行政、司法两权，以一机关行之。从事折狱者往往为他力所左右，为安固其地位起见，而执法力乃不克强。

坐是之故，人民生命财产常厝于不安之地，举国傀然若不可终日，社会上种种现象缘此而沮其发荣滋长之机。其影响所及，更使外人不措信我国家，设领事裁判权于我领土，而内治之困难益加甚焉。

故吾党以厘订法律巩固司法权之独立，为次于国会制度最要之政纲也。

三曰，确立地方自治，正中央地方之权限。

地方团体自治者，国家一种之政治机关也。就一方面观之，省中央政府之干涉及其负担，使就近而自为谋，其谋也必视中央代谋者为易周。此其利益之及于地方团体自身者也。就他方面观之，使人民在小团体中为政治之练习，能唤起其对于政治之兴味，而养成其行于政治上之良习惯。此其利益之及于国家者，盖益深且大。

① 瞻徇：观望、曲从。即看人下箸，徇私枉法。

世界诸立宪国，恒以地方自治为基础。即前此久经专制之俄罗斯，其自治制①亦早已颁布，诚有由也。我国幅员辽廓，在世界诸立宪国中未见其比，而国家之基础，又非以联邦而成，在低级之地方团体，其施政之范围，虽与他国之地方团体不相远，在高级之地方团体，其施政之范围，殆埒他国之国家。

故我国今日颁完备适当之地方自治制度，且正中央与地方之权限，实为最困难而最切要之问题。

今地方自治之一语，举国中几于耳熟能详，而政府泄泄沓沓，无何种之设施；国民亦袖手坐待，而罔或自起而谋之。此吾党所以不能不自有所主张而期其贯彻也。

四曰，慎重外交，保持对等权利。

外交者，一部之行政也，其枢机全绾于中央政府，但使责任政府成立，则外交之进步自有可期。准此以谈，似与前三纲有主从轻重之别，不必相提并论。顾吾党所以特郑重而揭橥之者，则以今日之中国为外界势力所压迫，几不能以图存，苟外交上复重以失败，恐更无复容我行前此三纲之余地。

故吾党所主张者，国会既开之后，政府关于外交政策，必谘民意然后行。即在国会未开以前，凡关于铁路、矿务、外债与夫与他国结秘密条约、普通条约等事件，国民常当不怠于监督，常以政治团体之资格，表示其不肯放任政府之意思，庶政

① 自治制：指沙俄政府自19世纪60年代颁布《关于省县地方自治机构的法令》以来，逐步确立的地方自治制度。

府有所羁束，毋俾国权尽坠，无可回复。此亦吾党所欲与国民共荷之天职也。

以上所举，虽寥寥四纲，窃谓中国前途之安危存亡盖系于是矣。

若夫对于军事上、对于财政上、对于教育上、对于国民经济上，吾党盖亦皆薄有所主张焉。然此皆国会开设后责任政府成立后之问题。在现政府之下，一切无所着手，言之犹空言也，故急其所急，外此暂勿及也。

问者曰：政闻社其即今世立宪国之所谓政党乎？

曰：是固所愿望，而今则未敢云也。凡一政党之立，必举国中贤才之同主义者，尽网罗而结合之，夫然后能行政党之实，而可以不辱政党之名。今政闻社以区区少数之人，经始以相结集，国中先达之彦、后起之秀，其怀抱政治的热心，而富于政治上之智识与能力者，尚多未与闻，何足以称政党？

特以政治团体之为物，既为应于今日中国时势之必要，而不得不发生。早发生一日，则国家早受一日之利，若必俟国中贤才悉集于一堂，然后共谋之，恐更阅数年而发生未有其期。况以中国之大、贤才之众，彼此怀抱同一之主义而未或相知者，比比皆是，莫为之先，恐终无能集于一堂之日也。

本社同人，诚自审无似[1]，顾以国民一分子之资格，对于

① 无似：自谦之词，犹不肖。

国家应尽之天职，不敢有所放弃。且既平昔共怀反对专制政治之意思，苟非举此意思而表示之，将自侪于默认之列，而反为专制游魂之后援。抑以预备立宪之一名词，既出于主权者之口，而国民程度说，尚为无责任之政府所藉口。思假此以沮其进行，则与国民相提挈以一雪此言，其事更刻不容缓。

以此诸理由，故虽以区区少数奋起而相结集，不敢辞也。

日本改进党之将兴也，于其先有“东洋议政会”焉，有“嘤鸣社”焉，以为之驱除。

世之爱国君子，其有认政闻社所持之主义，为不谬于国利民福，认政闻社所执之方法，为足以使其主义见诸实行，惠然不弃，加入政闻社而指挥训练之，使其于最近之将来，而有可以进而伍于政党之资格，则政闻社之光荣，何以加之。

又或与政闻社先后发生之政治团体，苟认政闻社所持之主义，与其主义无甚剌谬，认政闻社所执之方法，与其方法无甚异同，惠然不弃，与政闻社相提携，以向于共同之敌，能于最近之将来，共糅合以混成政党之资格，则政闻社之光荣，又何以加之！

夫使政闻社在将来中国政党史上，得与日本之“东洋议政会”“嘤鸣社”有同一之位置、同一之价值，则岂特政闻社之荣，抑亦中国之福也。此则本社同人所为沥心血而欲乞赉[1]此荣于我同胞者也。

① 乞赉［lài］：恭谦地奉送。赉，赏给、赏赐。

问者曰：政闻社虽未足称政党，而固俨然为一政治团体，则亦政党之椎轮[①]也。中国旧史之谬见，以结党为大戒，时主且悬为厉禁焉，以政闻社置诸国中，其安从生存？政府摧萌拉蘖，一举手之劳耳。且国中贤才，虽与政闻社有同一之政见者，其毋亦有所惮而不敢公然表同情也。

应之曰：不然。政闻社所执之方法，常以秩序的行动为正当之要求。其对于皇室，绝无干犯尊严之心；其对于国家，绝无扰紊治安之举。此今世立宪国国民所常履之迹，匪有异也。

今立宪之明诏既屡降，而集会结社之自由，则各国所咸认为国民公权，而规定之于宪法中者也，岂其倏忽反汗[②]，对于政治团体而能仇之？

若政府官吏不奉诏，悍然敢为此种反背立宪之行为，则非惟对于国民而不负责任，抑先已对于君主而不负责任，若兹之政府，更岂能一日容其存在，以殃国家？

是则政闻社之发生愈不容已，而吾党虽洞胸绝脰[③]，而不敢息肩者也。

取鉴岂在远，彼日本自由、进步两党，与藩阀政府相持之历史，盖示我以周行[④]矣。彼其最后之胜利，毕竟谁属也？

---

① 椎轮：原始的无辐车轮，比喻事物草创。

② 反汗：反悔、食言，形容收回成命，即前述“涣汗”之反义。

③ 洞胸绝脰：穿透胸膛，斩断脖颈。即抛头颅，洒鲜血。

④ 周行［háng］：大道。

若夫世之所谓贤才者，而犹有怵于此乎，则毋亦以消极的表示其默认专制政体之意思，而甘为之后援耳？信如是也，则政府永不能改造、专制永不能废止、立宪永不能实行，而中国真从兹已矣。

呜呼！“国民恒立于其所欲立之地位”，我国民可无深念耶！可无深念耶！

评析

本文发表于《政论》创刊号，表明了梁启超所领导的政闻社大力推动立宪政治建设的“主义”（政见）与“方法”。通过立宪的系统变革来终结独裁专制、减杀君权、保障民权、建立国会和责任政府，是梁政治思想的主脉，因此这篇文章在梁著中具有重要意义。

文章从国家“殆哉岌岌”，追究致病根源，寻找解救办法着笔。

“今日之恶果，皆政府艺之！”所以“改造政府，反对专制”，是拔恶根而除恶果的必由之路。

改造政府必须“任责于国民”。因为其一，“现政府为被改造之客体，则不能同时认之为能改造之主体”；其二，政府只有向国民负责（责任政府），才能成为“良政府”，而向君主负责的政府，因为君主“监督万不能周”，必然出问题。因而提出“无论何国之政府，非日有人焉监督于其旁者，则不能以进于良”。

且改造政府不能“假途于君主”。“君主苟非当国民运动极盛之际，断未有肯毅然改造政府者”，所以“必有待于国民，然后改造之实乃可期”。

因此，国民若对专制政治无所表示，在法理上就等于对其予以“默认”，那无疑是做了专制政治的“后援”。国民反对专制政治，“苦于无可以正式表示之途”，所以必须有“团体”（政党）结合广大国民的意思加以表示，“必且求其贯彻”。政闻社就是因此而产生的。

国民要改造政府，反对专制，一须有政治责任意识（勿漠视），二须有政治良否的判断常识，三须有进行政治表示与活动的能力。因此，那些反对改造的人往往称“国民程度不足”，应“坐待其足然后立宪”。

由于“我中国国民久栖息于专制政治之下，倚赖政府几成为第二之天性……多数之国民或反不知立宪为何物”，其“玩愒濡滞，视政府犹若有加焉”，政闻社的成立就是要予国民以鞭策提挈，“对于政府而申民义”，“对于世界而张国权”。

具体来说，包括“四大纲领”：一为实行国会制度，建设责任政府；二为厘订法律，巩固司法独立；三为确立地方自治，正中央地方权限；四为慎重外交，保持对等权利。

政闻社实现上述目标的方法，是“以秩序的行动为正当之要求。其对于皇室，绝无干犯尊严之心；其对于国家，绝无扰紊治安之举”，在各国咸认的国民公权“集会结社之自由”之内，以和平手段推进变革。

文章批判了将改造政府、建立宪政的希望寄托于君主与一二大吏的想法，表明梁启超认识到当时不可能出现一个开明君主，开始放弃开明专制论。文章又批判了“谓国民程度不足，坐待其足然后立宪者”，包含了对他自己原来强调国民程度消极面的否定，认识到立宪运动可以“助长”国民政治能力，而运动中的政治团体可以做增进国民程度的导师。

文章所表明的“主义”与“方法”，与革命党推翻清朝君主来实现政治改造的主张相异，但二者在去除专制政治、建立宪政体制（国会、责任政府）这些现代政治的内涵机制上，并无区别。当然，文中说革命党改造政治的“枢机全系于君主”有逻辑漏洞（没了君主，何系之有），说革命党“徒着眼于种族问题，而置政治问题为后图”，亦非革命党所能接受

（去除专制皇权也正是为建立宪政创造条件）。

历来对于梁启超“以秩序的行动”、通过君主立宪来建立现代民权政治的“方法”，批评者多，这与近代政治发展走的是一条不断加码的革命道路造成的语境有关。辛亥及以后的革命谱写了成功的历史事实，但它也带来和造成了不少严重问题。百年后的今天回头来看，梁当初提倡渐进式变革所要避免的暴力革命带来的不断的破坏、混乱和大量流血牺牲，以及接下来更严密的专制，确乎成了后来的历史事实。历史无法回头，也不能改写，但历史的经验教训必须思考，并引为殷鉴。

高力克的研究提出了一个观点，可以引发我们思考：对于现代政治革命来说，宪制化的政体转型，比民主化的国体转型，更为重要；英国的政治转型即是先宪制后民主，先政体后国体。梁启超以英国光荣革命为榜样，主张通过君主立宪这一系统的政治变革，实现稳定有序而减少动荡的社会转型，所以他认为“君主立宪者，政体之最良者也”。但事实上，专制国非革命无法实现社会转型，梁没有认识到革命乃专制国之宿命，因而在具体的政治道路和政策选择上总是以失败告终。但在理论上，他综合西方与日本的政治学说与实践，把启蒙政治学在中国建立起来，设计了一套完整的方案，并对革命带来更严密的专制，对共和产生实君虚宪的后果，提出了敏锐的洞见，“革君主命易，革专制命难”（即不是废除了皇帝就进入了现代政治文明），为中国政治思想提供了弥足珍贵的遗产。（参见《启蒙先知》第十一章）

附：梁启超1906年10月28日致蒋观云书：“此度改革，不餍吾侪之望，固无待言。虽然，又思此度之动机，果发自何所乎？不过一二人偶以其游历所耳食者，归而姑尝试之耳，若国民则全未有厝意于此……故望此次改革之有大效，实无有是处。而因此次改革之无效而失望，益无有是处也……我辈在国民中宜多负责任者，今不自为之，何以望人？窃以为此能力之练成，必赖有一机关。”（丁文江、赵丰田《梁启超年谱长编》）由此可见任公对清廷预备立宪的清醒认识，同时又积极努力，组党促进的态度和政策。

“《政闻社宣言书》是立宪派的一个纲领性文件，它标志着立宪派把斗争锋芒对准了清政府的专制制度，公开提出了改造恶政府、建设责任政府及速开国会的要求，产生了极大的影响。从此，清末立宪运动，进入了以速开国会为中心内容的新阶段。”由于政闻社吸收了杨度速开国会的建议，预备立宪会与康有为的保皇会也都派人参加，“可以说，政闻社是立宪团体成立初期的一个最大组织，具有全国性的意义，它的纲领也可以说是立宪派的共同纲领。”（董方奎《梁启超与立宪政治》）

文章中为“有秩序的行动”，“对于皇室绝无干犯尊严之心，对于国家绝无扰紊治安之举”[①]，固然“是梁启超等立宪党人反对破坏、反对暴力的一贯政治立场的反映……同时也是梁启超等人在没有彻底摸清清政府预备立宪底牌的情况下，为防止其‘厉禁’政闻社而采取的一种引人注目的姿态。这一点也可以从梁启超在宣言书中特别把立宪国家允许的‘集会结社之自由’引为护符得到证明”。（李喜所、元青《梁启超传》）

① 李喜所所引原文与选文稍有不同。

异哉所谓国体问题者

［1915.8.20］

题解

《盾鼻集·国体战争躬历谈》："筹安会发起后一星期，余乃著一文，题曰《异哉所谓国体问题者》，其时亦不敢望此文之发生效力，不过因举国正气销亡，对于此大事，无一人敢发正论，则人心将死尽，故不顾利害死生，为全国人代宣其心中所欲言之隐耳。当吾文草成，尚未发印，袁氏已有所闻，托人贿我以二十万元，令勿印行。余婉谢之，且将该文录寄袁氏。未几，袁复遣人来以危词胁喝，谓：'君亡命已十余年，此种况味亦既饱尝，何必更自苦？'余笑曰：'余诚老于亡命之经验家也。余宁乐此，不愿苟活于此浊恶空气中也。'来者语塞而退。"近代史家将"蔡锷愤而起兵""梁启超著文批判"相提并论，可见此文在狙击复辟、再造共和运动中的巨大作用。此文在《京报》发表后，轰动社会。9月3日的报纸很快售罄，不少人转抄或以高价求售；次日《国民公报》分期转载，仍不敷所求；后不得不单印销行。

身穿戎装的"洪宪皇帝"袁世凯

秋霖腹疾，一卧兼旬，感事怀人，百念灰尽，而户以外甚嚣尘上，豗然以国体问题闻[1]。

以厌作政谈如鄙人者，岂必更有所论列！虽然，独于兹事有所不容已于言也，乃作斯篇。

吾当下笔之先，有二义当为读者告：

其一，当知鄙人原非如新进耳食家之心醉共和，故于共和国体，非有所偏爱，而于其他国体，非有所偏恶。鄙人十年来夙所持论，可取之以与今日所论相对勘也。

其二，当知鄙人又非如老辈墨守家之断争朝代。首阳蕨薇[2]，鲁连东海[3]，此个人各因其地位而谋所以自处之道则有然，若放眼以观国家尊荣危亡之所由，则一姓之兴替，岂有所择。

先辨此二义以读吾文，庶可以无蔽而迩于正鹄[4]也。

吾自昔常标一义以告于众，谓吾侪立宪党之政论家只问政

---

① 豗［huī］然以国体问题闻：1915年8月3日，宪法顾问古德诺应袁世凯之请撰《共和与君主论》发表；8月14日，政治会议议员杨度等“六君子”发起成立筹安会，以古德诺“中国尤不能不用君主政体”为旗帜，宣言共和之非，欲拥袁世凯为皇帝。这是较明显的两桩事，背地里的复辟活动更是紧锣密鼓。豗然，轰然，喧嚣的样子。

② 首阳蕨薇：伯夷、叔齐是商朝孤竹君之子，本应继承孤竹国王位，但都不接受，逃到周国；后周武王讨伐商纣，他们叩马谏阻；武王灭商，他们耻食周粟，逃到首阳山，采薇而食。事见《孟子·万章下》《史记·伯夷传》。

③ 鲁连东海：战国时鲁仲连曾帮助赵国解秦军之围，却不受赵国之封；又在助力齐国攻克聊城后，坚辞齐之爵位，逃往东海隐居。事见《战国策·赵策》《史记》本传。伯夷、叔齐与鲁仲连都是个人守德自处的典型。

④ 迩于正鹄［gǔ］：差不多正中中心。鹄，箭靶的中心，“鹄者，侯（箭靶）之中，射之的也。”（孙希旦解《礼记·射义》语）

体，不问国体。[①]

……[②]

夫国体本无绝对之美，而惟以已成之事实为其成立存在之根原。欲凭学理为主奴而施人为的取舍于其间，宁非天下绝痴妄之事？仅痴妄犹未足为深病也，惟于国体，挟一爱憎之见，而以人为的造成事实，以求与其爱憎相应，则祸害之中，于国家将无已时。

故鄙人生平持论，无论何种国体，皆非所反对，惟在现行国体之下，而思以言论鼓吹他种国体，则无论何时皆反对之。

昔吾对于在君主国体之下而鼓吹共和者，尝施反对矣。吾前后关于此事之辩论，殆不下二十万言。直至辛亥革命既起，吾于其年九月，犹著一小册，题曰《新中国建设问题》，为最后维持旧国体之商権。吾果何爱于其时之皇室者，彼皇室之僇[③]辱我，岂犹未极？苟微[④]革命，吾至今犹为海外之僇民耳。复次，当时皇室政治，种种予人以绝望，吾非童骙[⑤]，吾非聋瞶，

① “吾自昔常标一义以告于众”以下数句：“国体之区别，以最高机关所在为标准”。最高机关由君主直接控制者为君主国；而最高首长与国会由国民选举者为民主国——世袭君主若无直接操控最高机关权力者亦为民主国。“政体之区别，以直接机关之单复为标准”。单一机关行使国权绝无限制者为专制政体；有两机关互相限制为立宪政体。但民主国非无专制者，如虽有最高首长与国会并立，而国会无实权者，亦为专制（拿破仑时代）。“故立宪与专制之异，不在乎国体之为君主民主，而在乎国权行使之有无限制。”（《宪政浅说》）

② 此处删节“盖国体之为物，既非政论家之所当问，尤非政论家之所能问”等500余字，以其表述缺乏清明（曾分四段概括段意，颇觉其表述含糊）。

③ 僇［lù］：侮辱。

④ 微：非。《诗经·北风·柏舟》：“微我无酒，以敖以游。”

⑤ 骙［ái］：傻。

何至漫无感觉？顾乃冒天下之大不韪，思为彼匄[①]垂绝之命，岂有他哉？以为若在当时现行国体之下，而国民合群策合群力以图政治之改革，则希望之遂，或尚有其期。旧国体一经破坏，而新国体未为人民所安习，则当骤然蜕变之，数年间，其危险苦痛将不可思议。不幸则亡国恒于斯，即幸而不亡，而缘此沮[②]政治改革之进行，则国家所蒙损失，已何由可赎。

呜呼！前事岂复忍道，吾请国中有心人试取甲辰、乙巳两年《新民丛报》中之拙著一覆观之。凡辛亥迄今数年间，全国民所受之苦痛，何一不经吾当时层层道破，其恶现象循环迭生之程序，岂有一焉能出吾当时预言之外！然而大声疾呼，垂涕婉劝，遂终无福命以荷国民之嘉纳，而变更国体所得之结果，今则既若是矣。

今喘息未定，而第二次变更国体之议又复起。此议起因之真相何在？吾未敢深知，就表面观之，乃起于美国博士古德诺氏[③]一席之谈话。古氏曾否有此种主张，其主张之意何在？亦非吾所敢深知。古氏与某英文报记者言，则谓并未尝有此主张云。

顾吾窃有惑者！

---

① 匄［gài］：同丐，乞求。

② 沮：意为沮劝，惩戒、劝勉。

③ 古德诺氏：又译安德诺，美国法学和政治学教授，曾任教于哥伦比亚大学、霍普金斯大学，参加起草《纽约市宪章》，1903年任美国政治学会第一任主席。1913年到北京任中国政府法律顾问，1915年发表《共和与君主论》，客观上为袁世凯复辟帝制做了舆论铺垫。但他的理论与袁氏复辟还是有巨大差距的，如君主立宪必须“求立宪政治之发达”“君主继承不可听君主之自择”“不可引起国民及列强之反对”等。

古氏论中各要点，若对于共和君主之得失为抽象的比较，若论国体须与国情相适，若历举中美、南美、墨、葡之覆辙，凡此诸义，本极普通，非有甚深微妙，何以国中政客如林，学士如鲫，数年之间并此浅近之理论事实而无所觉识，而至今乃忽借一外国人之口以为重，吾实惑之。若曰此义非外国博士不能发明耶？则其他勿论，即如鄙人者，虽学识谫陋不逮古博士万一，然博士今兹之大著，直可谓无意中与我十年旧论同其牙慧，特其透辟精悍尚不及我什分之一、百分之一耳。此非吾妄自夸诞，坊间所行《新民丛报》《饮冰室文集》《立宪论与革命论之激战》《新中国建设问题》等，不下百数十万本，可覆按也。独惜吾睛不蓝，吾髯不赤，故吾之论宜不为国人所倾听耳。

夫孰谓共和利害之不宜商榷，然商榷，自有其时。当辛亥革命初起，其最宜商榷之时也。过此以往，则殆非复可以商榷之时也。湖口乱事继起，正式大总统未就任，列国未承认共和时，或尚有商榷之余地，然亦仅矣。当彼之时，公等皆安在？当彼之时，世界学者比较国体得失之理论，岂无著述足供参考？当彼之时，美、墨各国岂皆太平宴乐绝无惨状呈现，以资我龟鉴？当彼之时，迂拙愚戆如鄙人者，以羁泊海外之身，忧共和之不适，著论腾书，泪枯血尽，吾生平书札不存稿，今无可取证，然得吾书者，当自知之。吾当时有诗云：报楚志易得，存吴计恐疏。又云：兹括安可触，弛恐难复张。又云：让皇居其所，古训聊可式。自余则有数论，寄登群报也。而识时务之俊杰，方日日以促进共和为事，谓共和为万国治安之极轨，谓共和为中国历史所固有也。

呜呼！天下重器也，可静而不可动也，岂其可以翻覆尝试废置如弈棋：谓吾姑且自埋焉，而预计所以自扣[①]之也？譬诸男女婚媾，相攸伊始，宜慎之又慎，万不可孟浪以失身于匪人。倘蹈危机，则家族亲知，临事犯颜，以相匡救宜也。当前此饶有审择余地之时，漫置不省，相率怂恿，以遂苟合。及结缡已历年所，乃日聒于其旁曰：汝之所天，殊不足以仰望而终身也。爱人以德，宜如是耶？

夫使共和而诚足以亡国也，则须知当公等兴高采烈以提倡共和、促进共和之日，即为陷中国于万劫不复之时。谚有之：既有今日，何必当初？人生几何，造一次大罪孽犹以为未足，忍又从而益之也。

夫共和之建，曾几何时！而谋推翻共和者，乃以共和元勋为之主动，而其不识时务犹稍致留恋于共和者，乃反在畴昔反对共和之人！天下之怪事，盖莫过是；天下之可哀，又莫过是也。

今之论者则曰：与其共和而专制，孰若君主而立宪。夫立宪与非立宪，则政体之名词也；共和与非共和，则国体之名词也。吾侪平昔持论，只问政体，不问国体。故以为政体诚能立宪，则无论国体为君主、为共和，无一而不可也；政体而非立

① 扣［hú］：掘。“自扣”与上句“自埋”相关。

宪，则无论国体为君主、为共和，无一而可也。国体与政体，本截然不相蒙，谓欲变更政体，而必须以变更国体为手段，天下宁有此理论？而前此论者，谓君主决不能立宪，惟共和始能立宪。吾前此与革命党论战时，彼党持论如此。今兹论者，又谓共和决不能立宪，惟君主始能立宪。吾诚不知其据何种论理以自完其说也。

吾今请先与论者确定立宪之界说，然后徐察其论旨之能否成立。所谓立宪者，岂非必有监督机关与执行机关相对峙，而政权之行使，常蒙若干之限制耶？所谓君主立宪者，岂非以君主无责任为最大原则，以建设责任内阁为必要条件耶？

既认定此简单之立宪界说，则更须假定一事实以为论辩之根据。吾欲问论者，以将来理想上之君主为何人？更质言之，则其人为今大总统耶？抑于今大总统以外而别熏丹穴[1]以求得之耶？今大总统不肯帝制自为，既屡次为坚决之宣言，今不过假定以资辨论耳，不敬之罪，吾所甘受也。

如曰别求得其人也，则将置今大总统于何地？大总统尽瘁国事既久，苟自为计者，岂不愿速释此重负，颐养林泉？试问我全国国民能否容大总统以自逸？

然则将使大总统在虚君之下而组织责任内阁耶？就令大总统以国为重，肯降心相就，而以全国托命之身，当议会责任之

① 熏丹穴：强迫人做国君。战国时越人三世弑其君，王子搜因害怕而逃匿于丹穴，越人以艾熏丹穴，王子搜乃被迫出穴为君。后遂以“熏穴”指被拥立为君王。事见《庄子·让王》。

冲，其危险又当何若?

是故于今大总统以外别求得君主，而谓君主立宪即可实现，其说不能成立也。

如曰即戴今大总统为君主也，微论我大总统先自不肯承认也，就令大总统为国家百年大计起见，甘自牺牲一切以徇民望，而我国民所要求于大总统者，岂希望其作一无责任之君主？夫无责任之君主，欧美人常比诸受豢之肥腯[①]耳，优美崇高之装饰品耳。以今日中国万急之时局，是否宜以如此重要之人，投诸如此闲散之地？借曰今大总统不妨为无责任之君主也，而责任内阁之能否成立能否适用，仍是一问题。非谓大总统不能容责任内阁生存于其下也，现在国中欲求具此才能资望之人，足以代元首负此责者，吾竟若未之见。盖今日凡百艰巨，非我大总统自当其冲，云谁能理？任择一人而使之代大总统负责，微论其才力不逮也，而威令先自不行。

昔之由内阁制而变为总统制[②]，盖适应于时势之要求，而起废之良药也。今后一两年间之时势，岂能有以大异于前，而谓国体一更，政制即可随之翻然而改？非英雄欺人之言，即书生迂阔之论耳。是故假定今大总统肯为君主，而谓君主立宪即可实现，其说亦不能成立也。

---

① 腯［tú］：肥壮。“牛羊曰肥，豕曰腯”。

② “昔之……”一句：此指1913年10月6日，袁世凯派军警包围议会，强迫议员选举他为正式总统；1914年5月，改国务院为政事堂，总理为国务卿（“卿”为封建官爵与君称臣的名词），直隶于总统。内阁制名存实亡。

然则今之标立宪主义以为国体论之护符者，除非其于“立宪”二字别有解释，则吾不敢言。

夫前清之末叶，则固自谓立宪矣，试问论者能承认否？且吾欲问论者，挟何券约，敢保证国体一变之后，而宪政即可实行而无障？如其不然，则仍是单纯之君主论，非君主立宪论也。既非君主立宪，则其为君主专制，自无待言。不忍于共和之敝而欲以君主专制代之，谓为良图，实所未解。

今在共和国体之下，而暂行专制，其中有种种不得已之理由，犯众谤以行之，尚能为天下所共谅。今如论者所规画，欲以立宪政体与君主国体为交换条件，使其说果行，则当国体改定伊始，势必且以实行立宪宣示国民。宣示以后，万一现今种种不得已之理由者依然存在，为应彼时时势之要求起见，又不得不仍行专制，吾恐天下人，遂不复能为元首谅矣。

夫外蒙立宪之名，而内行非立宪之实，此前清之所以崩颓也。《诗》曰：殷鉴不远，在夏后之世。论者其念诸。

且论者如诚以希求立宪为职志也，则曷为在共和国体之下，不能遂此希求，而必须行曲以假涂于君主？吾实惑之。

吾以为中国现在不能立宪之原因，盖有多种，或缘夫地方之情势，或缘夫当轴之心理，或缘夫人民之习惯与能力。然此诸原因者，非缘因行共和而始发生，即不能因非共和而遂消灭。

例如上自元首，下及中外大小独立官署之长官，皆有厌受法律束缚之心，常感自由应付为便利，此即宪政一大障碍也。问此于国体之变不变有何关系也？

例如人民绝无政治兴味，绝无政治智识，其道德及能力，皆不能组织真正之政党，以运用神圣之议会，此又宪政一大障碍也。问此于国体之变不变有何关系也？

诸类此者，若令吾悉数之，将累数十事而不能尽，然皆不能以之府罪于共和，甚章章也。而谓共和时代不能得者，一入君主时代即能得之，又谓君主时代能得者，共和时代决不能得之，以吾之愚，乃百思不得其解。

吾以为中国而思实行立宪乎，但求视新约法为神圣，字字求其实行，而无或思遁于法外。一面设法多予人民以接近政治之机会，而毋或壅其智识，阏其能力，挫其兴味，坏其节操，行之数年，效必立见。不此之务，而徒以现行国体为病，此朱子所谓“不能使船嫌溪曲”者也。

主张变更国体者最有力之论据，则谓当选举总统时易生变乱，此诚有然。吾十年来不敢轻于附和共和，则亦以此。论者如欲自伸其现时所主张以驳诘我，吾劝其不必自行属稿，不如转录吾旧著较为痛快详尽也。

今幸也兹事既已得有比较的补救良法。盖新颁之大总统选举法，事实上已成为终身总统制，则今大总统健在之日，此种危险问题自末由发生，所忧者乃在今大总统千秋万岁后事耳。夫此事则岂复国民所忍言？然人生血肉之躯，即上寿亦安能免，固无所容其忌讳。今请遂为毋讳之言。吾以为若天佑中国，今大总统能更为我国尽瘁至十年以外，而于其间整饬纪纲，培养元气，固结人心，消除隐患，自兹以往，君主可也，共和亦可也。若昊天不吊，今大总统创业未半，而遽夺诸国民之手，则中国惟有糜烂而已，虽百变其国体，夫安有幸？

是故将来中国乱与不乱，全视乎今大总统之寿命与其御宇期内之所设施，而国体无论为君主为共和，其结果殊无择也。闻者犹有疑乎？

请更穷极事理以质言之。夫君主、共和之异，则亦在元首继承法而已。此种继承法，虽今元首在世时制定之，然必俟今元首即世[①]时而始发生效力，至易见也。彼时所发生之效力，能否恰如所期，则其一当视前元首生前之功德威信能否及于身后，其二当视彼时有无枭雄跋扈之人，其人数之多寡，其所凭借是否足以持异议。吾以为立此标准以测将来，无论为君主为共和，其结果常同一也。现行大总统选举法规定，后任大总统应由前任大总统推荐，预出其名，以藏诸石室金匮。使今大总统一面崇闳其功德而巩固其威信，令国人心悦诚服，虽百世之后，犹尊重其遗令而不忍悖；一面默察将来易于酿乱之种子在何处，思所以预防维而消弭之。其种子存乎制度上耶？则改其制度，毋使为野心家之资。其种子存乎人耶？则裁抑其人，导之以正，善位置而保全之，毋使陷于不义。汉光武宋太祖优待功臣之

① 即世：去世。

法。更一面慎择可以付托大业之人，依大总统选举法，无论传贤传子，纯属前任大总统之自由也。试以大任，以养其望，假以实力，以重其威，金匮中则以其名裒然居首，而随举不足重轻之二人以为之副而已。如是则当启匮投票之时，岂复有丝毫纷争之余地？代代总统能如是，虽行之数百年不敝可也。而不然者，则区区纸片上之皇室典范，抑何足恃？

试历览古来帝王家之掌故，其陈尸在堂，操戈在阙者，又何可胜数？从可知国家安危治乱之所伏固别有在，而不在宪典形式上之共和、君主明矣。

论者盛引墨西哥之五总统争立及中美、南美、葡萄牙之丧乱，以为共和不如君主之铁证。推其论指，得毋谓此诸国者，苟变其国体为君主，而丧乱遂可以免也。

吾且诘彼，彼爹亚士[①]之统治墨西哥三十年矣，而今岁五月，月份记不确。始客死于外，使因总统继承问题而致乱，则乱宜起于今年耳。若谓国体果为君主斯可以毋乱，且使爹亚士当三十年前而有如古德诺者以为之提示，有如筹安会者以为之鼓吹，而爹氏亦憬然从之以制定其皇室典范，则墨人宜若可以长治久安与天同寿矣；而岂知苟尔尔者，则彼之皇室典范未至发

① 爹亚士：又译迪亚士，墨西哥总统，1911年倒台。康有为、杨度、古德诺等都曾论及其倒台致乱问题，康："甚矣民主国之不固而多乱也！"（《共和评议》）杨："墨西哥亦共和也，变乱频仍，未闻能富，盖其程度与中国同。"（《君宪救国论》）古："爹亚士为军界领袖，独握政权……既未厉行教育，且禁压人民，不使参与政事，及年老衰迈，革命之旗帜既张，遂尽失其政柄。"（《共和与君主论》）

生效力时，彼自身先已逊荒于外，其皇室典范，犹废纸也。夫及身犹不能免于乱，而谓死后恃一纸皇室典范可以已乱，五尺之童，有以知其不然矣。

故墨西哥之必乱，无论为共和为君主，其结果皆同一也。所以者何？爹亚士假共和之名，行专制之实，在职三十年，不务培养国本，惟汲汲为固位之计，拥兵自卫以劫持其民。又虑军队之骄横，常挑间之，使互相反目，以遂己之操纵。擢锄异己，惟力是视，其对于爱国之士，或贿收以变其节，或暗杀以戕其生。又好铺张门面，用财如泥，外则广借外债，内则横征暴敛，以至民穷财尽，无可控诉。吾当十年前尝评爹氏为并时无两之怪杰，然固已谓彼死之后洪水必来，墨民将无噍类矣。此皆吾十年前评爹氏之言，尝见于《新民丛报》及《新大陆游记》，非今日于彼败后而始非訾[①]之也。吾友汤觉顿亦尝著一文，述爹氏之政治罪恶，其言尤为详尽。见《国风报》。汤文出版时，墨乱方始起也。由爹氏之道以长国家，幸而托于共和之名，犹得窃据三十年，易以君主，恐其亡更早矣。

中美、南美诸国亦然，历代总统皆以武力为得位之阶梯，故武力相寻无已时。

共和不适，固不失为致乱之一原因，若谓此为唯一之原因，吾有以明其不然矣。若葡萄牙改共和后不免于乱，斯固然也。然彼非因乱又何以成共和？前此乱时，其国体非君主耶？

谓共和必召乱，而君主即足以致治，天下宁有此论理？波

① 訾［zǐ］：批评，言人之短。

斯非君主国耶？土耳其非君主国耶？俄罗斯非君主国耶？试一翻其近数十年之历史，不乱者能有几稔[①]？彼曾无选举总统之事而亦如此，则何说也？我国五胡十六国、五代十国之时，亦曾无选举总统之事，而丧乱惨酷一如墨、美，则又何说也？凡立论者，征引客观之资料，不能专凭主观的爱憎以为去取，果尔者不能欺人，徒自蔽耳。

平心论之，无论何种国体，皆足以致治，皆足以致乱。治乱之大原，什九恒系于政象而不系于国体。而国体与国情不相应，则其导乱之机括较多且易，此无可为讳也。故鄙人自始不敢妄倡共和，至今仍不敢迷信共和，与公等有同情也。顾不敢如公等之悍然主张变更国体者，吾数年来怀抱一种不能明言之隐痛深恸：常觉自辛亥、壬子之交，铸此一大错，而中国前途之希望，所余已复无几——盖既深感共和国体之难以图存，又深感君主国体之难以规复，是用怵惕彷徨，忧伤蕉萃，往往独居深念，如发狂易。特以举国人方皆心灰意尽，吾何必更增益此种楚囚之态[②]，故反每作壮语，以相煦沫[③]，然吾力已几于不能自振矣。

---

① 稔［rěn］：一年。

② 楚囚之态：困境中的窘态。楚囚，本指楚人之被俘者，语见《左传·成公九年》。

③ 煦沫：于困境中相互支持。又作煦濡，《庄子·大宗师》：“泉涸，鱼相与处于陆，相呴以湿，相濡以沫。”

吾友徐佛苏[①]当五六年前常为我言，谓中国势不能不革命，革命势不能不共和，共和势不能不亡国。吾至今深味其言，欲求所以祓此妖讖者而殊苦无术也。夫共和国体之难以图存，公等当优能言之矣。吾又谓君主国体之难以规复者则又何也?

盖君主之为物，原赖历史习俗上一种似魔非魔的观念，以保其尊严。此种尊严，自能于无形中发生一种效力，直接间接以镇福此国。君主之可贵，其必在此。虽然，尊严者不可亵者也，一度亵焉而遂将不复能维持。譬诸范雕土木偶，名之曰神，舁[②]诸闳殿，供诸华龛，群相礼拜，灵应如响；忽有狂生，拽倒而践踏之，投诸溷牏[③]，经旬无朕，虽复舁取以重入殿龛，而其灵则已渺矣。

自古君主国体之国，其人民之对于君主，恒视为一种神圣，于其地位，不敢妄生言思拟议。若经一度共和之后，此种观念遂如断者之不可复续。试观并世之共和国，其不患苦共和者有几，而遂无一国焉能有术以脱共和之轭。就中惟法国，共和以后，帝政两见，王政一见，然皆不转瞬而覆也。则由共和复返于君主，其难可想也。

---

① 徐佛苏（1879—1943）：湖南善化人。早年受梁启超影响，主张维新变法，后留学日本。1903年后与黄兴等在长沙组织华兴会，在上海组织爱国协会，曾被捕入狱，出狱后逃亡日本，参加康梁的保皇会，主张君主立宪，是政闻社骨干，积极推动立宪请愿。民国成立后，曾任湖南省宪起草委员、北平民国大学代理校长等。

② 舁［yú］：共同用手抬。

③ 溷［hùn］牏［yú］：指茅坑。牏，通“窬”，挖地为穴。

我国共和之日，虽曰尚浅乎，然酝酿之则既十余年，实行之亦既四年。当其酝酿也，革命家丑诋君主，比诸恶魔，务以减杀人民之信仰，其尊严渐亵，然后革命之功乃克集[①]也。而当国体骤变之际与既变之后，官府之文告，政党之宣言，报章之言论，街巷之谈说，道及君主，恒必以恶语冠之随之，盖尊神而入溷腧之日久矣。今微论规复之不易也，强为规复，欲求畴昔尊严之效岂可更得！复次，共和后规复君主，以旧王统复活为势最顺，使前清而非有种族嫌疑，则英之查理第二，法之路易第十八，原未尝不可出现于我国，然满洲则非其伦也。若新建之皇统，则非经若干年之艰难缔构，功德在民，其克祈永命者希矣。

是故吾数年来独居深念，亦私谓中国若能复返于帝政，庶易以图存而致强。而欲帝政之出现惟有二途：其一，则今大总统内治修明之后，百废俱兴，家给人足，整军经武，尝胆卧薪，遇有机缘，对外一战而霸，功德巍巍，亿兆敦迫，受兹大宝，传诸无穷。其二，则经第二次大乱之后，全国鼎沸，群雄割据，翦灭之余，乃定于一。

夫使出于第二途耶，则吾侪何必作此祝祷！果其有此，中国之民无孑遗矣，而戡定之者，是否为我族类，益不可知，是等于亡而已。独至第一途，则今正以大有为之人，居可有为之势，稍假岁月，可冀旋至而立有效，中国前途一线之希望，岂

① 集：成功，成就。《左传·襄公二十六年》：“今日之事幸而集，晋国赖之；不集，三军暴骨。”

不在是耶？故以谓吾侪国民之在今日，最宜勿生事以重劳总统之廑虑[①]，俾得专精壹虑为国家谋大兴革，则吾侪最后最大之目的，庶几有实现之一日。

今年何年耶？今日何日耶？大难甫平，喘息未定，强邻胁迫，吞声定盟，水旱疠蝗，灾区遍国，嗷鸿[②]在泽，伏莽[③]在林。在昔哲后，正宜撤悬避殿[④]之时，今独何心，乃有上号劝进之举。夫果未熟而摘之，实伤其根，孕未满而催之，实戕其母。吾畴昔所言中国前途一线之希望，万一以非时之故，而从兹一蹶，则倡论之人，虽九死何以谢天下？愿公等慎思之。

《诗》曰：民亦劳止，汔可小息[⑤]。自辛亥八月迄今未盈四年，忽而满洲立宪，忽而五族共和；忽而临时总统，忽而正式总统；忽而制定约法，忽而修改约法；忽而召集国会，忽而解散国会；忽而内阁制，忽而总统制；忽而任期总统，忽而终身总统；忽而以约法暂代宪法，忽而催促制定宪法。大抵一制度之颁，行之平均不盈半年，旋即有反对之新制度起而摧翻之，使全国民彷徨迷惑，莫知适从！政府威信，扫地尽矣。今日对内对外之要图，其可以论列者不知凡几，公等欲尽将顺匡救之职，何事不足以自效？何苦无风鼓浪，兴妖作怪，徒淆民

---

① 廑［qín］虑：操心劳神。廑，同勤，勤劳，殷切。

② 嗷鸿：哀鸿，此指灾民。

③ 伏莽：潜藏的盗匪。

④ 撤悬避殿：撤去美饰的名头，避开堂皇的正殿，表示反省思过。悬，匾额之类。

⑤ 民亦劳止，汔可小息：人民劳苦已极，希望有点喘息的时间。汔，即乞。语见《诗经·大雅·民劳》。

视听，而诒国家以无穷之戚也？

吾言几尽矣，惟更有一二义宜为公等忠告者。公等主张君主国体，其心目中之将来君主为谁氏，不能不求公等质言之。

若欲求诸今大总统以外耶？则今大总统朝甫息肩，中国国家暮即属纩[1]。以公等之明，岂其见不及此？见及此而犹作此阴谋，宁非有深仇积恨于国家，必绝其命而始快？此四万万人所宜共诛也！

若即欲求诸今大总统耶？今大总统即位宣誓之语，上以告皇天后土，下则中外含生之俦实共闻之。年来浮议渐兴，而大总统偶有所闻，辄义形于色，谓无论若何敦迫，终不肯以夺志。此凡百僚从容瞻觐者所常习闻，即鄙人固亦历历在耳。而冯华甫上将且为余述其所受诰语[2]，谓已备数椽之室于英伦，若国民终不见舍，行将以彼土作汶上[3]。由此以谈，则今大总统之决心，可共见也。公等岂其漫无所闻，乃无端而议此非常之举耶？设念及此，则侮辱大总统之罪，又岂擢发可数[4]？此亦四万万人所宜共诛也！

---

① 属纩：指气若游丝，临近死亡。纩，新棉。新棉纤维软而易动，以之置于临死之人鼻前，验其是否断气，即是“属纩”。

② 诰语：君上告知臣下的话。

③ 汶上：汶水之北。此指先秦时齐国之地。汶水在齐之南、鲁之北，两国以汶水为界。《论语·雍也》：“季氏使闵子骞为费宰，闵子骞曰：‘善为我辞焉如有复我者，则吾必在汶上矣。’”孔安国曰：“去之汶水上，欲北如齐。”故袁世凯引此以表示：要他做皇帝，他就避居到英国去。这是他的骗人之术。

④ 又岂擢发可数：哪里是拔下头发可一根根数清楚的呢？成语作“擢发难数”，形容罪行多到无法计算。

复次，公等曾否读约法？曾否读暂行刑律？曾否读结社集会法？曾否读报律？曾否读一年来大总统关于淆乱国体惩儆之各申令？公等又曾否知为国民者应有恪遵宪典法令之义务？乃公然在辇毂之下，号召徒众，煽动革命。凡谋变更国体，则谓之革命，此政治学之通义也。执法者惮其贵近，莫敢谁何，而公等乃益白昼横行，无复忌惮。公等所筹将来之治安如何，吾不敢知，而目前之纪纲，则既被公等破坏尽矣。如曰无纪纲而可以为国也，吾复何言，如其否也，则请公等有以语我来。

且吾更有愿为公等进一解者，公等之倡此议，其不愿徒托诸空言甚明也，其必且希望所主张者能实见施行。更申言之，则希望其所理想之君主国体一度建设，则基业永固，传诸无穷也。夫此基业果遵何道始能永固以传诸无穷？其必自国家机关令出惟行，朝野上下守法如命。今当开国承家伊始，而首假涂于犯法之举动以为资，譬诸欲娶妇者，横挑人家闺闼以遂苟合，曰但求事成，而节操可毋沾沾[1]也，则其既为吾妇之后，又有何词以责其不贞者？今在共和国体之下，而曰可以明目张胆集会结社以图推翻共和，则他日在君主国体之下，又曷为不可以明目张胆集会结社以图推翻君主？使其时复有其他之博士提示别种学说，有其他之团体希图别种活动，不知何以待之？

《诗》曰：毋教猱升木，如涂涂附[2]。谋国者而出于此，

① 沾沾：自得的样子。句谓勿以贞节得意，而但求苟合成事。

② 毋教猱升木，如涂涂附：猿不教也会爬树，好比稀泥容易沾附。语见《诗经·小雅·角弓》。比喻有权势处，就有人趋炎附势。

其不智不亦甚耶！孟子曰：君子创业垂统为可继也[①]，以不可继者诏示将来，其不祥不亦甚耶！昔干令升作《晋纪总论》，推原司马氏丧乱之由，而叹其创基植本异于三代。[②]陶渊明之诗亦曰：本不植高原，今日复何悔[③]。呜呼！吾观于今兹之事，而隐忧乃无极也。

（附言）吾作此文既成后，得所谓筹安会者，寄示杨度氏所著《君宪救国论》，偶一翻阅，见其中有数语云："盖立宪者，国家有一定之法制，自元首以及国人，皆不能为法律外之行动。贤者不能逾法律而为善，不肖者亦不能逾法律而为恶。"深叹其于立宪精义，能一语道破。惟吾欲问杨氏所长之筹安会，为法律内之行动耶？抑法律外之行动耶？杨氏贤者也，或能自信非逾法律以为恶，然得毋已逾法律以为善耶？呜呼！以昌言君宪之人而行动若此，其所谓君宪者，从可想耳，而君宪之前途，亦从可想耳。

孟子曰：予岂好辩哉？予不得已也。以生平只问政体不问

---

① 君子创业垂统为可继也：君子创业成功建立传统，要令后世可以继续而行。语见《孟子·梁惠王下》。文中下句说：若开创的是一条死路（不可继者），那就太危险了（不祥不亦甚耶）！

② "昔干令升……"以下数句：干宝（字令升）在其所著的《晋纪总论》中批评司马氏"不及修公刘、太王之仁""不暇待三分八百之会"，未能"积基树本"而禅代登位，所以晋代成为内乱最烈的一个时代（《文选》卷49）。梁氏以此来说明若创业垂统为不可继者，不祥之甚。

③ 本不植高原，今日复何悔：陶潜《拟古九首》末章以桑树为喻，说司马氏得位缺乏深厚的根基，所以"何曾兴叹于前，干宝抗论于后。'本不植高原，今日复何悔。'"（陈沆《诗比兴笺》）以上几个典故皆讽刺鼓吹称帝之举。

国体如鄙人者，曷为当前此公等第一次主张变更国体时而哓哓取厌？当今日公等第二次主张变更国体时而复哓哓取厌？

夫变更政体则进化的现象也，而变更国体则革命的现象也。进化之轨道恒继之以进化，而革命之轨道恒继之以革命，此征诸学理有然，征诸各国前事亦什九皆然也。是故凡谋国者必惮言革命，而鄙人则无论何时皆反对革命，今日反对公等之君主革命论，与前此反对公等之共和革命论，同斯职志也。

良以中国今日当元气凋敝汲汲顾影之时，竭力栽之，犹惧不培，并日理之，犹惧不给，岂可复将人才日力耗诸无用之地、日扰扰于无足重轻之国体，而阻滞政体改革之进行？徒阻滞进行，犹可言也，乃使举国人心皇皇，共疑骇于此种翻云覆雨之局，不知何时焉而始能税驾[①]，则其无形中之斫[②]丧，所损失云何能量！《诗》曰：嗟我兄弟，邦人诸友，莫肯念乱，谁无父母。[③]呜呼！论者其念之哉！其念之哉！

或曰：革命者，事实之不得已也。天下惟已成之事实为不可抗，吾子畴昔抗之不已以自取僇辱，今何必复尔尔者。[④]惟然，吾

① 税驾：休止。税，通“脱”，解也。税驾本义是解下驾车的马，犹今停车也。

② 斫［zhuó］：用刀斧砍。

③ “嗟我兄弟”以下数句：我（指周朝）的同姓兄弟与邦人诸友，不顾忌混乱的发生，但是有父母等亲人的谁忍心乱离发生呢？语见《诗经·小雅·沔水》。朱熹说此诗是“忧乱之诗”，在世乱将生未生之际慨然规诫世人。梁氏引之以责谋帝制者。

④ “或曰”以下数句：这是梁氏自陈曾受到威胁。“吾子畴昔”即威胁者的口气，犹云“我尊敬的阁下您过去”，“自取僇辱”即指戊戌被通缉逃亡事。这就是梁在《国体战争躬历谈》中说的：“袁复遣人来以危词胁喝，谓：‘君亡命已十余年，此种况味亦既饱尝，何必更自苦？’”

固知之。然使吾捐弃吾良心之所主张，吾之受性，实有所不能，故明知其无益焉而不能以自已也。屈原赍志于汨罗，而贾生损年于堕马。[1]问其何以然？恐非惟不能喻于人，抑亦不自喻也。

吾昔曾有诗云：十年以后当思我，举国犹狂欲语谁？吾生平之言亦多矣，大抵言之经十年之后，未有不系人怀思者。然非至十年以后，则终无道以获国人之倾听，其为吾之不幸耶？其为国家之不幸耶？呜呼！吾愿自今十年之后，国人毋复思吾今日之言，则国家无疆之休[2]焉耳。

评析

这是一篇传诵一时、洛阳纸贵的万言名文，是一篇态度鲜明而讲究笔法的政治檄文，是护国讨袁战役嘹亮的序曲。

当时安德诺的《共和与君主论》发表、筹安会成立，称帝运动的信号已经放出，但实际的政治运作尚未完全公开（请愿变更国体在9月），袁世凯尚隐在幕后筹谋审视。梁启超于1912年回国后为建立民国政府与袁“相扶助、相匡救”，“私交尚称亲善”，所以在袁没到台前时，不便直接指斥，权且“发为警告之论，尚不能畅所欲言”（参见梁启超《杭州演说词》。事后，梁公开许多具体事实，直言袁“拒谏饰非、作伪术之巧妙，登峰造极”等），是以文中明面是针对杨度及其筹安会，暗里不少都

① “屈原”以下两句：梁氏以此二句自明其矢忠于国家之本怀。屈原忠于楚国，不忍见楚亡，投汨罗江殉国。赍［jī］志，持志、秉志（赍，赍持。见《论衡·纪妖》）。贾谊受汉文帝赏识，而被周勃等勋臣武将排挤，谪为长沙王太傅，后迁文帝爱子梁怀王太傅，怀王坠马死，贾谊深自歉疚，抑郁而亡，年仅33岁。

② 无疆之休：无边的吉庆福气。休，吉庆、美善、福气。

是针对袁。阅读本文必须注意这种明暗双重表达。例如说“夫共和之建，曾几何时！而谋推翻共和者，乃以共和元勋为之主动”，所指就不可能是杨度，而是袁。杨度始终是个立宪主义者，“共和元勋”与他无关，而袁接受《临时约法》，担任民国大总统，是缔造共和政府的关键人物。再如说“戴今大总统为君主”，“大总统先自不肯承认”；“偶有所闻，辄义形于色……”；“今大总统即位宣誓之语，上以告皇天后土，下则中外含生之俦实共闻之”等，不啻皮里春秋。“兴妖作怪……而诒国家以无穷之戚”“四万万人所宜共诛也”，其所指当然也就不局限于杨度等人而已。

本文从四个方面阻击袁想要复辟帝制的图谋：

1. 以国体、政体问题为理论基础。认为“变更政体则进化的现象也，而变更国体则革命的现象”，因此，图政治改革，比变更国体更容易实现，更少危险和痛苦。在辛亥革命建立共和国后，百废待兴，应该立定脚跟，“专精壹虑为国家谋大兴革”，岂可又革共和之命，翻覆搅扰。诚若立宪，共和、君主皆可。梁“只问政体，不问国体”者，以此。

2. 以立宪问题为基本原则。针对复辟帝制者“与其共和而专制，孰若君主而立宪”之说，梁指出：立宪的真义在“必有监督机关与执行机关相对峙，而政权之行使，常蒙若干之限制”。准此，则知“共和决不能立宪，惟君主始能立宪”之非，其谬正与鼓吹“君主决不能立宪，惟共和始能立宪”者同。这既坚持了立宪派的一贯原则，也与时俱进地指出共和与立宪毫无矛盾，对帝制派釜底抽薪。至于指出“标立宪主义以为国体论之护符者”，是“于‘立宪’二字别有解释，则吾不敢言”，实有诛心之义，毫无假借焉！

3. 以总统人选与继承问题为具体笔触。指出大总统选举法等，“事实上已成为终身总统制”，而且继任者由总统推荐，完全不需要以政治稳定为借口变更国体、恢复帝制。至于恢复帝制后，帝位人选是今大总统还是另有其人，则是故作曲笔，揭露想要复辟称帝者的图谋。

4. 以治乱问题为论述的要点。针对“论者盛引墨西哥……之丧乱，以为共和不如君主之铁证”，任公直斥其非：其实“无论何种国体，皆足以致治，皆足以致乱”，波斯、土耳其、俄罗斯皆君主国，近数十年“不乱者能有几稔”？我国五胡十六国、五代十国，也是“丧乱惨酷”！民主共和、宪政分权，常被推行专制、拥护专制者当作容易致乱的口实，以为不如集权独裁可以掌控调动一切，使社会秩序严整。此种歪理，梁驳之甚力。至于君主制原有的一种尊严与神圣的光环，现在已被破除尽净，无法可复，也是精彩之论。

本文是理解梁启超与时俱进精神的最好材料。他在晚清新政时期积极推动立宪，反对革命，到辛亥革命以后襄赞共和，反对君宪，其中都贯穿着他对现代政治制度的追求。辛亥后民国初，社会治理出现了许多问题，不少人将之归咎于共和政治体制，梁不是这样。作为曾经的君宪论者，他“不忍于共和之敝而欲以君主专制代之”，而希望共和政治不断进步，遵守约法，“多予人民以接近政治之机会”！

本文也是理解梁启超多变中有不变的宗旨的最好材料。文章反复说当时反对建立共和，现在反对复辟君宪；当时反对革君主立宪之命，现在反对革共和立宪之命，恰如梁之自陈“以今日之我难昨日之我”，其实当中有一线贯穿，这就是建立现代宪政体制、责任政府，权力必须有监督、限制的制度保证，必须依法行政，坚决反对专制独裁统治！

现在读者或以为：反对袁世凯复辟帝制，是政治上殊死的斗争，文笔应该痛快淋漓。但此文却不是这种风格，不能当作一篇爽快的文章读。它是用包裹厚厚棉絮的铁锤去打人，行文多委屈吞吐、皮里春秋。除了因为袁尚未直接出面而不便直斥，也是顾及当时复辟帝制的舆论确实被鼓动起来了，立宪派自身由反对共和到拥护共和立场转变的理由也要交代，梁作为高明的媒体人，他要对全社会最广大的人讲话，争取他们的认同，而不是只对求干脆的一部分人讲话，所以这种风格在争取舆论广泛认同上更有效果，若一味痛快淋漓，反而会影响争取最广泛的认同。不过也应承认，他不断为自己当时主张君主立宪辩护，有时又侧笔兼指革命党，使文章不免缠夹，也是本文不能明畅的原因之一。

附：变更国体事起，“全国有权位有声望之人，未有敢昌言其非者”，“无论何派之人，皆望任公出面与袁氏反对。诚以欲转移舆论，使国民知袁氏之不可托以国事，惟任公之鼓吹最为有力。”梁启超自己说：“其时……对于此大事无一人敢发正论，则人心将死，故不顾利害生死，为全国人民宣其心中所欲言之隐耳。”（吴贯因《丙辰从军日记》）

忆洪宪称帝之日，余适旅居旧都。其时颂美袁氏功德者，极丑怪之奇观。深感廉耻道尽，至为痛心。至如国体为君主抑或民主，则尚为其次者。殆先生《异哉所谓国体问题者》一文出，摧陷廓清，如拨云雾而睹青天。然则先生不能与近世政治绝缘者，实有不获已之故。（陈寅恪《寒柳堂集·读吴其昌撰梁启超传书后》）

他那篇“异哉”的文章，当时便风靡全国，洪宪王朝后来的彻底毁灭，“异哉”要有一半的功劳。甚至可以说，“梁启超以一篇文章闹垮了一个洪宪王朝”。就像林肯说斯托夫人《黑奴吁天录》惹起了解放黑奴的南北大战一样。（唐德刚《袁氏当国》）

不管是君主政体，还是共和政体，他只拥护进步。……

这篇文章……，有震聋发聩的效果。当时几乎每一个人都知道了：进步党领导人与反君主政体者站在一起。这有利于人们树立信念。一股来自官方的辞职风，伴随着袁世凯追随者的叛变，接踵发生。（勒文森《梁启超与中国近代思想》第五章）

欧游中之一般感想（《欧游心影录》选）

［1919.10］

题解

《欧游心影录》是一部13万字的名著，是梁启超1918年底至1920年春到欧洲游历考察后所写，1920年3月起在北京《晨报》和上海《时事新报》上连载。全书分两大部分：第一部分是文化思考，包括对第一次世界大战后欧洲状况的观察评论和对中国政治文化建设的意见；第二部分是游历叙述，包括巴黎和会、“一战”战场等，还有对国际联盟与《国际劳工规约》的评论。这里所选为第一部分“欧游中之一般观察及一般感想”后半。因篇幅所限，主要突出“感想”而略去“观察”。为便于阅读而作了编辑，将小标题以脚注标出。

梁启超47岁生日照①

① 这是梁启超旅欧途中的生日照，摄于巴黎，寄给梁启勋。照片左上角写着：“己未正月二十六日，四十七岁初度，在巴黎写真，寄与仲弟，启超。”

我们自到欧洲以来[1]，这种悲观的论调[2]，着实听得洋洋盈耳。

记得一位美国有名的新闻记者赛蒙氏和我闲谈（他做的战史公认是第一部好的），他问我："你回到中国干什么事？是否要把西洋文明带些回去？"我说："这个自然。"他叹一口气说："唉！可怜！西洋文明已经破产了。"我问他："你回到美国却干什么？"他说："我回去就关起大门老等，等你们把中国文明输进来救拔我们。"

我初初听见这种话，还当他是有心奚落我，后来到处听惯了，才知道他们许多先觉之士，着实怀抱无限忧危。总觉得他们那些物质文明，是制造社会险象的种子，倒不如这世外桃源的中国，还有办法。这就是欧洲多数人心理的一斑了。

诸君[3]，我想诸君听了我这番话，当下就要起一个疑问，说道："依你说来，欧洲不是整个完了吗？物质界的枯窘既已如彼，精神界的混乱又复如此，还有什么呢？从前埃及、中亚细亚乃至希腊、罗马，都曾经过极灿烂的文明，后来都是灭绝了或中断了，不要这回欧洲又闹这出戏罢。"

---

① 本节是《上篇 大战前后之欧洲》第九节"思想之矛盾与悲观"末段，作为"感想"的开头恰好。

② 悲观的论调：即前所述"全社会人心都陷入怀疑沉闷畏惧之中"，"全欧洲社会都是阴沉沉的一片秋气"，出现"世纪末"的情绪——"世界末日，文明灭绝的时候快到了"。联系"一战"前后西方现代派文学兴起后所表现的内容，对这一点可有更深切的理解。

③ 本节是《上篇 大战前后之欧洲》第十节"新文明再造之前途"。

我对于这个疑问，敢毅然决然答应道：“不然，不然，大大不然。”欧洲百年来物质上、精神上的变化，都是由“个性发展”而来，现在还日日往这条路上去做。他和古代中世乃至十八世纪前的文明，根本上有不同的一点：从前是贵族的文明，受动的文明，如今却是群众的文明、自发的文明；从前的文明是靠少数特别地位特别天才的人来维持他，自然逃不了“人亡政息”的公例，今世的文明，是靠全社会一般人个个自觉日日创造出来的。

所以他的“质”，虽有时比前不如；他的“量”，却比从前来得丰富；他的“力”，却比从前来得连续。

现在的欧洲，一言以蔽之，万事万物，都是“群众化”。这种现象，连我们有时也看得讨厌。有人说，这不是叫社会向上，倒是叫社会向下了。实不然。一面固是叫旧日在上的人向下，一面仍是叫旧日在下的人向上。然而旧日在下的人总是大多数，所以扯算起来，社会毕竟是向上了。

这种步骤，英国人所经过的最为明白。英国从前种种权利，都是很少数贵族专有，渐渐拿出来给中级的人共享，渐渐拿出来给次中级又次中级乃至最低级的人一齐共享。不独物质上的权利如此，就是学问上艺术上乃至思想上，他那由上而下由集而散的情形，也复如此。

英国固然是最好的模范，其他各国，也都是同一趋势。所以他的文明，是建设在大多数人心理上，好像盖房子从地脚修起，打了个很结实的桩儿，任凭暴风疾雨，是不会摇动的。

讲到他的思潮，当法国大革命后唯心派哲学、浪漫派文学全盛之时，好像二十来岁一个活泼青年，思想新解放，生气横溢，视天下事像是儿着可了，而且不免驰于空华幻想，离人生的实际却远了。

然而他这种自由研究精神和尊重个性的信仰，自然会引出第二个时代来，就是所谓科学万能、自然派文学全盛时代。

这个时代，由理想入到实际。一到实际，觉得从前什么善咧、美咧，都是我们梦里虚构的境界，社会现象却和他正相反，丑秽惨恶，万方同慨。一面从前的理想和信条，已经破坏得七零八落，于是全社会都陷入怀疑的深渊，现出一种惊惶、沉闷、凄惨的景象。就像三十前后的人，出了学校，入了社会，初为人夫，初为人父，觉得前途满目荆棘，从前的理想和希望，丢掉了一大半。十九世纪末叶欧洲人的人心，就是这样。

虽然，他们并没有入到衰老时期。怎见得呢？凡老年人的心理，总是固定的，沉滞的，但会留恋过去，不想开拓将来；他那精神的生活，也和他的肉体一样，新陈代谢的机能，全然没了；破坏性、反抗性是绝不会发动了。

现代欧洲人，却不是那样，他们还是日日求自我的发展，对于外界的压迫，百折不回的在那里反抗，日日努力精进。正像三四十来岁在社会上奋斗的人，总想从荆天棘地中，建立一番事业。如今却不比从前在学校里发空议论了，他们人情世态甜酸苦辣都经过来，事事倒觉得亲切有味，于是就要从这里头找出一个真正的安身立命所在。如今却断渐被他找着了。

在社会学方面，就有俄国科尔柏特勤一派的互助说，与达尔文的生存竞争说相代兴。他是主张自我要发展的，但是人类总不能遗世独立，大事小事，没有一件不靠别人扶助，所以互相扶助，就是发展自己的唯一手段。他的论据，也是从科学上归纳出来，所以在思想界一天一天的占势力。

在哲学方面，就有人格的唯心论、直觉的创化论种种新学派出来，把从前机械的唯物的人生观，拨开几重云雾。人格的唯心论，由美国占晤士首倡，近来英美学者愈加发挥。从前唯心派哲学家，将“心灵”认作绝对的一个实体，和他对象的“世界”相对待，分为两橛。占晤士一派，用科学研究法，证明人类心的性能，实适应于外界而渐次发达，意力和环境互相提携，便成进化。

人类生活的根本义，自然是保全自己、发展自己。但人人各有个自己，用“自己”这个字，称呼通换不过来，所以给他一个通名，就叫做“人格”。这“人格”离了各个的自己，是无所附丽；但专靠各个的“自己”也不能完成。假如世界上没有别人，我的“人格”从何表现？假如全社会都是罪恶，我的“人格”受了他的渐染和压迫，如何能健全？由此可知人格是个共通的，不是个孤另的。想自己的人格向上，唯一的方法，是要社会的人格向上。然而社会的人格，本是从各个“自己”化合而成，想社会的人格向上，唯一的方法，又是要自己的人格向上。这就是意力和环境提携便成进化的道理。

明白这个道理，那么所谓个人主义、社会主义、国家主义、世界主义种种矛盾，都可以调和过来了。

直觉的创化论，由法国柏格森[①]首倡。德国倭铿[②]所说，也大同小异。柏格森拿科学上进化原则做个立脚点，说宇宙一切现象，都是意识流转所构成，方生已灭，方灭已生，生灭相衔，便成进化。这些生灭，都是人类自由意志发动的结果，所以人类日日创造，日日进化。这“意识流转”就唤做“精神生活”，是要从反省直觉得来的。我们既知道变化流转就是世界实相，又知道变化流转的权操之在我，自然可以得个“大无畏”，一味努力前进便了。

这些见地，能够把种种怀疑失望一扫而空，给人类一服“丈夫再造散”。就学问上而论，不独唯心、唯物两派哲学有调和余地，连科学和宗教也渐渐有调和余地了。

以上所述几家学派，都是当本世纪初期早已句出萌达[③]，但未能完成，未能普及，便碰着这回大战。当战争中，人人都

---

① 柏格森：即亨利·柏格森（1859—1941），法国哲学家，1909年发表《创造进化论》，即前述之“直觉的创化论”。

② 倭铿（1846—1926）：又译奥伊肯，德国哲学家，1908年获诺贝尔文学奖，认为人是自由和精神的会合点，强调意志和直觉，著有《个人与社会》等。

③ 句［gōu］出萌达：春天草木初生的样子。出土尚蜷曲者为“句”，伸直者为“萌”。《礼记·月令》：“阳气发泄，句者毕出，萌者尽达。”

忙着应战，思想界的著述，实在寂寥，所以至今没见什么进步。将来能否大成，和康德、黑格尔、达尔文诸先辈的学说有同等的权威，转移一代人心，也不敢必。

但是，欧人经过这回创巨痛深之后，多数人的人生观因刺激而生变化，将来一定从这条路上，打开个新局面来，这是我敢断言的哩。

人类只要精神生活不枯渴[1]，那物质生活当然不成问题。譬之大病之后，元神未亏，虽然疲倦消瘦，培补亦易为力。

前文所讲各国财政生计上情形，诚然困难已极，但按到实际，他们国债虽多，外债是可以暂时不还的；内债利息散到民间，依然是供殖产兴业之用。货币价值低减，对外汇兑吃亏，固然是大问题，但有时亦可以借作奖励输出的一种手段。这些听他循生计上原则自然变迁，也属无妨。现时最苦的是资本缺乏，然而美国正苦资本过剩，势不能不以欧洲为尾闾[2]。欧人只要善于利用，还不是取诸外府吗？

剩下最难解决的，就是劳工问题。我想不出数年，这问题定要告一段落。或是社会党柄政，实行了社会主义几个根本大原则，气象自然一新；或是有些国家竟自继俄国之后，做一番社会革命，虽一时大伤元气，过后反赢得意外发达，也未

① 本节是《上篇　大战前后之欧洲》第十一节“物质的再造及欧局现势”。

② 尾闾：古代传说中海水所归之处，即海水泄出流往之处。《庄子·秋水》：“尾闾泄之，不知何时已而不虚。”

可定。

所以我对于欧洲，觉得他前途虽然是万难，却断不是堕落。至于分国观察，或者有一两国从此雄飞，有一两国渐行衰落，这又是别问题了。

我这种拉拉杂杂讲了欧洲这些情形，恐怕诸君有点听得不耐烦了。今且总叙几句，作个收束：

第一，我想大战的结果，奥、俄瓦解，中欧、东欧小民族纷纷建国，加以威尔逊[①]将“民族自决”四个字大吹大擂，民族主义（一民族一国家主义）越发光焰万丈。十九世纪后半期欧洲民族运动史总算告一段落，往后怕还要扩充到欧洲以外。虽然国际关系复杂，天下更从此多事，总算人类社会组织一进步。

第二，这回战争，协约国方面全恃“互助”得胜，给他们一个绝大的教训。虽然理想的国际联盟未见完成，国家互助的精神已是日见发达。质而言之，世界主义要从此发轫了。

第三，协约各国拿“打破中欧军国”做个旗号，算是起了一回征讨军阀的十字军，如今大功告成。专制主义四个大本营（俄、德、奥、土）连根拔尽，民主主义自然变成政治上绝对的原则，加以社会党日益发展，“社会的民主主义”要渐渐成

① 威尔逊（1856—1924）：美国第28任总统，博士、学者，曾任普林斯顿大学校长、新泽西州州长，1912年、1916年两度当选总统，著有《美国人民史》。1918年初发表《十四点和平原则》，提出“民族自决”和成立国际联盟等概念。梁氏在1919年2月抵达巴黎后，曾会见出席巴黎和会的威尔逊。

为最中庸[1]的一种政治。

第四，俄国过激派政府居然成立，居然过了两年，不管将来结局如何，假定万一推翻，他那精神毕竟不能磨灭。从前多数人嘲笑的空理想，却已结结实实成为一种制度，将来历史价值，最少也不在法国大革命之下。影响自然是及于别国，和前条所谓“中庸政治”相争，还不知谁胜谁负哩。

第五，一面虽是国内资本、劳工两阶级斗争，一面各国仍竞相奖励国产，借此补偿战后疲敝。将来国际间产业战争，只有比前更剧；自由贸易主义怕要作废。就这一点看来，突飞的社会主义或者暂时受些限制。

第六，科学万能说，当然不能像从前一样的猖獗，但科学依然在他自己范围内继续进步。这回战争中各种发明日新月异，可惜大半专供杀人之用。经此番大创，国际上总有三几十年平和可望，好好的拿来应用，物质文明一定更加若干倍发达。

第七，这回战争给人类精神上莫大的刺激，人生观自然要起一大变化，哲学再兴，乃至宗教复活，都是意中事。

以上几件，是我此行观察所得的大概。

如今假定世界大势是在这种前提之下，我们做国际团体一分子的中国应该怎么样，我国民该走那条路，才能把这国家在

① 中庸：平常的。19、20世纪的社会民主主义主张政治民主、经济平等，为现代社会之常道。

世界上站起来？待我略述愚见，写在下半篇。

第一[1]，我们须知世界大同为期尚早，国家一时断不能消灭，而且各国战后所耗元气，都要取偿于外。环顾宇内，就中国一块大肥肉，自然远客近邻，都在那里打我们的主意。若是自己站不起来，单想靠国际联盟当保镖，可是做梦哩！虽然如此，我们却不能将国际联盟这件事看得毫无价值，还要尽自己的力量，促他的进步。

这回国际联盟，总算世界主义和国家主义调和的发轫。把国家相互的观念深入人心，知道国家意志并不是绝对无限，还须受外部多大节制。质而言之，国家与国家相互之间，从此加一层密度了。我们是要在这现状之下，建设一种“世界主义的国家”。

怎么叫做“世界主义的国家”？国是要爱的，不能拿顽固褊狭的旧思想当是爱国。因为今世国家，不是这样能够发达出来。我们的爱国，一面不能知有国家不知有个人，一面不能知有国家不知有世界。我们是要托庇在这国家底下，将国内各个人的天赋能力尽量发挥，向世界人类全体文明大大的有所贡献。将来各国的趋势，都是如此；我们提倡这主义的作用，也是为此。

① 本节是《下篇　中国人之自觉》第一节“世界主义的国家”。

第二[①]，我们万不可有丝毫悲观，说中国要亡了。

讲到什么财政困难、生计困难，人家不知比我加几十百倍。我们过这小小不顺遂的日子就垂头丧气，欧洲人只好相率跳大西洋了。

若因军阀专横，政治腐败，就说没有办法，请读读十九世纪上半期欧洲历史，看是怎样情形。英、法两国，现在不是公认做民主政治的模范吗？从前阀族的专横腐败，还不是和我一样，为什么就能有今日呢？远的不必说，现在资本阶级的专横又何如？他们可是深根固蒂足智多能，绝非我们那外强中干的军阀和那依草附木的官僚所能比并。我们说没有办法，他们大多数人也只好坐以待毙了。

若因为现在人心堕落，丑类横行，便发生根本悲观，这也是知其一不知其二。当过渡混杂时代，罪恶总浮到面上来，各国都是如此，何独我国？一定说现在人心比从前堕落，这句话我却不能承认。从前罪恶何尝没有，或者因观念不同，不认他是罪，或者因社会舆论不管闲事，不发觉他的罪恶。

即以政治论，民国政界固然混浊，难道前清政界又算得清明吗？不过前此没有人理会他，醉生梦死的受他压制，如今虽依然没有脱了压制，却是把他的罪恶尽情暴露，所以看得来越发惊心动魄，像比从前还不如了。

其他家庭上、社会上罪恶，都是这样，其实昨今同一罪

---

① 本节是《下篇　中国人之自觉》第二节“中国不亡”。

恶，所争的只在揭破不揭破，感觉不感觉。既是罪恶质量相同，所以不能算是堕落。然而揭破和感觉，却是一种进步。

为什么呢？因为是国民自觉心的表现。古人有言："知病即药。"从前我周身是病，却全不知道，如今知道了，就从这"知"字上，自然会生出法子来。现在欧洲人日日大声疾呼，说世界末日，说文明破产，不管他说的是否过当，就这一点忧危之心，便是他苏生的左券。

一个人最怕是对于现状心满意足，如此，这个人只有退步没有进步，只好当他死了。感觉现状不满足，自然生出努力，这努力便是活路。我们现在知道自己满身罪恶，知道自己住的是万恶社会，中国从此就开出一条活路来了。这是好现象，不是坏现象。

只要知道病就赶紧去医，不要因为病就垂头丧气，把自己营卫[①]的本能减掉。这病有什么要紧呢？

我说，天下从无没办法的事；不办，却真没法。我们先把辞典上"没办法"三个字涂去，办法却多着哩。

第三[②]，从前有两派爱国之士，各走了一条错路：

甲派想靠国中固有的势力，在较有秩序的现状之下渐行改革。谁想这主意完全错了，结局不过被人利用，何尝看见什么

① 营卫：中医学名词，指血气营养周身、卫护人体的作用。

② 本节是《下篇　中国人之自觉》第三节"阶级政治与全民政治"。

改革来。

乙派要打破固有的势力。拿什么来打呢？却是拿和他同性质的势力，说道“你不行，等我来”，谁想这主意也完全错了。说是打军阀，打军阀的人还不是个军阀吗？说是排官僚，排官僚的人还不是个官僚吗？

一个强盗不惟没有去掉，倒反替他添许多羽翼，同时又在别方面添出许多强盗来。你看这几年军阀、官僚的魔力，不是多谢这两派人直接间接或推或挽来造成吗？

两派本心都是爱国，爱国何故发生祸国的结果呢？原来两派有个共同谬见，都是受了旧社会思想的锢蔽，像杜工部诗说的：“二三豪杰为时出，整顿乾坤济时了。”那里知道民主主义的国家，彻头彻尾都是靠大多数国民，不是靠几个豪杰。从前的立宪党，是立他自己的宪，干国民什么事！革命党也是革他自己的命，又干国民什么事！好比开一瓶皮酒，白泡子在面上乱喷，像是热烘烘的，气候一过，连泡子也没有了，依然是满瓶冰冷。这是和民主主义运动的原则根本背驰。二十年来种种失败，都是为此。

今日若是大家承认这个错处，便着实忏悔一番，甲派抛弃那利用军人、利用官僚的卑劣手段，乙派也抛弃那运动军人、运动土匪的卑劣手段，各人拿自己所信，设法注射在多数市民脑子里头，才是一条荡荡平平的大路。

质而言之，从国民全体下工夫，不从一部分可以供我利用的下工夫，才是真爱国，才是救国的不二法门。把从前做的一部分人的政治醒转过来，那全民政治才有机会发生哩。

第四[1]，我们须知，天下事是急不来的，总要把求速效的心事去掉，然后效乃有可言。

有人说，时局危险到这地步，不设法弥缝补苴暂时支持，一旦亡了怎么办呢？我说，姑无论中国决不会亡，别人想亡偌大一个国决非容易，就是亡国也算不得什么一回大事。波兰不是亡了几百年吗，今日如何？要知“暂时支持”这种字样，才真是亡国心理。若要不亡，只有扎硬寨、打死仗之一法。这个法儿却是断断急就不来的。

我国民主主义在历史上根柢本就浅薄，在地理上更很少养成的机会，所以比欧美诸国发达较迟。如今突然挂起这个招牌，好像驴蒙虎皮，种种丑态，如何能免？但这些全不要紧，因为人类性能是活的，不是死的。只要需以时日，下番工夫，自然会把自己蜕变，和环境适应起来。

这却要靠新出来的青年，不能责望老辈。我们并不是菲薄老辈，因为他们在他的时代，只能做他适应的事业，如今老了，生理上、心理上新陈代谢的功能一齐停息了，如何能责备他和我们一样？他的地位却也不久就要和现在的青年办交代，他责任自然是轻松了。这些青年却是万钧责任压到肩上。只要

① 本节是《下篇　中国人之自觉》第四节“着急不得”。

自己认明这责任、实践这责任，天下总没有办不来的事。我信得过我们多数可爱的青年，这点见地、这点志气是有的。但现在未曾磨炼完成，而且办交代的时候还没有到，所以目前万不可著急，便急也急不来。若要急时，做得好，不过苟且小成；做得不好，便要堕落断送了。

看透这一着，所以我们现在着手的国民运动，总要打二三十年后的主意，像区区这种年纪，是不指望看见成功的。其实二三十年光阴，在国史教科书上不过占一叶半叶，算什么呢？我们只管兴会淋漓的做去便了。

第五①，国民树立的根本义，在发展个性。

《中庸》里头有句话说得最好："唯天下至诚为能尽其性。"我们就借来起一个名叫做"尽性主义"。这尽性主义，是要把各人的天赋良能，发挥到十分圆满。就私人而论，必须如此，才不至成为天地间一赘疣，人人可以自立，不必累人，也不必仰人鼻息。就社会国家而论，必须如此，然后人人各用其所长，自动的创造进化，合起来便成强固的国家、进步的社会。

这回德国致败之原，就是因为国家主义发达得过于偏畸，人民个性，差不多被国家吞灭了。所以碰着英、法、美等个性最发展的国民，到底抵敌不过。因为"人自为战"的功用丧失

① 本节是《下篇　中国人之自觉》第五节"尽性主义"。

了，所以能胜而不能败。

德国式的国家主义，拿国家自身目的做个标准，把全国人放在个一定的模子里鼓铸出来，要供国家之用，结果犹且不胜其弊；我国则并无所谓国家目的，徒以社会上畸形的组织，学说上惰性的权威，把各人的本能，从小就桎梏斫丧起来。如今人开口便说是中国民智不开，或说是人才消乏，诚然不错，但又须知，在这种旧社会束缚弛骤之下，才智是断不能发生。因为旧社会也有一个模子，将中国人一式铸造，脱了模，就要在社会上站不住。无论何人，总要带几外矫揉的态度来迁就他，天赋良能，绝不能自由扩充到极际。近来中国人才智不逮欧西，都是为此。

今日第一要紧的，是人人抱定这尽性主义，如陆象山[①]所谓："总要还我堂堂地做个人。"将自己的天才（不论大小，人人总有些）尽量发挥，不必存一毫瞻顾，更不可带一分矫揉。这便是个人自立的第一义，也是国家生存的第一义。

第六[②]，要个性发展，必须从思想解放入手。

怎样叫做思想解放呢？无论什么人向我说什么道理，我总

① 陆象山：即陆九渊（1139—1193），陆九渊自号象山翁，江西人。宋代学者和教育家。曾为国子正，知荆门军。曾在江西贵溪应天山象山寺讲学。为宋明"心学"创始人，强调心统万物，心即理，以及主观精神作用。有《象山集》。梁启超入康有为门下，"先生乃教以陆王心学"，故其颇有心学所提倡的豪杰气象。

② 本节是《下篇　中国人之自觉》第六节"思想解放"。

要穷原竟委想过一番，求出个真知灼见。当运用思想时，绝不许有丝毫先入为主的意见束缚自己，空洞洞如明镜照物。经此一想，觉得对，我便信从；觉得不对，我便反抗。

“曾经圣人手，议论安敢到。”这是韩昌黎①极无聊的一句话。圣人做学问，便已不是如此。孔子教人“择善而从”，不经一番择，何由知得他是善！只这个“择”字，便是思想解放的关目。

欧洲现代文化，不论物质方面、精神方面，都是从“自由批评”产生出来。对于在社会上有力量的学说，不管出自何人，或今或古，总许人凭自己见地所及，痛下批评。批评岂必尽当，然而必经过一番审择，才能有这批评，便是开了自己思想解放的路。因这批评，又引起别人的审择，便是开了社会思想解放的路。互相浚发，互相匡正，真理自然日明，世运自然日进。

倘若拿一个人的思想做金科玉律，范围一世人心，无论其人为今人、为古人、为凡人、为圣人，无论他的思想好不好，总之是将别人的创造力抹杀，将社会的进步勒令停止了。

须知那人若非经过一番思想，如何能创造这金科玉律来？我们既敬重那人，要学那人，第一件便须学他用思想的方法。他必是将自己的思想脱掉了古代思想和并时思想的束缚，独立

① 韩昌黎：即韩愈（768—824），唐代文学家、思想家，被誉为“文起八代之衰”，是唐宋八大家之一，自称“郡望昌黎”，世称“韩昌黎”“昌黎先生”。

自由研究，才能立出一家学说，不然，这学说可不算他的了。既已如此，为什么我们不学他这一点，倒学他一个反面？我中国千余年来，学术所以衰落，进步所以停顿，都是为此。

有人说，思想一旦解放，怕人人变了离经畔道。我说，这个全属杞忧。若使不是经不是道，离他畔他不是应该吗？若使果是经果是道，那么，俗语说得好："真金不怕红炉火。"有某甲的自由批评攻击他，自然有某乙、某丙的自由批评拥护他，经一番刮垢磨光，越发显出他真价。倘若对于某家学说不许人批评，倒像是这家学说经不起批评了。

所以我奉劝国中老师宿儒：千万不必因此着急。任凭青年纵极他的思想力，对于中外古今学说随意发生疑问。就是闹得过火，有些"非尧舜、薄汤武"，也不要紧。他的话若没有价值，自然无伤日月，管他则甚？若认为够得上算人心世道之忧，就请痛驳起来呀！只要彼此适用思辨的公共法则，驳得针锋相对，丝丝入扣，孰是孰非，自然见个分晓。若单靠禁止批评，就算卫道，这是秦始皇偶语弃市的故技，能够成功吗？

还有几句打破后壁的话，待我说来。思想解放，道德条件一定跟着动摇，同时社会上发现许多罪恶，这是万无可逃的公例。但说这便是人心世道之忧，却不见得。道德条件，本是适应于社会情形建设起来（孔子所谓时中时宜，最能发明此理）。社会变迁，旧条件自然不能适用；不能适用的条件，自然对于社会上失了拘束力，成了一种僵石的装饰品。一面旧条件既有许多不适用，一面在新社会组织之下，需要许多新条件，却并未规定出来，道德观念的动摇，如何能免？我们主张思想解放就是受了这动摇的刺激，想披荆斩棘求些新条件给大家安心立命。

他们说解放思想便是破坏道德，道德二字作何解释，且不必辩，就算把思想完全封锁起来，试问他们所谓道德，是否就人人奉行？旧道德早已成了具文，新道德又不许商榷，这才真是破坏道德哩。

至于罪恶的发现，却有两个原因：

第一件，是不受思想解放影响的。因为旧道德本已失了权威，不复能拘束社会，所以恶人横行无忌。你看武人政客土匪流氓，做了几多罪恶，难道是新思想提倡出来吗？

第二件，是受思想解放影响的。因为提倡解放思想的人，自然爱说抉破藩篱的话，有时也说得太过。那些坏人就断章取义，拿些话头做护身符，公然作起恶来。须知这也不能算思想解放的不好，因为他本来是满腔罪恶，从前却隐藏掩饰起来，如今索性尽情暴露，落得个与众共弃，还不是于社会有益吗？

所以思想解放，只有好处，并无坏处。我苦口劝那些关心世道人心的大君子，不必反抗这个潮流罢。

第七[1]，提倡思想解放，自然靠这些可爱的青年。但我

① 本节是《下篇　中国人之自觉》第七节“彻底”。

也有几句忠告的话："既解放便须彻底，不彻底依然不算解放。"

就学问而论，总要拿"不许一毫先入为主的意见束缚自己"这句话做个原则。中国旧思想的束缚固然不受，西洋新思想的束缚也是不受。一种学说到眼前，总要虚心研究，放胆批评。但这话说来甚易，做到实难。因为我们学问根柢，本来甚浅，稍有价值的学说到了面前，都会发生魔力，不知不觉就被他束缚起来。

我们须知，拿孔、孟、程、朱的话当金科玉律，说他神圣不可侵犯，固是不该；拿马克思、易卜生[①]的话当做金科玉律，说他神圣不可侵犯，难道又是该的吗？

我们又须知，现在我们所谓新思想，在欧洲许多已成陈旧，被人驳得个水流花落。就算他果然很新，也不能说"新"便是"真"呀！

我们又须知，泰西思想界，现在依然是浑沌过渡时代，他们正在那里横冲直撞寻觅曙光，许多先觉之士，正想把中国、印度文明输入，图个东西调和，这种大业只怕要靠我们才得完成哩。

我们青年将来要替全世界人类肩起这个大责任。目前预备工夫，自然是从研究西洋思想入手。一则因为他们的研究方

---

① 易卜生（1828—1906）：挪威著名戏剧家，是19世纪欧洲现实主义戏剧的杰出代表。1918年5月，《新青年》出版易卜生专号，"五四"运动前后，《玩偶之家》被引入国内，对我国新文化运动产生了巨大影响。

法确属精密，我们应该采用他；二则因为他们思想解放已经很久，思潮内容丰富，种种方面可供参考。

虽然，研究只管研究，盲从却不可盲从。须是老吏断狱一般，无论中外古今何种学说，总拿他做供词证词，助我的判断，不能把判断权径让给他。这便是彻底解放的第一义。

就德性论，那层解缚的工夫，却更费力了。德性不坚定，做人先自做不成，还讲什么思想。但我们这德性，也受了无数束缚，非悉数解放，不能树立。

祖宗的遗传，社会的环境，都是有莫大力量，压得人不能动弹。

还有个最凶狠的大敌，就是五官四肢，他和我顷刻不离，他处处要干涉我、诱惑我，总要把我变成他的奴隶。

我们要完成自己的个性，却四面遇着怨敌，所以坐在家里头也要奋斗，出来到一切人事交际社会也要奋斗。不是斗别人，却是斗自己。稍松点劲，一败涂地，做了捕虏，永世不能自由了。

青年人对于种种关头，更是极难通过，因为他生理冲动的作用，正在极强、极盛时候，把心性功能压住了。所以有时发扬得越猛，堕落得越快。在没有思想的人，固不足惜；有思想的人，结果得个堕落，那国家元气，真搁不住这种斫丧了。

欲救此病，还是从解放着力。常常用内省工夫，体认出一个“真我”，凡一切束缚这“真我”的事物，一层一层的排除打扫，这便是彻底解放的第二义。

第八[1]，我们中国人最大的缺点，在没有组织能力，在没有法治精神。

拿一个一个的中国人，和一个一个的欧美人分开比较，无论当学生，当兵，办商业，做工艺，我们的成绩，丝毫不让他们。但是他们合起十个人，力量便加十倍，能做成十倍大规模的事业；合起千百万个人，力量便加千百万倍，能做成千百万倍大规模的事业。中国人不然，多合了一个人，不惟力量不能加增，因冲突掣肘的结果，彼此能力相消，比前倒反减了；合的人越发多，力量便减到零度。所以私家开个铺子，都会赚钱，股分公司，什有九要倒帐；很勇敢的兵丁，合起来做个军队，都成败类；立宪共和便闹成个四不像。

总之，凡属要经一番组织的事业，到中国人手里，总是一塌涂了结。

但是没组织的社会和有组织的社会碰头，直是挤不过去，结果非被淘汰不可。然则人家的组织能力从何而来，我们为什么竟自没有呢？

我想起来，争的只是一件，就是有无“法治精神”的区别。

一群人为什么能结合起来，靠的是一种共同生活的规条，

① 本节是《下篇　中国人之自觉》第八节“组织能力及法治精神”。

大众都在这规条的范围内分工协力。若是始终没有规条，或是规条定了不算帐，或是存了一个利用的心，各人仍旧是希图自己的便利，这群体如何能成立？便不能共同生活。

欧美人的社会，大而国家政治，小而团体游戏，人人心坎中，都认定若干应行共守的规则，觉得他神圣不可侵犯。这种规则，无论叫做法律、叫做章程、叫做条例、叫做公约，无论成文或不成文，要之，初时是不肯轻容易公认，一经公认之后，便不许违反、又不许利用。一群人靠了这个，便像一付机器有了发动机，个个轮子自然按部就班的运行。

我国人这种观念，始终没有养成。近来听见世界有个“法治”的名词，也想检来充个门面，至于法治精神，却分毫未曾领会。

国会、省议会，天天看见第几条第几项的，在那里议，其实政府就没有把他当一回事，人民就没有把他当一回事，议员自身更没有把他当一回事。

什么公司咧，什么协会咧，个个都有很体面的几十条章程，按到实际，不过白纸上印了几行黑墨。

许多人日日大声疾呼，说最要紧是合群结团体，你想在这种脾气之下，群怎么能合，团体怎么能成？其实提倡的人，先自做了这种脾气的奴隶，这还有什么好说呢？

我初时在那里想，这个不要是我国民天赋的劣根性罢？果然如此，便免不了最后的生存淘汰，真可惊心动魄！后来细想，知道不然，乃是从前的历史，把这种良能压住了，久未发达。

因为，从前过的是单调生活，不是共同生活，自然没有什么合理的公守规条。从前国家和家族，都是由命令、服从两种关系结构而成：命令的人，权力无上，不容有公认规则来束缚他；服从的人，只随时等着命令下来就去照办，也用不着公认规则。因此之故，“法治”两字，在从前社会，可谓全无意义。

人类的开化是向共同生活而趋，便叫我们觉得没有组织，便不能存活。若不把组织的良能重新浚发出来，这身子从何托命？

什么是良能？只法治精神便是了。

第九[1]，如今重复讲到政治问题。

现今在南北军阀蹂躏之下，固然无政治可言，但军阀终久会倒的。倒了过后政治就会改良吗？还要看国家根本组织何如哩！

国家最重要机关，当然是首推国会。但几年以来，国会价值被议员辱没透了。国人对于国会的信仰已经一落千丈，非把他恢复过来，简直没有办法。怎么才能恢复呢？

试问国会为什么有价值，不是因为他代表国民吗？现在议

① 本节是《下篇　中国人之自觉》第九节“宪法上两要点”。

员却代表谁来？

但是现在的情形，只是聚着一群靠政治吃饭的无业游民，挂上一个头衔，便腼然[1]以全国主人翁自命，叫人怎么能对他生出信仰来？即使改选一回，选出来还不是这一班人，换汤不换药，结果依然一样。

这等说来，民意机关终久不得实现，政治终久不得改良，国家可要断送了。

要国会恢复价值，根本就要叫国会真正代表国民。

我想莫如施行一种职业选举法。两院中虽不妨有一院仍采代表地方主义，必须有一院采代表职业主义，将国中种种职业团体由国家赋予法人资格，委任办理选举。选举权、被选举权都以有职业为限。像我们这种高等游民，只好在剥夺公权之列，想要恢复，除非赶紧自己寻着个职业来。

若用此法，那吃政治饭的政客，就使未能遽报肃清，最少也什去八九，就算是替政界求得一张辟疫符。

若用此法，那农、工、商各种有职业人民，为切己利害起见，提出的政治问题自然丝丝入扣。

若用此法，那“国之石民[2]”和国家生出密切关系，民主政治基础自然立于不拔之地。

若用此法，将来生产事业发达，资本阶级和劳工阶级都有

---

① 腼［miǎn］然：犹腼颜，厚颜，不知羞耻。

② 石民：作为国家柱石的人民。《管子·小匡》：“士农工商四民者，国之石民也。”

相当的代表在最高机关，随时交换意见，交让利益，社会革命的惨剧，其或可免。

我想这个法子，将来世界各国都会采行的。但他们资本家势力太大，多方阻挠，非经一番恶战，恐难实现。我们现在空空洞洞，绝无阶级的利害冲突，何妨大众努力，设法实行。不但对内可以奠定国基，而且对外还可以博得个先进国的荣誉哩！

还有一件，瑞士式的国民投票制度①是要采的。

从前有人说，这制度要小国才能行。这是什么话，现在德国不是广行吗？美国宪法改革前几年不就有人极力提倡此制吗？

国民是主人，国会是主人代表，并非我派了代表，就把我的权卖给他了。有时代表作不了主人的事，还须主人亲自出马来。

即如这回南北议和，真正民意所在，是有目共见的。天公地道，就是只要一回国民投票，一刀两段的解决，却任凭那南北军阀派出什么总代表咧、分代表咧，来鬼鬼祟祟的分赃。国民看不过，要说几句话，那新旧议员老爷们就瞪起眼睛来，说道："这是我国民代表的权限，谁敢多嘴！"你想这不是岂有此理吗！

---

① 瑞士式的国民投票制度：即"直接民主制"，由公民以直接投票方式，行使立法的复决权与创制权，为代议制民主的一种补充形式。这种直接民主制发源于13世纪的露天议会（又称广场集会，公民在广场集会直接选举州长。由于代议制民主的发展，多数州废除了广场集会）。

所以我说，职业选举和国民投票，是我们中华民国宪法的大关目，必要切实办到，政治的大本才能立哩！

第十[①]，还有一句老生常谈的话，就是地方自治。

我这回欧游，实地考察，才知道欧洲国家是把“市府”放大做成。本来人民就有参预地方公务之权，渐渐把这权扩充到集中，便变成国家的民主政治。

他们有个最大信条：“我住在此地，就要管此地的事。为什么呢？因为和我有利害关系。”对于地方是如此，对于国家也是如此。所以政治上的兴味和责任心自然发生，爱国是不待人教的。

我们怎么样呢？民国招牌挂了八年多了，京师和各省省城，一个市会也没有，走遍二十二行省，一个乡会也没有。仅仅在那最高级行政官厅所在地，人云亦云的闹些国会、省议会，纯是拿前清做官思想去当议员，何尝有一毫自治观念来？

还有像“宋板康熙字典”一般的笑话，就是“官办自治”。那些贤明的督军省长，把手下几位冗员派个筹办自治的差事，这本卷就算交了。

有的人说，最要紧的是本省人做本省督军，将全省官缺垄断起来，实行饭碗排外主义，就叫做自治。

还有人连这些也不管，只要把那极难挽的伟人政客，各

① 本节是《下篇　中国人之自觉》第十节“自治”。

人送他一个地盘，等他鬼有所归而不为厉，也叫做什么“联省自治”。

唉，在民国的金字招牌底下，连“自治”两个字都没人认得，这是从那里说起！

我说，我们国民，若是能够有建设北京市会和丰台村会的能力，自然也会有建设中华民国的能力。

不然，天花乱坠的政治谭，可是白饶[①]的。要做政治活动，就请从这里着手罢。

第十一[②]，讲到国民生计上，社会主义自然是现代最有价值的学说。国内提倡新思潮的人渐渐的注意研究他，也是很好的现象。

但我的意见，提倡这主义，精神和方法不可并为一谈。

精神是绝对要采用的，这种精神不是外来，原是我所固有。孔子讲的“均无贫，和无寡”，孟子讲的“恒产恒心”，就是这主义最精要的论据，我并没[③]有丝毫附会。

至于实行方法，那就各国各时代种种不同。欧美学者，同在这面大旗底下已经有无数派别。应该采用那一种，采用的程度如何，总要顺应本国现时社会的情况。

欧洲为什么有社会主义？是由工业革命孕育出来。因为工

① 白饶：白搭，即白费功夫，毫无意义。

② 本节是《下篇　中国人之自觉》第十一节“社会主义商榷”。

③ 没：原为“还”字，当系误植，据文意改。

业组织发达得偏畸，愈发达愈生毒害，社会主义家想种种方法来矫正他，说得都是对症下药。

在没有工业的中国，想要把他悉数搬来应用，流弊有无，且不必管，却最苦的是搔不着痒处。[①]

试举几个例：譬如要学他们结个工团[②]和资本阶级对抗，就要先问国内是否有资本阶级，若没有便是无的放矢。

军阀、官僚拥几百万家私算得资本阶级吗？各国资本家在国民生计一个总单位里头，生产方面关系何等重大，军阀官僚连抢带骗左手得来的钱，右手向不生产的方面尽情挥霍，配说资本家吗？

至于有些正当商人，辛苦经营个把公司正在和外货竞争，弄得焦头烂额，我们硬说他是资本阶级，施行总攻击，问良心其实不忍。

又如马克思一派倡的生产机关国有论，在欧美岂非救时良药，若要搬到中国，就要先问什么是生产机关？我们国内有了不曾？

就算有了罢，说要归到国家，我头一个就反对。你不看见

① “在没有工业的中国”以下数句：此说与恩格斯的观点有相似处。“现代社会主义，就其内容来说，首先是对统治于现代社会中的有产者和无产者之间、资本家和雇佣工人之间的阶级对立和统治于生产中的无政府状态这两个方面进行考察的结果。”（《社会主义从空想到科学的发展》）“共产主义的产生是由于大工业及和大工业相伴而生的一些现象造成的。”（《共产主义者和卡尔·海因岑》）因而“农民社会主义”不是马克思主义的社会主义，必然滑向封建专制主义。

② 工团：即工会。

铁路么，铁路国有权，是欧美社会党最坚持的大问题，我们不是早办了吗？结果如何？在这种政治组织之下提倡集产，岂非杀羊豢虎？

以上所举，拿来做个比方，并不是论他的方法良不良，只是论我们用得着用不着。

至于有的人说，现在中国应注重的，是生产问题，不是分配问题，这句话我却不敢完全同意。我的主张是，一面用全力奖励生产，同时眼光并须顾及分配。

战后各国拼命的扩充输出，国际间产品竞争比前更烈，我若不图抵制，何以自存？但工业方当幼稚之时，萌蘖是摧残不得，煽动工人去和办工厂的作对，我认为等于自杀。

但当工业发轫之初，便应计及将来发达以后生出何种影响。欧洲工业革命时代就因为没有思患预防，如今闹到积重难返，费尽九牛二虎之力，还矫正不了几分。

好在我们是个后进国，他们走的路怎么错法，都已眼见，他们所用的医方，一张一张的罗列供我参考。我们只要避了那迷人的路，用了那防病的方，令工业组织一起手便是合理健全的发展，将来社会革命这个险关，何尝不可以免掉？须知革命都是出于不得已，本非吉祥善事，免得掉还是免掉的好哩。

所以我对于目前产业上的意见，主见发挥资本和劳动的互助精神。现在各国工厂所给工人的利益及方便，我们要调查详备，尽力尽施。一面还要国家从税则上及其他种种立法上，力求分配趋于公平。同时生产组合、消费组合等项，最要极力提倡，令小资本家以至赤贫的工人，都得有正当防卫的武器。

至于劳动者本身的自治精神，亦应在学校内、工厂内设法陶养。不论公共企业或私人企业，都得尽情发挥互助的精神。这便是目前坦坦平平的一条大路，至于太过精辟新奇的学说，只好拿来做学问上解放思想的资料，讲到实行，且慢一步罢。

第十二[①]，我想读者诸君一定要向我质问，说道："你说了这一车子的话，什么政治咧、生计咧，都是文不对题。现在我们第一个灾星，是南北军阀恶很很的在那里包揽把持，你有什么法子打破他？不打破他能够有着手处吗？"我便答道："法子么，有的，但要靠诸君。""什么法子呢？""自然是国民运动。"

"怎样才叫做国民运动？""第一，要不是政客式的运动；第二，要不是土豪式的运动；第三，要不是会匪式的运动。是要全国真正良善人民的全体运动。"

"哈哈！这话却真真正正白饶了！良善人民，安分守己，怕管闲事，谁和你去运动来？""只怕你不是青年，是青年谅来不该说这话。"

"我是青年便怎的？难道叫我接二连三的罢课、罢学，拿运动做专门职业吗？我牺牲了求学光阴，算是不足惜，到底能

① 本节是《下篇　中国人之自觉》第十二节"国民运动"。

有效果么？”“不然，不然？我们可爱的青年啊！你是国家的宝贝，你的国家决不许你白白牺牲做那无效的运动。第一件，只要你把你现在的精神维持到底，别要像过去的青年，一眨眼便堕落。第二件，只要你把你的精力设法流布到你的同辈中，叫多数人和你一样。第三件，更要你把你的思想着实解放，意志着实磨练，学问着实培养，抱定尽性主义，求个彻底的自我实现。你看，现在当家的市民，不是在那里预备着和你办交代啰吗？到那时候，不是全国都变了理想的新民啰吗？运动起来，什么人能抵抗呢？”

“说是不错，却是要好些年哩！”“这个自然，所以我说着急不得。你想，现在当家的市民积极消极的作了多少孽，如今恰好食那果报。三五七年的灾难，免得了么？三五七年却算什么？法国一七九三年大革命，直到一八七一年，还赔了一场大败仗，才算共和成立，如今不是轰轰烈烈世界上一个天字第一号的国家吗？眼界放远些啊！力量放韧些啊！那么世界就没有一件可悲观的事。眼面前黑狗咬白狗的勾当，也值得因为他短气吗？”

以上十二段[1]，我都是信手拈来，没有什么排列组织。但我觉得我们因此反省自己从前的缺点，振奋自己往后的精神，循着这条大路，把国家挽救建设起来，决非难事。

---

① 本节是《下篇　中国人之自觉》第十三节“中国人对于世界文明之大责任”。

我们的责任，这样就算尽了吗？我以为还不止此。

人生最大的目的，是要向人类全体有所贡献。

为什么呢？因为人类全体才是“自我”的极量，我要发展“自我”，就须向这条路努力前进。为什么要有国家？因为有个国家，才容易把这国家以内一群人的文化力聚拢起来、继续起来、增长起来，好加入人类全体中助他发展。所以建设国家是人类全体进化的一种手段，就像市府乡村的自治结合，是国家成立的一种手段。

就此说来，一个人不是把自己的国家弄到富强便了，却是要叫自己国家有功于人类全体——不然，那国家便算白设了。明白这道理，自然知道我们的国家，有个全体绝大责任横在前途。

什么责任呢？

是拿西洋的文明，来扩充我的文明；又拿我的文明，去补助西洋的文明——叫他化合起来，成一种新文明。

我在巴黎曾会着大哲学家蒲陀罗（Boutreu，柏格森之师），他告诉我说：“一个国民，最要紧的是把本国文化发挥光大。好象子孙袭了祖父遗产，就要保住他，而且叫他发生功用。就算很浅薄的文明，发挥出来都是好的。第一因为他总有他的特质，把他的特质和别人的特质化合，自然会产出第三种更好的特质来。你们中国，着实可爱可敬，我们祖宗裹块鹿皮、拿把石刀在野林里打猎的时候，你们不知已出了几多哲人了。我近来读些译本的中国哲学书，总觉得他精深博大。可惜老了，不能学中国文。我望中国人总不要失掉这分家当才好。”我听着他这番话，觉得登时有几百斤重的担子加在我肩上。

又有一回，和几位社会党名士闲谈，我说起孔子的“四海之内皆兄弟”“不患寡而患不均”，跟着又讲到井田制度，又讲些墨子的“兼爱”“寝兵”。他们都跳起来说道：“你们家里有这些宝贝，却藏起来不分点给我们，真是对不起人啊！”我想我们还够不上说对不起外人，先自对不起祖宗罢了。

近来西洋学者，许多都想输入些东方文明，令他们得些调剂，我子细想来，我们实在有这个资格。何以故呢？

从前西洋文明，总不免将理想实际分为两橛，唯心、唯物各走极端。宗教家偏重来生，唯心派哲学高谈玄妙，离人生问题，都是很远。科学一个反动，唯物派席卷天下，把高尚的理想又丢掉了。所以我从前说道：“顶时髦的社会主义，结果也不过抢面包吃。”这算得人类最高目的么？所以最近提倡的实用哲学、创化哲学，都是要把理想纳到实际里头，图个心物调和。

我想我们先秦学术，正是从这条路上发展出来。孔、老、墨三位大圣，虽然学派各殊，“求理想与实用一致”，却是他们共同的归着点。如孔子的“尽性赞化”“自强不息”，老子的“各归其根”，墨子的“上同于天”，都是看出有个“大的自我”“灵的自我”，和这“小的自我”“肉的自我”同体，想要因小通大，推肉合灵。我们若是跟着三圣所走的路，求“现代的理想与实用一致”，我想不知有多少境界可以辟得出来哩。

又佛教虽创自印度，而实盛于中国。现在大乘各派，五印[①]全绝，正法一脉，全在支那。欧人研究佛学，日盛一日，梵文所有经典，差不多都翻出来。但向梵文里头求大乘，能得多少？我们自创的宗派，更不必论了。像我们的禅宗，真可以算得应用的佛教、世间的佛教，的确是要印度以外才能发生，的确是表现中国人特质，叫出世法和现世法并行不悖。现在，柏格森、倭铿等辈，就是想走这条路还没走通。我常想他们若能读唯识宗的书，他的成就一定不止这样；他们若能理解禅宗，成就更不止这样。

你想！先秦诸哲，隋唐诸师，岂不都是我们仁慈圣善的祖宗，积得好几人宗遗产给我们吗？我们不肖，不会享用，如今倒要闹学问饥荒了。就是文学、美术各方面，我们又何尝让人？

国中那些老辈，故步自封，说什么西学都是中国所固有，诚然可笑；那沉醉西风的把中国什么东西，都说得一钱不值，好像我们几千年来，就像土蛮部落，一无所有，岂不更可笑吗？

① 五印：五印度。在佛教中，印度可区分为东、西、南、北、中五部分，合称五印度。

须知凡一种思想，总是拿他的时代来做背景。我们要学的，是学那思想的根本精神，不是学他派生的条件。因为一落到条件，就没有不受时代支配的。譬如孔子，说了许多贵族性的伦理，在今日诚然不适用，却不能因此菲薄孔子。柏拉图说奴隶制度要保存，难道因此就把柏拉图抹杀吗？明白这一点，那么研究中国旧学，就可以得公平的判断，去取不至谬误了。

却还有很要紧的一件事，要发挥我们的文化，非借他们的文化做途径不可。因为他们研究的方法，实在精密，所谓“欲善其事，必先利其器”。不然，从前的中国人，那一个不读孔夫子，那一个不读李太白，为什么没有人得着他好处呢？所以，我希望我们可爱的青年：

第一步，要人人存一个尊重爱护本国文化的诚意。

第二步，要用那西洋人研究学问的方法去研究他，得他的真相。

第三步，把自己的文化综合起来，还拿别人的补助他，叫他起一种化合作用，成了一个新文化系统。

第四步，把这新系统往外扩充，叫人类全体都得着他好处。

我们人数居全世界人口四分之一，我们对于人类全体的幸福，该负四分之一的责任。不尽这责任，就是对不起祖宗，对不起同时的人类，其实是对不起自己。

我们可爱的青年啊！立正！开步走！

大海对岸那边有好几万万人，愁着物质文明破产，哀哀欲绝的喊救命，等着你来超拔他哩。

我们在天的祖宗三大圣和许多前辈，眼巴巴盼望你完成他的事业，正在拿他的精神来加佑你哩。

评析

《欧游心影录》常被认作梁启超反思中西文明的重要材料。

有一种观点认为，它代表梁启超晚年“对欧洲的贬低”，受西方悲观主义思潮的影响，“他没有看到被苦恼表现本身掩盖了的重建、抗争、奋斗的意志”，“一笔抹杀了欧洲文明的未来”，回头“定向思考中国文明和中国的过去，而不再思考从西方借鉴”。①这是极端的误解，完全不符合梁著文本实际。也有些读者，注目于文中美国记者赛蒙氏等待中国文明来“救拔我们”和大海对岸几万万人“愁着物质文明的破产”一类话，以及法国哲学家蒲陀罗表彰中国文明与哲学，梁自己表扬孔、老、墨三圣与佛教的话，由此认为梁转向了批判和否定西方文明，而回归于中国传统文化，走向守旧。这也是误解。他话语间或有采用罗素以东方文化救西方文化之弊的意见，但最多只是在“救弊”的意义上，即在具体文化元素此长彼短的考量上，而绝非是在整体或基本的文化价值上（在整体或基本价值上，中国文化必须经过一个现代化的过程——西方文化已经经过了这个过程——方能与彼争衡）。

① “有一种观点认为”以下数句：这一观点出自法国巴斯蒂所著的《梁启超1919年的旅居法国与晚年社会文化思想上对欧洲的贬低》，见李喜所主编《梁启超与近代中国社会文化》218、232页，天津古籍出版社2005年版。

梁启超亲历了"一战"后欧洲物质的匮乏与精神的困惑，增加了对西方文明的认识维度，对其不足与所短有了深切的感知，如现代工业革命带来的"富者益富，贫者益贫"的社会偏枯现象；社会达尔文主义和个人主义造成"崇拜势力，崇拜黄金"的观念，以及军国主义、帝国主义；科学万能的梦想使人们"建立一种纯物质的、纯机械的人生观"……"一百年物质的进步，比从前三千年所得还加几倍，我们人类不惟没有得着幸福，倒反带来许多灾难。"当是时，西方文明好像浓雾大风中"失了罗针的海船"，又似向着海市蜃楼奔去的"沙漠中失路的旅人"。（此见上篇之五、六、七）

但他并未因此对西方文明发展失去信心，没有放弃学习和借鉴西方文明的追求。上篇第十节开端，断然否定西方文明将重蹈埃及、罗马灭绝覆辙的论调，强调个性主义的创造性、群众化力量，叙述社会学里的互助说、占晤士的人格说、柏格森的创化论等，认为"这些见地，能够把种种怀疑失望一扫而空，给人类一服'丈夫再造散'"；而"欧人经过这回创巨痛深之后，多数人的人生观因刺激而生变化"，将打开一个新局面；科学也将"依然在他自己的范围内继续进步"[①]。

更加重要的是，在"一战"后"世界大势……前提之下"，"中国应该怎么样"，中国人"走那条路，才能把这国家在世界上站起来"？梁启超所开的药方，主要是西方现代文明观念，如肯定个人与发展个性、彻底的思想解放、社会组织能力与法治精神、真正的人民自治与国民运动，以及正确对待社会主义等。像"爱国，一面不能知有国家不知有个人，一面不能知有国家不知有世界"；像"德国式的国家主义……把全国人放在一定的模子里鼓铸出来……不胜其弊"；像否定"拿一个人的思想做金科玉

① "依然……"一句：在"科学万能之梦"一节末尾，任公特意"自注"：读者切勿误会，因此菲薄科学。我绝不承认科学破产，不过也不承认科学万能罢了。可与此参看。

律，范围一世人心”，提倡“自由批评”和“自我判断”；像“初时不肯轻容易公认，一经公认之后，便不许违反、又不许利用”等，都是中国走现代发展道路、在世界上站起来所必需的文明观念。

在增加对西方文明认识维度的同时，对中国传统文化的价值期许也就更加强烈。赛蒙氏和蒲陀罗的话固然可为中国传统文化打气，但那不过是抽象信念和情绪的表达，而非科学认识所得的结果。梁启超以深广的中西文化素养和担当精神，提出“要发挥我们的文化，非借他们的文化做途径不可”（原因见下篇之七给出的两条），并具体给出了四个步骤：尊重爱护的诚意、以西法研究出真相、中外互补化合造成新系统、创新后推广回馈给全世界全人类。其中还提示了像以“心物调和”来补充西方心物偏畸（下篇之十三），以尽性主义来发展人的个性和天赋（下篇之五）等。

不过我们必须注意，在这里梁启超也没有忽略中国传统文化中与现代发展格格不入、阻碍中国“在世界上站起来”的因素，如“惰性的权威”意识，缺乏个性发展的哲学，模式铸造的政治与文化形态（下篇之五）；秦始皇开创的偶语弃市、禁止批评的专制主义（下篇之六）；缺乏组织能力和法治精神，政府与人民都不拿法律规约当回事（下篇之八），“官办自治”（下篇之十）等。

继续学习、借鉴西方文明；以尊重的态度和新的方法研究发扬中国文明，以期达到与西方文明融合而创造出贡献于全人类的新文明；同时继续清算传统文化中阻碍现代发展的各种惰性因素。此三方面缺一不可，才是梁启超在《欧游心影录》中反思中西文明的基本态度。

在“世界大势”之下，“中国应该怎么样”，“国民该走那条路”，梁启超提出了科学的、进步的文化方案，使《欧游心影录》成为梁最有贡献意义的名著之一。

附：“梁启超既然决心今后全力从事学术、思想和文化事业，那么，他游欧考察，自必着重于思想学术与文化方面。而作为他考察心得之总结的《欧游心影录》自然也就以中国文化建设问题的思考为中心。”下篇结尾那段“超拔”的话，“等于是说，西方世界要靠中国的传统文化、中国古圣先贤的遗教去拯救。就总体来说，五四后的中国，当然主要还是向西方学习借鉴的问题，而不是充当救世的角色。梁氏的话，被人看做是保守主义心态的表露，应当说事出有因……这段话并不代表《欧游心影录》的主旨……不当以此作为判断梁启超文化思想的根据。”（耿云志《五四以后梁启超关于中国文化建设的思考》，见李喜所主编《梁启超与近代中国社会文化》）

“梁氏这里强调解放思想、个性独立等等观念同新文化运动的主旋律是完全一致的。”他强调培养组织能力、法治精神、国民运动等，并“对他从前选择的道路进行了一番反思……批评过去的失误，在于受旧思想的锢蔽，试图靠二三英雄豪杰扭转乾坤……这时的梁启超，对民主政治的基础，有了新的认识。”（耿云志、崔志海《梁启超》）

“他对中国文化的发展规划了四个步骤……鲜明地不同于文化保守主义和民族虚无主义，突出地体现出辩证思想和不懈地向上的精神，这种对中西文化问题的自觉认识，无愧是代表了五四时期的时代智慧。”（《梁启超晚年的文化自觉：〈欧游心影录〉的思想价值》，见陈其泰《梁启超评传》）

“梁启超当时虽然大叫科学物质文明的破产，可是他对西方的科学物质文明并没有失去信心。”“但是，梁启超在五四运动之后，对孔子、对儒家思想，对东方文明，确实有所强调了。……‘确信我国儒家之人生哲学，为陶养人格至善之鹄，全世界无论何国无论何派之学说，未见其比’，这样夸张儒家的人生哲学，正认为它是可以挽救西方科学物质文明之弊的。”（陈旭麓《近代中国人物论·论梁启超的思想》）

胡适1927年游欧美后作《漫游的感想》，意在与梁启超的《欧游心影录》作对。到了1927年在《文化的冲突》中，直接点名批评梁启超宣扬现代科学文明的破产。“胡适说，自从梁启超这篇著作出版之后，中国人对科学的尊敬已极大地被削弱。”“危害已经产生了，必须要说，梁启超已经对中国反科学势力给予了他那令人敬畏的声望的援助。”（勒文森《梁启超与中国近代思想》第六章）

五十年中国进化概论

［1922.10.10］

题解

1922年《申报》举行50周年志庆活动（1872年4月30日创刊），“出了许多题目找人做寿文”，梁启超便做了这篇《五十年中国进化概论》。题目中的“五十年”，并非确数而是泛称，指洋务运动以来的时间，实际上不止50年。另：为省篇幅，本文删去原第一节四小段与第五节（这节只有一小段）。

申報

《申报》创刊号

一

题目标的是“进化”，我自然不能不在进化范围内说，但要我替中国瞎吹，我却不能。我对于我们所亲爱的国家，固然想“隐恶而扬善”，但是他老人家有什么毛病，我们也不应该“讳疾忌医”，还是直说出来大家想法子补救补救才好。所以我虽说他进化，那不进化的地方，也常常谈及。

二

有一件大事，是我们五千年来祖宗继续努力，从没有间断过的；近五十年依然猛烈进行，而且很有成绩。是件什么事呢？我起他一个名，叫做“中华民族之扩大”。原来我们中华民族，起初不过小小几个部落。在山东、河南等处地方有些根据地，几千年间，慢慢地长……长……长成一个硕大无朋的巨族，建设这泱泱雄风的大国。他长的方法有两途，第一是把境内外无数的异族叫他同化于我；第二是本族的人年年向边境移殖，把领土扩大了。五千年的历史，都是向这条路线进行，我也不必搬多少故事来作证了。近五十年对于这件事，有几方面成功很大，待我说来：

一、洪、杨[①]乱后，跟着西南地方有苗乱[②]，蔓延很广，费了十几年的工夫才平定下来。这一次平定，却带几分根本解决性质，从此以后，我敢保中国再不会有“苗匪”这名词了。原来我族对苗族，乃是黄帝、尧、舜以来一桩大公案，闹了几千

① 洪、杨：洪秀全（1814—1864）、杨秀清（1823—1856）。1851年，洪、杨等人于广西桂平金田村打出太平天国的旗号，掀起反清战争，席卷湖南、湖北、江西、安徽、江苏、浙江等地，最后定都南京（更名为天京）。太平军有宗教信仰（拜上帝会），团结强固，临阵各遵约束，受到底层民众拥护，但也依仗神权进行集权愚昧统治，高层倾轧惨烈，军兴之处焚掳甚烈，数千万人丧生，长江下游各省受害尤烈。1864年，洪秀全逝于天京，其后太平军各部相继败亡。太平天国运动改变了清朝的历史命运，对后来的革命思潮颇具影响。

② 苗乱：指1855年黔东张秀眉领导的反清运动，蔓延贵州全省，一度与太平军石达开部逼攻贵阳。张部与湘军屡战互有胜负，1872年被攻灭。又：因古籍有三苗出自九黎的记载，而蚩尤是九黎之长，所以下文说平定苗乱是“把黄帝伐蚩尤那篇文章做完最末的一段”。但史学界多认为古代三苗乃北方民族，与现代南方苗族无关。

年，还没有完全解决，在这五十年内，才把黄帝伐蚩尤那篇文章做完最末的一段，确是历史上值得特笔大书的一件事。

二、辛亥革命，满清逊位，在政治上含有很大意义，下文再说。专就民族扩大一方面来看，那价值也真不小。原来东胡民族和我们捣乱捣了一千七八百年，五胡南北朝时代的鲜卑，甚么慕容燕、拓跋魏、宇文周；唐宋以后，契丹跑进来叫做辽，女真跑进来叫做金，满洲跑进来叫做清——这些都是东胡族，我们吃他们的亏真是吃够了。却是跑进来过后，一代一代的都被我们同化。最后来的这帮满洲人，盘踞是盘踞得最久，同化也同化得最透。满洲是东胡民族的大总汇，也算是东胡民族的大结束。近五十年来，满人的汉化，以全速率进行，到了革命后个个满人头上都戴上一个汉姓，从此世界上可真不会有满洲人了。这便是把二千年来的东胡民族，全数融纳进来，变了中华民族的成分。这是中华民族扩大的一大段落。

三、内地人民向东北、西北两方面发展，也是近五十年一大事业。东三省这块地方，从前满洲人预备拿来做退归的老巢，很用些封锁手段，阻止内地人移殖。自从经过中日、日俄几场战争，这块地方变成四战之区，交通机关大开，经济现状激变，一方面虽然许多权利落在别人手上，一方面关内外人民关系之密度，确比从前增加好些，东三省人和山东、直隶人渐渐打成一片了。再看西北方面，自从左宗棠开府甘陕，内地的势力日日往那边膨胀，光绪间新疆改建行省，于是两汉以来始终和我们若即若离的西域三十六国，算是完全编入中国版图，和内地一样了。这种民族扩大的势力，现在还日日向各方面进行，外蒙古、阿尔泰[①]、青海、川边等处，都是在进行活动中。

四、海外殖民事业，也在五十年间很有发展。从前南洋一带，自明代以来，闽粤人已经大行移殖。近来跟着欧人商权的发达，我们侨民的经济势力，也确立得些基础。还有美洲、澳洲等处从前和我们不相闻问，如今华侨移住，却成了世界问题了。这都是近五十年的事，都是我们民族扩大的一种表征。

民族扩大，是最可庆幸的一件事。因此可以证明我们民族正在青春时代，还未成年，还天天在那里长哩。这五十年里头，确能将五千年未了的事业了他几桩，不能不说是国民努力的好结果。

最可惜的，有几方面完全失败了。第一是台湾，第二是朝鲜，第三是安南[②]。台湾在这五十年内的前半期，很成了发展的目的地，和新疆一样，到后半期被人抢去了。朝鲜和安南，都是祖宗屡得屡失的基业，到我们手上完全送掉。海外殖民，也到处被人迎头痛击。须知我们民族会往前进，别的民族也会往前进，今后我们若是没有新努力，恐怕只是兜截转来，再没有机会能继续扩大了。

---

① 阿尔泰：今新疆北部阿尔泰山一带。

② 安南：越南的古名。安南之地自前3世纪的秦朝开始成为中国领土，“安南”一名源于唐代在该地设立的安南都护府。五代十国时，吴权割据，安南脱离南汉独立，此后安南长期作为中原王朝的藩属国存在。明朝曾收复安南。

三

学问和思想的方面，我们不能不认为已经有多少[1]进步，而且确已替将来开出一条大进步的路径。这里头最大关键，就是科举制度之扑灭。科举制度有一千多年的历史，真算得深根固蒂。他那最大的毛病，在把全国读书人的心理都变成虚伪的、因袭的、笼统的，把学问思想发展的源泉都堵住了。废科举的运动，在这五十年内的初期，已经开始。郭嵩焘[2]、冯桂芬[3]等辈，都略略发表这种意见。到戊戌维新前后，当时所谓新党如康有为、梁启超一派，可以说是用全副精力，对于科举制度施行总攻击。前后约十年间，经了好几次波折，到底算把这件文化障碍物打破了。如今过去的陈迹，很像平常，但是用历史家眼光看来，不能不算是五十年间一件大事。

这五十年间我们有什么学问可以拿出来见人呢？说来惭

① 多少：或多或少，即不同方面有不同。“有多少进步”按现代汉语规范表达应为“多少有进步”。

② 郭嵩焘（1818—1891）：湖南湘阴人。与曾国藩、左宗棠、李鸿章、唐鉴等都有非常交谊，劝曾氏办团练抗击太平军的就是他，后入曾氏幕府（但始终不领薪水不求保举），官至两淮转运使、署理广东巡抚，因剿灭太平军余部获二品顶戴，后以左氏参劾落职。起复后任出使英国大臣，兼出使法国大臣，成为中国历史上第一位长驻西方的钦差（前后2年）。著有《使西纪程》，后因被劾毁版。他是同时代的先进之士，批评办洋务只重军事，主张全面学习西方，认为政教为本，工商为末，要求学习西方政治制度。

③ 冯桂芬（1809—1874）：江苏苏州人。在正谊书院读书时受到林则徐赏识，第四次参加会试高中一甲二名（榜眼），授翰林院编修。太平军占领南京时，奉旨回苏州办理劝捐、团练，后退出官场，主持上海敬业书院、苏州正谊书院。著《校邠庐抗议》，中有“改科举议”等。他提出的“六不如夷”中，“船坚炮利不如夷”仅居其一，其他尚有“君民不隔不如夷”等五项，于此可见其思想已超越一般洋务派。

愧，简直可算是没有。但是这些读书人的脑筋，却变迁得真厉害。

记得光绪二年有位出使英国大臣郭嵩焘，做了一部游记，里头有一段，大概说："现在的夷狄，和从前不同，他们也有二千年的文明。"嗳哟！可了不得，这部书传到北京，把满朝士大夫的公愤都激动起来了，人人唾骂，日日奏参，闹到奉旨毁版才算完事。

曾几何时，到如今新文化运动，这句话成了一般读书社会的口头禅，马克思差不多要和孔子争席，易卜生差不多要推倒屈原。这种心理对不对？是[①]另一问题。总之这四十几年间思想的剧变，确为从前四千余年所未梦见。

比方从前思想界是一个死水的池塘，虽然许多浮萍荇藻掩映在面上，却是整年价动也不动，如今居然有了"源泉混混不舍昼夜"的气象了！虽然他流动的方向和结果现在还没有十分看得出来，单论他由静而动的那点机势，谁也不能不说他是进化。

古语说得好："学然后知不足。"近五十年来，中国人渐渐知道自己的不足了。这点子觉悟，一面算是学问进步的原因，一面也算是学问进步的结果。

第一期，先从器物上感觉不足。

这种感觉，从鸦片战争后渐渐发动，到同治年间借了外

① 是：原无此字，据文意添之。

国兵来平内乱，于是曾国藩、李鸿章一班人，很觉得外国的船坚炮利，确是我们所不及。对于这方面的事项，觉得有舍己从人的必要。于是福建船政学堂[①]、上海制造局[②]等等渐次设立起来。

但这一期内，思想界受的影响很少，其中最可纪念的，是制造局里头译出几部科学书。这些书现在看起来虽然很陈旧很肤浅，但那群翻译的人，有几位颇忠实于学问，他们在那个时代能够有这样的作品，其实是亏他。因为那时读书人都不会说外国话，说外国话的都不读书，所以这几部译书实在是替那第二期"不懂外国语的西学家"开出一条血路了。

第二期，是从制度上感到不足。

自从和日本打了一个败仗下来，国内有心人，真像睡梦中着了一个霹雳，因想道堂堂中国为什么衰败到这田地，都为的是政制不良，所以拿"变法维新"做一面大旗，在社会上开始运动。那急先锋，就是康有为、梁启超一班人。

---

① 福建船政学堂：由左宗棠奏办，1866年于船政大臣沈葆祯主持下在福州设立，初称"求是堂艺局"，1867年马尾船厂建成后迁至马尾，改名船政学堂，是中国第一所海军学校，专业有造船、航海、绘事院等。严复、萨镇冰、邓世昌、刘步蟾等都是其毕业生。

② 上海制造局：又称江南制造局，是洋务运动中成立的近代军事工业机构（系收买曾为清军提供枪炮的美国旗记铁厂易地改建而成），为同治年间全东亚最大的兵工厂，曾为美国建造了4艘万吨轮，但其生产的枪、船多数质劣价高。其成立于1865年9月，由曾国藩统筹，后归李鸿章负责，是李鸿章在上海办理的规模最大的洋务企业，先后建有十几个分厂，可造大小铁船、开花炮、洋枪和其他机械，技术上依靠外国工程师。还设有翻译馆、广方言馆（即外国语学校）、工艺学堂（机械、化学两馆）等文教机构。组织译书达160种，对晚清知识分子（包括康梁等）具有重要影响。

这班人中国学问是有底子的，外国文却一字不懂。他们不能告诉人“外国学问是什么，应该怎么学法”，只会日日大声疾呼，说：“中国旧东西是不够的，外国人许多好处是要学的。”这些话虽然像是囫囵，在当时却发生了很大的效力。他们的政治运动是完全失败，只剩下前文说的废科举那件事，算是成功了。①

这件事的确能够替后来打开一个新局面。国内许多学堂，外国许多留学生，在这期内蓬蓬勃勃发生。第三期新运动的种子，也可以说是从这一期播殖下来。

这一期学问上最有价值的出品，要推严复②翻译的几部书，算是把十九世纪主要思潮的一部分介绍进来，可惜国人里能够领略的太少了。

第三期，便是从文化根本上感觉不足。

第二期所经过时间，比较的很长——从甲午战役起到民国六七年止，约二十年的中间，政治界虽变迁很大，思想界只能

---

① “他们的政治运动……”以下数句：戊戌变法期间，清廷批准加设经济特科；康有为建议废八股改策论，以时务命题。慈禧发动政变后，上述制度或建议均告废止，但1901年清廷颁布新政，恢复经济特科，加试时务策，及至1905年9月2日清廷批准袁世凯等6督抚联衔《立停科举推广学校折》，延续1300年的科举制宣告终结。所以梁氏这里说废科举是戊戌变法唯一的成功。

② 严复（1854—1921）：福建侯官人。毕业于福州船政学堂和英国皇家海军学院，回国后曾任天津北洋水师学堂洋文总教习（李鸿章邀聘），受奖升道员（正四品），任学堂总办。严复思想上有保守的一面，但作为近代真正具有科学与西学教育背景的知识分子，有其特殊贡献，尤其是翻译《天演论》（赫胥黎）、《法意》（孟德斯鸠）、《原富》（亚当·斯密）、《群己权界论》（穆勒）、《群学肄言》（斯宾塞）、《社会通诠》（甄克斯）、《名学浅说》（耶芳斯）、《穆勒名学》（穆勒）等，对中国近现代社会产生了重大影响。

算同一色彩。简单说，这二十年间，都是觉得我们政治、法律等等，远不如人，恨不得把人家的组织形式，一件件搬进来，以为但能够这样，万事都有办法了。

革命成功将近十年，所希望的件件都落空，渐渐有点废然思返，觉得社会文化是整套的；要拿旧心理运用新制度，决计不可能。渐渐要求全人格的觉悟。恰恰欧洲大战告终，全世界思潮都添许多活气，新近回国的留学生，又很出了几位人物①，鼓起勇气做全部解放运动②，所以最近两三年间，算是划出一个新时期来了。

这三期间思想的进步，试把前后期的人物做个尺度来量他一下，便很明白。

第一期，如郭嵩焘、张佩纶③、张之洞④等辈，算是很新很新的怪物；

---

① 几位人物：指胡适等人。

② 解放运动：指“五四”运动。

③ 张佩纶（1848—1903）：直隶（河北）丰润人（其父是慈禧父亲的上司，与太平军作战时，两人同死于安徽）。曾任翰林院侍讲，署左副都御史，自任清流，以弹劾大臣闻名。中法战争时极力主战，颇能言军策，遂以三品衔会办福州海防事，马尾战败后以饰词入告（谎报军情，欺骗朝廷），获命兼署船政大臣，旋被夺职流放（3年），获释后重入李鸿章幕（娶李鸿章小女儿李菊藕为妻，李菊藕即张爱玲祖母），甲午战争期间，遭人弹劾“干预公事”，被遣回原籍，后迁居南京终老。其主张发展水师，自强抗敌。学问渊博，著作甚多，有《丰润张氏书目》《管子注》等传世。

④ 张之洞（1837—1909）：直隶南皮人。以进士第三名（探花）入翰林院，为京官20年，至内阁学士兼礼部侍郎，以清流获誉（因敢于直谏有“青牛角”之号）。后任山西巡抚、两广总督、湖广总督等，办洋务颇有成绩，其所称“中学为体，西学为用”成为洋务运动的核心观念。著有《輶轩语》《书目答问》《劝学篇》等。对康梁的启蒙变法有支持，但分歧、矛盾更大。

到第二期时，嵩焘、佩纶辈已死去，之洞却还在，之洞在第二期前半依然算是提倡风气的一个人，到了后半，居然成了老朽思想的代表了。

在第二期，康有为、梁启超、章炳麟[①]、严复等辈，都是新思想界勇士，立在阵头最前一排。到第三期时，许多新青年跑上前线，这些人一趟一趟被挤落后，甚至已经全然退伍了。

这种新陈代谢现象，可以证明这五十年间思想界的血液流转得很快，可以证明思想界的体气实已渐趋康强。

拿过去若干个五十年和这个五十年来比，这五十年诚然是进化了。

拿我们这五十年和别人家的这五十年来比，我们可是惭愧无地。试看这五十年的美国何如？这五十年的日本何如？这五十年的德国何如？这五十年的俄国何如？他们政治上虽然成败不同，苦乐不等，至于学问思想界，真都算得一日千里。就是英、法等老国，又那一个不是往前飞跑？

我们闹新学闹了几十年，试问科学界可曾有一两件算得世界的发明？艺术家可曾有一两种供得世界的赏玩？出版界可

① 章炳麟（1869—1936）：又名太炎，浙江余杭人。少时即打下坚实的朴学（即考据学）基础，后入杭州诂经精舍师从俞樾苦读8年。上海强学会成立后，离开诂经精舍入《时务报》，因与康党冲突离去，与宋恕等组织兴浙会，创办《经世报》等。戊戌政变后，发表《祭维新六贤文》，被通缉，流亡中国台湾、日本，逐步放弃维新变法而主张反满革命，任《苏报》撰述时因大力宣传革命被捕。在狱中与来探望的蔡元培等组成光复会。三年狱满再度赴日，后加入同盟会，任《民报》总编辑。民国建立后，曾被袁世凯聘为总统府高等顾问、东三省筹边使，后以不合作被监禁。袁世凯死后获释，主要从事讲学。著有《訄书》《国故论衡》等。

曾有一两部充得世界的著述？哎！只好等第三期以后看怎么样罢。

四

“五十年里头，别的事都还可以勉强说是进化，独有政治，怕完全是退化吧。”这句话，几几乎万口同声都是这样说，连我也很难得反对。

虽然，从骨子里看来，也可以说这五十年的中国，最进化的便是政治。

原来，政治是民意所造成，不独“德谟克拉西”政治是建设在多数人意识之上，即独裁政治、寡头政治，也是建设在多数人意识之上。无论何种政治，总要有多数人的积极拥护——最少亦要有多数人消极的默认，才能存在。所以国民对于政治上的自觉，实为政治进化的总根源。这五十年来中国具体的政治，诚然可以说只有退化并无进化，但从国民自觉的方面来看，那意识确是一日比一日鲜明，而且一日比一日扩大。自觉，觉些什么呢？

第一，觉得凡不是中国人都没有权来管中国的事。

第二，觉得凡是中国人都有权来管中国的事。

第一种是民族建国的精神，第二种是民主的精神。这两种精神，从前并不是没有，但那意识常在睡眠状态之中，朦朦胧胧的，到近五十年——实则是近三十年——却很鲜明的表现出来了。

我敢说，自从满洲退位以后，若再有别个民族想钞袭五胡、元魏、辽、金、元、清那套旧文章再来入主中国，那可是海枯石烂不会出来的事。

我敢说，已经挂上的民国招牌，从今以后千千万万年再不会卸下，任凭你像尧、舜那么贤圣，像秦始皇、明太祖那么强暴，像曹操、司马懿那么狡猾，再要想做中国皇帝，乃永远没有人答应！

这种事实，你别要看轻他了，别要说他只有空名并无实际。古语说得好："名者实之宾。"凡事能够在社会上占得个"正名定分"，那么，第二步的"循名责实"，自然会跟着来。

总之，最近三十年间我们国民所作的事业，第一件，是将五胡乱华以来一千多年外族统治的政治根本刬[①]除。第二件，是将秦始皇以来二千多年君主专制的政治永远消灭。而且这两宗事业，并非无意识的偶然凑会，的确是由人民一种根本觉悟，经了很大的努力，方才做成。就这一点看，真配得上"进化"这两个字了。

民国成立这十年来，政治现象诚然令人呕气，但我以为不必失望。因为这是从两个特别原因造成，然而这些原因都快要消灭了。

① 刬［chǎn］：同铲。

第一件，革命的时候，因为人民自身力量尚未充足，不能不借重固有势力来做应援。这种势力本来是旧制度的游魂。旧时代是有二千多年历史的，他那游魂，也算得“取精用宏”，一二十年的猖獗，势所难免。如今他的时运，也过去大半了，不久定要完全消灭。经过一番之后，政治上的新时代，自然会产生出来。不是委心任命的话，其实事理应该如此。

第二件，社会上的事物一张一弛，乃其常态。从甲午、戊戌到辛亥，多少仁人志士，实在是闹得筋疲力倦，中间自然会发生一时的惰力；尤为可惜的，是许多为主义而奋斗的人物，都做了时代的牺牲死去了。后起的人，一时接不上气来，所以中间这一段，倒变成了黯然无色。但我想这时代也过去了。从前的指导人物，像是已经喘过一口气，从新觉悟，从新奋斗。后方的战斗力，更是一天比一天加厚。在这种形势之下，当然有一番新气象出来。

要而言之，我对于中国政治前途，完全是乐观的。

我的乐观，却是从一般人的悲观上发生出来。我觉得这五十年来的中国，正像蚕变蛾、蛇蜕壳的时代，变蛾蜕壳，自然是一种极艰难极苦痛的事，那里能够轻轻松松的做到？只要他生理上有必变必蜕的机能，心理上还有必变必蜕的觉悟，那么把那不可逃避的艰难苦痛经过了，前途便别是一个世界。所以我对于人人认为退化的政治，觉得他进化的可能性却是最大哩！

简析

文章讲了以下几个方面：1. “中华民族之扩大”的成就：由于清朝的覆灭，满族完全融入中华民族；迁入东三省的汉人与满人打成一片；西南、新疆问题得到解决；失败则在台湾、朝鲜、安南的丧失。2. 思想和学问方面的进步：首先是科举制的废除；再则逐渐觉悟到自己的不足——由器物，到制度，到文化都远不如人，尤其是有了“要拿旧心理运用新制度，决计不可能。渐渐要求全人格的觉悟”。3. 政治的进化：主要是有了“国民自觉”的意识，即“民族精神”和“民主精神”——“觉得凡不是中国人都没有权来管中国的事”；“凡是中国人都有权来管中国的事”。因而虽然辛亥以后“具体的政治”乱象频仍，但鲜明的“国民自觉”的生成乃是进化的最大成绩。

中国政治进化是多么的艰难呀！第三节说郭嵩焘《使西纪程》中“现在的夷狄，和从前不同，他们也有二千年的文明”这么一句平常的话，居然惹了大祸，“把满朝士大夫的公愤都激动起来了，人人唾骂，日日奏参，闹到奉旨毁版才算完事”！读此，良可深长以思！

读者尤须注意，本文表举“进化”，虽是受进化论思想的影响，但根本还是源于近代中国历史发展的实际。你看他提出进化的三个时期，拿三个时期的领军人物作进化的尺度：说新一代产生而旧一代“成了老朽”或“被挤落后”，“可以证明这五十年间思想界的血液流转得很快，可以证明思想界的体气实已渐趋康强”；说铲除了外族的统治和秦始皇以来的专制制度，人民有了民族、民主两大根本觉悟，这“真配得上‘进化’这两个字了”。

从文学上说，此文字里行间渗透着涓涓爱国热情。

从历史学上说，此文中关于“五十年”的三期划分，成为后来近代史研究的金针，对21世纪年轻一代学人仍有影响。任公对近代学术研究的筑基意义，于此可见一斑。

治国学杂话

[1923.4.26]

题解

本文选自《国学入门书要目及其读法》附录二，是梁启超在清华大学的讲演，其中部分受众是将要赴美留学的学生，所以特别强调读中国书、致力于国学修养。

国学，这一概念是梁启超1902年谋创《国学报》时提出的。其内涵颇有争议。大体是相对于西学指中学，相对于新学指旧学，范围是中国传统学术，包括以现代学术观念与方法对之进行整理和总结。国学概念的提出，是近代学人对西学东渐的强劲趋势的反应。在20世纪初提到这一概念的，还有黄遵宪、吴汝纶、日本人古城贞吉等。（参见桑兵《晚清民国的国学研究》《国学的历史》，刘梦溪《论国学》）

国学研究院导师

学生做课外学问是最必要的。若只求讲堂上功课及格，便算完事，那么，你进学校，只是求文凭，并不是求学问。你的人格，先已不可问了。再者，此类人一定没有“自发”的能力，不特不能成为一个学者，亦断不能成为社会上治事领袖人才。

课外学问，自然不专指读书，如试验，如观察自然界……都是极好的。但读课外书，最少要算课外学问的主要部分。

一个人总要养成读书趣味。打算做专门学者，固然要如此；打算做事业家，也要如此。因为我们在工厂里、在公司里、在议院里……做完一天的工作出来之后，随时立刻可以得着愉快的伴侣，莫过于书籍，莫便于书籍。

但是，将来这种愉快得着得不着，大概是在学校时代已经决定。因为必须养成读书习惯，才能尝着读书趣味；人生一世的习惯，出了学校门限，已经铁铸成了。所以在学校中，不读课外书，以养成自己自动的读书习惯，这个人简直是自己剥夺自己终身的幸福。

读书自然不限于读中国书，但中国人对于中国书，最少也该和外国书作平等待遇。你这样待遇他，他给回你的愉快报酬，最少也和读外国书所得的有同等分量。

中国书没有整理过，十分难读，这是人人公认的。但会做学问的人，觉得趣味就在这一点。吃现成饭，是最没有意思的事，是最没有出息的人才喜欢的。一种问题，被别人做完了四平八正的编成教科书样子给我读，读去自然是毫不费力。但从这不费力上头，结果便令我的心思不细致、不刻入。专门喜欢读这类书的人，久而久之，会把自己创作的才能汩没哩。

在纽约、芝加哥笔直的马路崭新的洋房里舒舒服服混一世，这个人一定是过的毫无意味的平庸生活，若要过有意味的生活，须是哥仑布初到美洲时。

中国学问界，是千年未开的矿穴，矿苗异常丰富，但非我们亲自绞脑筋、绞汗水，却开不出来。翻过来看，只要你绞一分脑筋、一分汗水，当然还你一分成绩，所以有趣。

所谓中国学问界的矿苗，当然不专指书籍，自然界和社会实况，都是极重要的。但书籍为保存过去原料之一种宝库，且可为现在各实测方面之引线。就这点看来，我们对于书籍之浩瀚，应该欢喜谢他，不应该厌恶他。因为我们的事业，比方要开工厂，原料的供给自然是越丰富越好。

读中国书，自然像披沙拣金，沙多金少。但我们若把他作原料看待，有时寻常人认为极无用的书籍和语句，也许有大功用。须知工厂种类多着呢，一个厂里头还有许多副产物哩，何止金有用，沙也有用。

若问读书方法，我想向诸君上一个条陈[①]。这方法是极陈旧的、极笨极麻烦的，然而实在是极必要的。

什么方法呢？是钞录或笔记。

---

① 条陈：本为向上司一条条陈述，作普通用法稍带幽默。

我们读一部名著，看见他征引那么繁博，分析那么细密，动辄伸着舌头说道，这个人不知有多大记忆力，记得许多东西。这是他的特别天才，我们不能学步了。其实那里有这回事。好记性的人，不见得便有智慧；有智慧的人，比较的倒是记性不甚好。你所看见者，是他发表出来的成果，不知他这成果，原是从铢积寸累、困知勉行得来。

大抵凡一个大学者平日用功，总是有无数小册子或单纸片，读书看见一段资料，觉其有用者即刻钞下（短的钞全文，长的摘要记书名、卷数、叶数）。资料渐渐积得丰富，再用眼光来整理分析他，便成一篇名著。想看这种痕迹，读赵瓯北的《二十二史札记》、陈兰甫的《东塾读书记》，最容易看出来。

这种工作，笨是笨极了，苦是苦极了，但真正做学问的人，总离不了这条路。做动植物的人，懒得采集标本，说他会有新发明，天下怕没有这种便宜事。

发明的最初动机在注意，钞书便是促醒注意及继续保存注意的最好方法。当读一书时，忽然感觉这一段资料可注意，把他钞下。这件资料，自然有一微微的印象印入脑中，和滑眼看过不同。经过这一番后，过些时碰着第二个资料和这个有关系的，又把他钞下，那注意便加浓一度。经过几次之后，每翻一书，遇有这项资料，便活跳在纸上，不必劳神费力去找了。这是我多年经验得来的实况，诸君试拿一年工夫去试试，当知我不说谎。

先辈每教人不可轻言著述，因为未成熟的见解公布出来，会自误误人，这原是不错的。但青年学生“斐然当述作之誉”[①]，也是实际上鞭策学问的一种妙用。

譬如同是读《文献通考》的《钱币考》、各史《食货志》中钱币项下各文，泛泛读去，什么所得。倘若你一面读，一面便打主意做一篇《中国货币沿革考》，这篇考做的好不好另一问题，你所读的自然加几倍受用。譬如同读一部《荀子》，某甲泛泛读去，某乙一面读，一面打主意做部《荀子学案》，读过之后，两个人的印象深浅，自然不同。所以我很奖劝青年好著书的习惯。至于所著的书，拿不拿给人看，什么时候才认成功，这还不是你的自由吗?

每日所读之书，最好分两类：一类是精熟的，一类是涉览的。因为我们一面要养成读书心细的习惯，一面要养成读书眼快的习惯。心不细则毫无所得，等于白读；眼不快则时候不够用，不能博搜资料。诸经、诸子、《四史》《通鉴》等书，宜入精读之部，每日指定某时刻读他，读时一字不放过，读完一部才读别部，想钞录的随读随钞。另外指出一时刻，随意涉览，觉得有趣，注意细看，觉得无趣，便翻次叶。遇有想钞录的，也俟读完再钞，当时勿窒其机。

① 斐然当述作之誉：即因写出文采焕发的文章而获得荣誉，语本曹丕《与吴质书》：“德琏常斐然有述作之意。”德琏，应玚，字德琏，曹魏时曾任丞相掾，五官将文学，是“建安七子”中的一位。

诸君勿因初读中国书勤劳大而结果少，便生退悔。因为我们读书，并不是想专向现时所读这一本书里，讨现钱现货的得多少报酬；最要紧的，是涵养成好读书的习惯，和磨炼出善读书的脑力。青年期所读各书，不外借来做达这两个目的的梯子。

我所说的前提倘若不错，则读外国书和读中国书当然都各有益处。

外国名著，组织得好，易引起趣味；他的研究方法，整整齐齐摆出来，可以做我们模范。这是好处。我们滑眼读去，容易变成享现成福的少爷们，不知甘苦来历。这是坏处。

中国书未经整理，一读便是一个闷头棍，每每打断趣味，这是坏处。逼着你披荆斩棘，寻路来走，或者走许多冤枉路（只要走路断无冤枉，走错了回头，便是绝好教训）。从甘苦阅历中磨炼出智慧，得苦尽甘来的趣味，那智慧和趣味却最真切，这是好处。

还有一件，我在前项书目表中，有好几处写“希望熟读成诵”字样。我想诸君或者以为甚难，也许反对说我顽旧。但我有我的意思，我并不是奖励人勉强记忆。我所希望熟读成诵的有两种类：一种类是最有价值的文学作品，一种类是有益身心的格言。

好文学是涵养情趣的工具，做一个民族的分子，总须对于本民族的好文学十分领略，能熟读成诵，才在我们的“下意识”里头，得着根柢，不知不觉会“发酵”。

有益身心的圣哲格言，一部分久已在我们全社会上形成共同意识。我既做这社会的分子，总要彻底了解他，才不至和共同意识生隔阂。一方面我们应事接物时候，常常仗他给我们的光明；要平日摩得熟，临时才得着用。我所以有些书希望熟读成诵者在此——但亦不过一种格外希望而已，并不谓非如此不可。

最后我还专向清华同学诸君说几句话。我希望诸君对于国学的修养，比旁的学校学生格外加功。诸君受社会恩惠，是比别人独优的。诸君将来在全社会上一定占势力，是眼看得见的。诸君回国之后[①]，对于中国文化有无贡献，便是诸君功罪的标准。

任你学成一位天字第一号形神毕肖的美国学者，只怕于中国文化没有多少影响。若这样便有影响，我们把美国蓝眼睛的人博士抬一百几十位来便够了，又何必诸君呢？诸君须要牢牢记着：你不是美国学生，是中国留学生。如何才配叫做中国留学生，请你自己打主意罢！

评析

本文勉励学生在课程学习之外养成阅读的习惯，以为这是结一最易得最可心的伴侣；而上学没有养成阅读习惯的人，“是自己剥夺自己终身

① 诸君回国之后：由此及以下几句看，当是对被派赴美留学生所讲。

的幸福”。尤其要注意读中国书，习得一些中国的学问，期能对中国文化有所贡献。读中国传统典籍，虽如披沙拣金，困难较大，但可以“磨炼出善读书的脑力”，从甘苦中获得“智慧和趣味”。中国好的文学如诗词古文，最好能“熟读成诵”。读书方法之要，“是钞录或笔记”。抄录的好处是促醒和保存注意，为发明萌生的要件之一。而有述作志向、给自己提出问题和任务而读书，无论是注意、思想、材料，所得都会“加几倍”。

这当中养成读书的习惯最为重要。不仅要爱读书还要善于读书，真正爱上读书的人，自能总结发明自己有效的读书方法。

文章最后落脚于要中国留学生打定主意，做对中国文化有影响的人，再观《国学入门书要目》首列“修养应用及思想史”“政治史”，就知这里不是泛泛地谈读书，而是含有其一贯的育人兴国的意向。

附：我想，一个受过中学以上教育的中国人，对于本国极重要的几部书籍，内中关于学术思想者若干种，关于历史者若干种，关于文学者若干种，最少总应该读过一遍。（梁启超《要籍解题及其读法·自序》）

北海谈话记

[1927.初夏]

题解

原文前记吴其昌按语："先生每于暑期将近时，约同学诸君作北海之游，俯仰咏啸于快雪浴兰之堂，亦往往邀名师讲学其间。去年夏，宝山张君劢先生因事来京，为诸同学讲宋贤名理，盖穆然有鹅湖、鹿洞之遗风焉。今夏复赓盛游，以时故，诸贤因不能莅止，先生恐无以孚此嘉会，故自述此篇，以为诸同学之勉策云尔。"吴其昌是梁启超在清华教授的学生。

梁启超

今天本想约一二位朋友来演讲的，但是都不能来，故只好自己稍谈几句。现在一学年快完了，自己在学校内一年以来，每星期除了在讲堂上与同学会面外，其余接谈时间已不能多。暑期以后，有许多同学，不能再来了，即能再来，也暂时有三四月的分别，所以借此地，约大家来玩玩。本来此地是风景最美的地方，也可以说是我们的先后同学的一个纪念的地方。

大约三十多年前，我二十余岁，在长沙与几位同志办了个时务学堂。学生先后两班，每班各四十人，办了一年多，遇着戊戌政变，学堂解散了。第一班同学中有位蔡松坡，那时他只有十余岁，在班中算是年龄最轻的。

想起三十年前事，令我很有感触：那时算是中国最初办的学校，功课简陋得可笑；但我现在回忆，还是非常有兴趣。因为人数很少，所以感情易融洽；而功课简单，也就有简单的好处。现在学校功课是多极了，试问学生终日忙忙于机械的训练中，那有深造自得的机会？在那时功课是很少的，而同学也就各专习一科，而且精神非常团结。同学们都成了极好的朋友，共了多少次患难，几十人，几乎变成了一人。功课因专做一两门，精力集中，故比较的能深造，最少可以说物质的、功利的观念，比现在不知浅薄多少。

当时同学于“书本子”学问之外，大家对于“做人”的方法，非常注意，所以后来人材很多。

蔡松坡在全班四十人中，也算是高材生之一。当时的批评：最好的是李炳寰，其次是林圭，蔡松坡可以轮到第三。李、林二人，都是于庚子革命之役[1]殉难了。那一役主持的人，

① 庚子革命之役：即1900年（庚子年）唐才常在汉口领导的自立军起义。本拟于7月15日在湖北汉口、汉阳，以及江西、安徽、湖南沿江省份同时发动，因康有为筹款未到延期，7月27日晚，唐才常与林圭等12人因事泄被捕，并于翌日遇难。

是时务学堂教员唐佛尘先生才常[①]。他是中国第一次革命的领袖，成仁于汉口，我们同学随同殉难的，有二十多人，与唐先生同为中国第一次革命的牺牲者。那时因蔡松坡年纪还小，唐先生不许他直接加入革命事务，叫他带信到湖南给黄泽生先生。黄先生是当时在湖南带领新军的，他是罗忠节公的再传弟子，生平一切私淑罗忠节公；他虽然和我们同志，却认为时机未到，屡劝唐先生忍耐待时。他不愿意蔡松坡跟着牺牲，便扣留着不放他回去。松坡当时气愤极了，后来汉口事完全失败，黄先生因筹点学费，派松坡往日本留学。从日本回来，方入政界，卒至为国劳瘁而死。于护国之役这一次，总算替国家办了点事业。他死的时候，不过三十五岁。假使他多活十年，也不过四十五岁，至少国内局面，比今天不同一点。当时我们看松坡，也不过是个好学的小学生罢了，他自己也想不到后来为国家的大材。

一个人将来是什么样人谁也不能料定的，此不独蔡松坡为然。例如：诸葛武侯在隆中的时候，曾文正公[②]在四十岁以前，

① 唐才常（1867—1900）：清末维新派领袖。湖南浏阳人，早年就读岳麓书院、武昌两湖书院。戊戌政变后先后赴日本、南洋，后回沪创立自立会，联络会党，组织自立军，1900年7月筹划在汉口发动起义，事泄被捕就义。

② 曾文正公：即曾国藩。曾国藩（1811—1872），湖南湘乡人，28岁中进士，入翰林院，累迁内阁学士、礼部侍郎等；41岁奉命在家乡办团练，历经12年，剿灭太平军；后又追剿捻军、主办洋务，与李鸿章创办江南制造局。病殁于两江总督任，追赠太傅，谥文正。有《曾文正公全集》传世。

胡文忠公[1]三十五六岁以前，他自己也就没有料到将来会做这样伟大的事。

不过国家需要人材，那是时时需要的，而人们当时时准备着，以供国家的要求。遇到相当的机会，便立刻可以替国家服务。所谓事业也不必一定限定于政治的、军事的，才可算事业。所以一个人能抱定为国家服务的意旨，不会没有建设的。就怕自家没有准备着，则机会来了，当然只有放弃的。所以我们当修养着，自己认清自己的责任。

反观现在的学校，多变成整套的机械作用：上课下课，闹得头昏眼花；进学校的人，大多数除了以得毕业文凭为目的以外，更没有所谓意志，也没有机会做旁的事情。有志的青年们，虽然不流于这种现象，也无从跳出圈套外。

于是，改造教育的要求，一天比一天迫切了。

我这两年来清华学校当教授，当然有我的相当抱负而来的。我颇想在这种新的机关之中，参合着旧的精神。吾所理想的，也许太难不容易实现。我要想把中国儒家道术的修养来做底子，而在学校功课上把他体现出来。在已往的儒家各个不同的派别中任便做那一家，那都可以的，不过总要有这类的修养来打底子，自己把做人的基础，先打定了。吾相信假定没有这类做人的基础，那末做学问并非为自己做的。

① 胡文忠公：即胡林翼。胡林翼（1812—1861），湖南益阳人，25岁中进士，授编修，历任安顺知府等，于贵东道任上带兵入两湖抗击太平军，克复武昌后，授湖北巡抚。后攻陷九江，功多，病死军中，谥文忠。有《胡文忠公遗集》传世。

至于智识一方面，固然要用科学方法来研究，而我所希望的是：科学不但应用于求智识，还要用来做自己人格修养的工具。

这句话怎么讲呢？例如当研究一个问题时，态度应如何忠实，工作应如何耐烦，见解要如何独立，整理组织应如何恰理而且细密……凡此之类，都一面求智识，同时一面即用以磨炼人格。道德的修养与智识的推求，两者打成一片。

现世的学校，完全偏在智识一方面，而老先生又统统偏在修养一边，又不免失之太空了，所以要斟酌于两者之间。

我所最希望的是：在求智识的时候，不要忘记了我这种做学问的方法，可以为修养的工具；而一面在修养的时候，也不是参禅打坐的空修养，要如王阳明所谓在"事上磨炼"。事上磨炼，并不是等到出了学校、入到社会才能实行，因为学校本来就是个社会，除方才所说用科学方法作磨炼工具外，如朋友间相处的方法，乃至一切应事接物，何一不是我们用力的机会。

我狠痴心，想把清华做这种理想的试验场所，但照这两年的经过看来，我的目的，并非能达到多少。第一个原因，全国学风，都走到急功近利，及以断片的智识相夸耀，谈到儒家道术的修养，都以为迂阔不入耳，在这种氛围之下，想以一个学校极少数人打出一条血路，实在是不容易。第二件，清华学校自有他的历史，自有他的风气，我不过是几十位教员中之一位，当未约到多数教员合作以前，一个人很难为力的。第三件，我自己也因智识方面嗜好太多，在堂上讲课与及在私室和诸君接谈时，多半也驰惊于断片的智识，不能把精神集中于一点。因为这种原因，所以两年来所成就，不能如当初的预期。

我对于同学诸君，尤其万分抱歉。大学部选修我的功课的，除了堂上听讲外，绝少接谈的机会，不用说了，就是在研究院中，恐怕也不能不令诸君失望。研究院的形式，很有点像道尔顿制的教育[①]，各人自己研究各人的嗜好，而请教授指导指导。

老实说，我对于任何学问，并没有专门的特长，所以对于诸同学的工作，中间也有我所知道的，我当然很高兴地帮帮他们的忙。也许有我们同学的专门工作，比我还做得好，这倒不是客气话。外国研究院中的教授，于很隘小范围内的学问，他真个可以指导研究，而除此隘小范围以外，他都不管。而我今日在研究院中的地位，却是糟了。同学以为我什么都懂得，所以很亲密地天天来请教我；而我自己觉得很惭愧，没有充分帮助。

不过，虽然如此，而我的希望，仍是很浓厚着，仍努力继续下去。什么希望呢？假定要我指导某种学问的最高境界，我简直是不能，可以说，我对于专门学问深刻的研究，在我们同事诸教授中，谁都比我强，我谁都赶不上他。但是，我情愿每天在讲堂上讲做学问的方法；或者同学从前所用的方法不十分

① 道尔顿制的教育：美国教育家柏克赫斯特1920年在马萨诸塞州道尔顿市道尔顿中学创行的一种教育制度。其认为学校应该是社会学上的实验室，学生是其中的实验者；主张取消分班进行课堂讲授，改教室为各科实验室，由学生在其中自学，教师只起顾问作用。

对，我可以略略加以纠正；或者他本来已得到方法，而我的方法，可以为相当的补助。这一点，我在智识上对于诸同学可以说是有若干的暗示。也许同学得到我这种的暗示，可以得到做学问的路，或者可以增加一点勇气。

还有一点，我自己做人，不敢说有所成就，不过直到现在，我觉得还是天天想向上。在人格上的磨炼及扩充，吾自少到现在，一点不敢放松。对于诸同学，我不敢说有多少人格上的感化，不过我总想努力，今不至有若干恶影响到诸同学。诸同学天天看我起居、谈笑、各种琐屑的生活，或者也可以供我同学们相当的暗示或模范。大家至少可以感觉到这一点：我已有一日之长，五十余岁的人，而自己训炼自己的工作，一点都不肯放过，不肯懈怠。天天看惯了这种样子，也可以使我们同学得到许多勇气。所以我多在校内一年，我们一部同学，可以多得一年的薰染，则我的志愿，已算是不虚了。

现在中国的情形，糟到什么样了？将来如何变化？谁也不敢推测。在现在的当局者，那一个是有希望的？那一个帮派是有希望的？那末中国就此沉沦下去了吗？不！决不的！如果我们这样想，那我们便太没志气，太不长进了！现在一般人，做的不好，固然要后人来改正；就是现在一般人，做的很好，也要后人来继续下去。

现在学校的人，当然是将来中国的中坚；然而现在学校里的人，准备了没有？准备什么样来担任这个重大的责任？智识才能，固然是要的；然而道德的信仰——不是宗教——是断然不可少的。现在时事，糟到这样，难道是缺乏智识才能的缘故么？老实说，甚么坏事情，不是智识才能分子做出来的？现在一般人，根本就不相信道德的存在，而且想把他留下的残余，根本去铲除。

我们一回头，看数十年前，曾文正公那般人的修养。他们看见当时的社会也坏极了，他们一面自己严厉的约束自己，不跟恶社会跑，而同时就以这一点来朋友间互相勉励，天天这样琢磨着——可以从他们往来的书札中考见。一见面，一动笔，所用以切磋观磨规劝者，老是这么样坚忍，这么样忠实，这么样吃苦、有恒、负责任……这一些话。

这些话看起来是很普通的，而他们就只用这些普通话来训炼自己，不怕难，不偷巧，最先从自己做起，立个标准，扩充下去，渐次声应气求，扩充到一班朋友，久而久之，便造成一种风气，到时局不可收拾的时候，就只好让他们这班人出来收拾了。

所以曾、胡、江、罗[①]，一般书呆子，居然被他们做了这

① 曾、胡、江、罗：即曾国藩、胡林翼、江忠源、罗泽南，均为湘军杰出领袖。江忠源（1812—1854），湖南新宁（今邵阳）人，25岁中举，后在家乡办团练，擢知县，被征调入桂抗击太平军，解桂林之围，升知府，后入湘、鄂、赣抗敌，守南昌有功，加二品顶戴。又解武昌之围。驰援庐州，被困力尽自杀。追赠总督，谥忠烈，湘、赣为建专祠。有《江忠烈公遗集》传世。罗泽南（1808—1856），湖南双峰人，出身理学家门，早年贫苦，教书谋生，33岁中秀才，后办团练，协助曾国藩编练湘军，率军驰援南昌，攻岳州，转战鄂、赣，历二百余阵，克城二十，最后在武昌之战中被飞炮击中而亡。谥忠节，湘、鄂、赣为建专祠。有《罗山遗集》传世。

样伟大的事业，而后来咸丰以后风气，居然被他们改变了，造成了他们做书呆子时候的理想道德社会了。可惜江公、罗公，早死一点，不久胡公也死了，单剩曾文正公，晚年精力也衰了。

继曾文正公者，是李文忠公。他就根本不用曾、胡、罗诸人的“道德改造”政策，而换了他的“功利改造”政策。他的智力才能，确比曾文正公强，他专奖励一班只有才能不讲道德的人物。继他而起的，是袁项城[1]，那就变本加厉，明目张胆的专提拔一种无人格的政客作他的爪牙，天下事就大糟而特糟了。

顾亭林《日知录》批评东汉的名节，数百年养成不足，被曹操一人破坏之而有余，正是同出一辙呀。

李文忠公，功名之士，以功名为本位，比较以富贵为本位的人，还算好些。

再传下去，便不堪设想了，“其父杀人报仇，其子必且行劫”。袁项城就以富贵为本位了。

当年曾、胡、江、罗以道德、气节、廉耻为提倡的成迹，遂消灭无遗。可怜他们用了大半世的功力，象有点眉目了，而被李文忠公以下的党徒，根本划除，一点也不留。无怪数十年来中国的内乱便有增无已了。

一方面又从外国舶来了许多什么党，什么派，什么主义。

① 袁项城：袁世凯，河南项城人，故称“袁项城”。

譬如孙中山先生，他现在已死了，我对他不愿意有甚么苛论，且我对于他的个人，也有相当的佩服——但是[1]孙中山比袁项城总算好得多了——不过，至少也是李鸿章所走的一条路。尤其是他的党派见解，无论甚么样的好人，不入他的党，多得挨臭骂；无论甚么坏东西，只要一入他的党，立刻变成了很好的好人。固然，国民党的发达，就是靠这样投机者之投机，而将来的致命伤，也都尽在这般人之中。这句话似乎可以断定吧！

现在既然把甚么道德的标准，统统破坏无遗；同时，我们解剖现代思想的潮流，就不出这二股范围之外：一是袁世凯派，二是孙中山派。而一方面老先生们，又全不知挽救的方法，天天空讲些礼教，刚刚被一般青年看做笑话的资料而瞧不起他。

我们试看曾文公等，当时是甚么样修养的？是这样的么？他们所修养的条件：是什么样[2]克己，什么样处事，什么样改变风气——先从个人、朋友、少数人做起，诚诚恳恳、脚踏实地的，一步一步做去，一毫不许放松。我们读曾氏的《原才》，便可见了。风气虽坏，自己先改造自己，以次改造我的朋友，以及朋友的朋友，找到一个是一个，这样继续不断的努力下去，必然有相当的成功。假定曾文正、胡文忠迟死数十年，也许他们的成功是永久了；假定李文忠、袁项城也走这一条路，

① 但是：只是，与现代汉语中表转折的“但是”不同。或当删去。

② 什么样：意即“怎样”。

也许直到现在还能见这种风气呢。

然而现在的社会，是必须改造的，不改造他，眼看他就此沉沦下去，这是我们的奇耻大辱。但是谁来改造他？一点不客气，是我辈。我辈不改造，谁来改造？

要改造社会，先从个人做人方面做去，以次及于旁人，一个、二个……以至千万个。只要我自己的努力不断，不会终没有成绩的。江、罗诸公，我们知道他是个乡下先生，他为什么有这样伟大的事业？

在这一点上，我对于诸同学，很抱希望。希望什么？希望同学以改造社会风气为各人自己的责任。

至于成功么，是不可说的。天地一日没有息，我相信我们没有绝对成功的一日。我们能工作一部份，就有一部的成迹，最怕是不做。尤其我们断不要忘了这句话：社会坏，我们切不要“随其流而扬其波，哺其糟而啜其醴”。不然，则社会愈弄愈坏，坏至于极，是不堪设想的。至少我有一分力量，要加以一分的纠正。至于机会之来不来，是不可说的；但是无论有没有机会，而我们改善社会的决心的责任，是绝对不能放松的。

所以我希望我们同学不要说：“我的力量太小。”或者说：“我们在学校里，是没有功夫的。”实际上，只要你有多少力量，尽多少责任就得。至于你无论在什么地方，总是社会的一分子，你也尽一分子的力，我也尽一分子的力，力就大了。将来无论在政治上，或教育上，或文化上，或社会事业上——乃至其他一切方面，你都可以建设你预期的新事业，造成你理想的新风气，不见得我们的中国就此沉沦下去的。

——这是对于品格上修养的话。

至于智识上的修养——在学问著述方面，改造自己，那末因我个人对于史学有特别兴趣，所以昔时曾经发过一个野心，要想发愤从新改造一部中国史。现在知道，这是绝对不是一个人的力量所可办到的。非分工合作，是断不能做成的。所以我在清华，也是这个目的：希望用了我的方法，遇到和我有同等兴味的几位朋友，合起来工作，忠实的切实的努力一下。我常常这样地想：假定有同志约二三十人，用下二三十年工夫去，终可以得到一部比较好的中国史。我在清华二年，也总可说已经得到几个了；将来或聚在一块或散在各方，但是终有合作的可能。我希望他们得我多少暗示的帮助，将来他们的成绩比我强几倍。

归纳起来罢，以上所讲的有两点：

（一）是做人的方法——在社会上造成一种不逐时流的新人。

（二）是做学问的方法——在学术界上造成一种适应新潮的国学。

我在清华的目的如此。虽不敢说我的目的已经满足达到，而终已得了几个很好的朋友，这也是使我自己可以安慰自己的一点。今天，是一年快满的日子了，趁天气清和时候约诸同学在此相聚。我希望在座的同学们，能完全明了，了解这二点——做人，做学问——而努力向前干下去呀！

还有与朋友之间，最好是互相劝导切磨，所谓“相观而善”。一个人生平不得到一个很好的朋友，他的痛苦，比鳏寡孤独还难过。但是朋友可以找出来的，还可以造出来的。我去改造他，他来改造我，一方面可以找朋友，一方面可以造朋友。所以无论何人，终该要有朋友的。然而，得好朋友，是何等不容易啊！得到了朋友，要看古人对于朋友如何的劝磨，如何的规正，最少不要象现在“功利派”利害的结合，因了一点无聊的纠葛，或者互相团结，或者互相闹翻，日后想起来，只有可笑，没有话说。

我情愿我们同学中永远不会发生因一点无聊的事情，而感情发生裂痕，类似这一类的事实；我情愿吾们同学大家以至诚相待，不忘了互相改造与策勉，亲密到同家人父子兄弟一样，那是何等痛快！因为朋友是很难得的，日后散了，回想当时聚在一起做学问的快活，是不能再得的了！

我今天所讲的话，很无伦次，本来不过既然约诸位到此地来玩，随便谈谈罢了。不过，总可算是很真挚的话。

评析

这一篇约清华国学研究院同学游北海而作的谈话，颇有孔门“风乎舞雩”的风范。而特重立德做人，“想把儒家道术的修养来做底子”，“造成一种不逐时流的新人”，以为“将来中国的中坚”，表现了梁启超教育思想的特色。文章开篇花了不少笔墨讲湖南时务学堂师生融浃，精神团结，深造自得，尤其“对于做人的方法非常注意”。所以学生里出的“人材很多”，如像蔡松坡那样厄逆流的将才，和唐才常等二十多位庚子革命的烈士！接下来又讲曾、胡、江、罗的典型，仍然突出做人的根柢。这就是，“不跟恶社会跑”，“不怕难，不偷巧”，“最先从自己做起”，再“扩充到一班朋友”，由此来做“伟大的事业”，来造成新的风气。文中将时务学堂与“现在的学校”对比，将曾国藩、胡林翼等与李鸿章、袁世凯对比，讲以做人为本位与以功名、富贵为本位的区别，以为同学警醒之资。希望同学不随时流而沉沦，不以一己之力太小而放弃。至于“智识的修养”和“学问著述”，重点讲了自己“想发愤从新改造一部中国史”，提出必须改造旧学，创新国学。归结处的表述精彩非常：造成“不逐时流的新人”与“适应新潮的国学”——新人却须不逐时流、传统国学却要适应新潮。

梁启超晚年退出政坛，从事教育与学术，从改革政治到培育新人、革新学术，实有一线贯串。

我的病与协和医院

[1926.6.2]

题解

任公因尿血症于1926年3月入住北京协和医院，经多种检查判断右肾有小肿瘤，遂于当月16日进行手术割除右肾，但发现右肾并无肿瘤，其便血亦未停止。当时舆论谴责医院，陈茜滢等在《现代评论》发文揭露。任公私下也认为是医疗失误（见任公1926年9月14日写给儿女的信《致孩子们》），但为减轻人们对医学科学的怀疑，于1926年6月2日在《晨报副刊》发表这篇谈话，替医院辩护。

梁启超56岁生日照，这是他一生中最后的留影

近来因为我的病，成了医学界小小的一个问题。北京社会最流行的读物——《现代评论》《晨报副刊》——关于这件事，都有所论列。我想，我自己有说几句的必要！

一来，许多的亲友们，不知道手术后我的病态何如，都狠担心，我应该借这个机会报告一下。

二来，怕社会上对于协和惹起误会。我应该凭我良心为相当的辨护。

三来，怕社会上或者因为这件事，对于医学或其他科学生出不良的反动观念。

应该把我的感想和主张顺带说一说：

我的便血病已经一年多了。因为又不痛又不痒，身体没有一点感觉衰弱，精神没有一点感觉颓败；所以我简直不把他当做一回事。去年下半年，也算得我全生涯中工作最努力时期中之一。六个月内，著作约十余万言；每星期讲演时间平均八点钟内外；本来未免太过了。到阳历年底，拿小便给清华校医一验，说是含有血质百分之七十，我才少为有一点着急，找德国、日本各医生看，吃了一个多月的药，打了许多的针，一点不见效验。

后来各医生说："小便不含有毒菌，当然不是淋症之类。那么，只有三种病源：一是尿石，二是结核，三是肿疡物。肿疡又有两种：一是善性的——赘瘤之类；二是恶性的——癌病。但既不痛，必非尿石；既不发热，必非结核；剩下只有肿疡这一途。但非住医院用折光镜检察之后，不能断定。"

因此入德国医院住了半个月，检察过三次。因为器械不甚精良，检察不出来，我便退院了。

我对于我自己的体子，向来是狠恃强的。但是，听见一个“癌”字，便惊心动魄。因为前年我的夫人便死在这个癌上头。这个病与体质之强弱无关，他一来便是要命！我听到这些话，沉吟了许多天。我想，总要彻底检查。不是他，最好；若是他，我想把他割了过后，趁他未再发以前，摒弃百事，收缩范围，完成我这部《中国文化史》的工作。同时我要打电报把我的爱女从美洲叫回来，和我多亲近些时候。——这是我进协和前一天的感想。

进协和后，子细检查：第一回，用折光镜试验尿管，无病；试验膀胱，无病；试验肾脏，左肾分泌出来，其清如水；右肾却分泌鲜血。第二回，用一种药注射，医生说：“若分泌功能良好，经五分钟那药便随小便而出。”注射进去，左肾果然五分钟便分泌了。右肾却迟之又久。第三回，用X光线照见右肾里头有一个黑点，那黑点当然该是肿疡物。

这种检察都是我自己亲眼看得狠明白的，所以医生和我都认定“罪人斯得”，毫无疑义了。

至于这右肾的黑点，是什么东西？医生说：“非割开后不能预断；但以理推之，大约是善性的瘤，不是恶性的癌。虽一时不割未尝不可，但非割不能断根。”——医生诊断，大略如此。

我和我的家族都坦然主张割治。虽然有许多亲友好意的拦阻，我也只好不理会。

割的时候，我上了迷药，当然不知道情形。后来才晓得割下来的右肾并未有肿疡物。

但是割后一个礼拜内，觉得便血全清了。我们当然狠高兴。后来据医生说："那一个礼拜内并未算全清，不过肉眼看不出有血罢了。"一个礼拜后，自己也看见颜色并没有十分清楚。后来便转到内科，内科医生几番再诊查的结果，说是"一种无理由的出血，与身体绝无妨害；不过血管稍带硬性，食些药把他变软就好了"。

——这是在协和三十五天内所经过的情形。

出院之后，直到今日，我还是继续吃协和的药。病虽然没有清楚，但是比未受手术以前的确好了许多。从前每次小便都有血，现在不过隔几天偶然一见。从前红得可怕，现在虽偶发的时候，颜色也狠淡。我自己细细的试验，大概走路稍多，或睡眠不足，便一定带血。只要静养，便与常人无异。

试想：我若是真能抛弃百事，绝对的休息，三两个月后，应该完全复原。至于其他的病态，一点都没有。虽然经过狠重大的手术，因为医生的技术精良，我的体子本来强壮，割治后十天，精神已经如常，现在越发健实了。

敬告相爱的亲友们，千万不必为我忧虑。

右肾是否一定该割，这是医学上的问题，我们门外汉无从判断。但是那三次诊断的时候，我不过受局部迷药，神志依然清楚；所以诊查的结果，我是逐层逐层看得很明白的。据那时候的看法，罪在右肾，断无可疑。后来回想：或者他"罪不至死”，或者“罚不当其罪”，也未可知。当时是否可以“刀下留人”？除了专门家，狠难知道。但是右肾有毛病，大概无可疑。说是医生孟浪[①]，我觉得是冤枉。

“无理由的出血”这句话，本来有点非科学的。但是我病了一年多，精神如故，大概“与身体无妨害”这句话是靠得住了。理由呢，据近来我自己的实验，大概心身的劳动，总和这个病有些关系。或者这便是“无理由的理由”。

协和这回对于我的病，实在狠用心，各位医生经过多次讨论，异常郑重。住院期间，对于我十二分恳切，我真是出于至诚的感谢他们。协和组织完善，研究精神及方法，都是最进步的，他对于我们中国医学的前途，负有极大的责任和希望。我住院一个多月，令我十分感动，我希望我们言论界，对于协和，常常取奖进的态度，不可取摧残的态度。

科学呢，本来是无涯涘的。牛顿临死的时候说：“他所得的智识，不过像小孩子在海边拾几个蚌壳一般。海上的‘宗庙之美，百官之富’，还没有看到万分之一。”这话真是对。

但是，我们不能因为现代人科学智识还幼稚，便根本怀疑到科学这样东西。即如我这点小小的病，虽然诊查的结果，不如医生所预期，也许不过偶然例外。

至于诊病应该用这种严密的检察，不能像中国旧医那些“阴阳五行”的瞎猜，这是毫无比较的余地的。

---

① 孟浪：此指鲁莽。

我盼望社会上，别要借我这回病为口实，生出一种反动的怪论，为中国医学前途进步之障碍。

——这是我发表这篇短文章的微意。

记者按：梁先生这篇自述，我们敢说，一定可以消解一部分人这次对协和医院，乃至对西医本体可能的误会；但同时我们还是诚恳的盼望本京有身分的几个医院，不仅协和，都能自此益发加勉，因为他们无私的责任心永远是病人们的恩典。……

评析

在梁启超千余万字著作中，这是一篇极重要的文章。

在重大治疗或许有误的情形下，如何面对有关自己身体和生命的重大事故？在这样的问题上，本文反映了梁启超之为梁启超，而常人难以企及的一面！

他因便血割去右肾，割除的右肾却并无病变，而且割后仍然便血不止。

吴荔明说："她妈妈（思庄）告诉她，割错了肾'这个医疗事故，公公自己是知道的'。"

当时，有医生指责协和医院医生"手术孟浪错误……以人命为儿戏"，朋友和社会上也为梁启超不平，"北京报纸有好几家都攻击协和（《现代评论》《社会日报》攻击得最厉害）"，即如陈西滢在《现代评论》发文："腹部剖开之后，医生们在右肾上没有发见肿物或何种毛病……他们还是把右肾割下了！可是梁先生的尿血症并没有好。他们忽然又发现毛病在牙内了，因此一连拔去7个牙。可是尿血症仍没有好。他们又说毛病在饮食，又把病人一连饿了好几天。可是他的尿血症还是没有好！医生们于是说了，他们找不出原因来！”以至引莫里哀戏剧中一个劈柴小工做了医生后的感慨“鞋匠做一双鞋，弄坏一小片皮就得受损失，我们弄坏一个人也不用出一个大子儿”，来加以讽刺。

在这样的情况下，梁启超特写此文，表明他的态度。这篇文章可分三部分：

一是陈述自己的病情、诊断的过程、医生的判断及割肾后的效果。

二是由割后效果而追求病因。合乎逻辑地牵出两重意思：割后照样出血，说明问题不出在被割的肾，所以有“罚不当其罪”“刀下留人”之趣语；割肾未中便血的病灶，医生只能说便血是由“无理由的出血”引起，任公一方面认为这说法“有点非科学”，另一方面又代为给出一种“无理由的理由”。

三是表明态度。认为协和医院的条件水平都是最好的，治疗是异常慎重的；同时指出科学无涯涘，人类已取得的认识很有限；再者表达盼望和希望：“我盼望社会上，别要借我这回病为口实，生出一种反动的怪论，为中国医学前途进步之障碍”，“希望我们言论界，对于协和，常常取奖进的态度，不可取摧残的态度”。

读至“科学呢，本来是无涯涘的”，常常为之动容！任公的人格和维护科学的精神，给人“岱宗夫如何”之感。

他在给长女思顺的信中说，这篇短文，于协和“带半辩护的性质”。所以，他隐去了一个重要事实，就是“取出之肾，颜色与形状，一如常人，绝无怪异”（梁仲策《病院笔记》），即完全是个好肾。而且据仲策说，任公之所以接受割肾，与医生判定其为瘤或癌有关——由于夫人惠仙死于癌，任公对癌“成惊弓之鸟”。这些都是加重医生责任的。还有，手术本来应由一位美国医生主刀的，但任公请求医院改为中国医生，“谓余之病疗于中国学者之手，国之光也”；仲策推断说，既然割出之肾形色皆无异，“设当日彼主其事，是否竟毅然去之，不能无疑”——就是说，剖开后发现肾脏正常，科学态度严谨、对病人负责的医生，也可以不割的。

附：协和医院在当年为北京首屈一指之医学机关。新会因便血，入院求治，而拔齿割肾，轻举妄动，置一代大师于死。当时，报章拟揭发之。新会力阻，自云：“勿以一人影响科学事业。”用心良苦。（周传儒《史学大师梁启超与王国维》）

作为一名受害者，公公不但没有状告“协和”，相反在徐志摩等人对“协和”口诛笔伐时，还写文章为“协和”说话——他怕因为这件事使社会上的人们失去对西医的信任，因为他把西医看作是科学的代表，认为维护西医形象就是维护科学。（吴荔明《梁启超和他的儿女们》）

这样宽厚地对待他人的失误，实在是常人很难做得到的。……梁启超在许多方面继承了传统儒家道德哲学和人格修养中的积极一面，同时又部分地吸收了现代西方的民主、平等和科学精神，在人格修养上，其自处处人之道，足堪为后人风范。诚若他的学生徐志摩1929年3月间写给外国一位朋友的信中所说：“在他身上，我们不但看到一个完美学者的形象，而且也知道他是唯一无愧于中国文明伟大传统的人。”（耿云志、崔志海《梁启超》）

给儿女的信

［1912—1928］

题解

一门三院士，九子皆英才。梁启超在子女教育方面具有突出成就。《梁启超全集》第二十集收录其给儿女书信共413封，给我们提供了一份可贵的遗产。为节省篇幅，下面所选“给儿女的信”经过了编辑，一是有所删节（信中文字有删节，信前称呼、信末签名日期皆删）；二是根据致信对象、时间、内容等，有所归并。

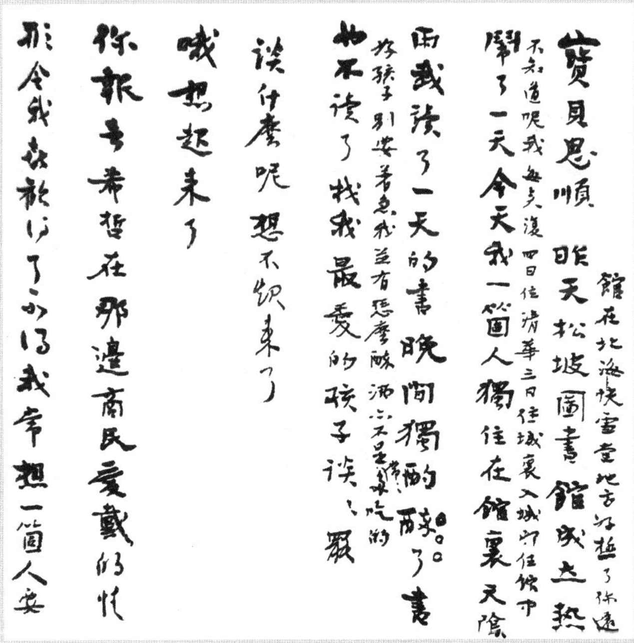
寶貝思順：昨天松坡圖書館成立，熱（館在北海快雪堂，地方好極了，你還不知道呢，我每星期四日住清華，三日住城裏，入城即住館中）鬧了一天，今天我一個人獨住在館裏，天陰雨，我讀了一天的書，晚間獨酌醉了。書（好孩子別要着急，我並沒有怎麼醉，酒亦不是常常吃的）也不讀了，找我最愛的孩子談談，談談什麼呢？想不起來了，哦，想起來了，你報告希哲在那邊商民愛戴的情形，令我歡喜得了不得，我常想一個人要

梁启超书信手稿

致梁思顺

（1912年12月5日）

……前托刘子楷带各物……其中有搴本缎两段，乃赏汝两妹者[1]，人各一套；问思庄何故写信与二叔而不与我，岂至今尚未得闲耶？其外国缎一段，则赏汝者也。汝三人将所赏衣服穿起照一相寄我。金器两件赏汝，汝两妹亦各一件。此次汝姊妹所得独多，汝诸弟想气不分矣。然思成所得《四书》乃最贵之品也。可令其熟诵，明年侍我时，必须能背诵，始不辜此大赉也。

吾游曲阜可令山东都督办差，周督旬日前方来谒。张勋派兵护卫，吾亦极思挈汝行，若国内一年无战事，吾又一年可以不组织内阁[2]，则

双涛园群童

① 两妹：指思庄等两姊妹，此时尚在日本（梁氏已于1912年10月回国）。

② “若国内……”以下二句：观此知任公1912年10月返国后，颇有组阁之志，后积极从事政党建设，欲使进步党成为第一大党，这是重要的目的之一。

极思挈汝遍游各省。俾汝一瞻圣迹，但又不欲汝辍学耳。

津村先生肯别诲汝中央银行制度，大善大善。惟吾必欲汝稍学宪法、行政法，知其大意，宪法能讲比较尤妙。经济学亦必须毕业，而各课皆须于三月前完了。试以商津村何如？诸师乞书，日内当寄。经济学吾曾为汝讲生产论，故此可稍略；交通论中之银行货币既有专课，尤可略，然则亦易了也……汝诸表兄日日来嬲①我求差事，小四、小八皆不自量，小八指缺硬索已四五次矣。吾亦无能为助。甚矣，人贵自立也。

韩集本欲留读，因濒行②曾许汝，故复以赉汝。吾又得一明刻本《李杜全集》，字大寸许，极可爱，姑以告汝，却不许撒娇来索。思成若解文学，则吾他日赏之。

（1912年12月16日）

……吾前为汝计学科，竟忘却财政学，可笑之至。且法学一面亦诚不欲太简略。国际法实须一学。似此非再延数月不可。每来复③十四小时大不可。来复日必须休息，且须多游戏运动。吾决不许汝如此。可与诸师商，每来复最多勿过十时。因自修尚费多时也。可述吾意告之，必须听言，切勿著急。从前在大同学校以功课多致病，吾至今犹以为

① 嬲［niǎo］：缠着、纠缠。

② 濒［bīn］行：最近，近期。

③ 来复：即一周。西洋历法以7日一周为作息制度。《圣经》载，神连续6天创造万物，第7天歇工休息。在基督教看来，耶稣是在星期日复活的，称来复日。民国使用公历后，周制（星期）逐步普及。

戚，万不容再重蹈覆辙。……

（1913年2月20日）

得禀，知已受比较宪法及财政学，甚慰。可以吾命请于诸师，乞其于纯理方面稍从简略，于应用方面稍加详，能随处针对我国现象立论尤妙。即如比较宪法，当多从立法论方面教授，其解释法理，则简单已足。又宪法毕业后，能一授政治大略最妙。盖政治学本以宪法论占一大部。再讲舆论及政党之作用与现在各国政治之趋势，足矣。……

（1916年1月2日）

王姨今晨已安抵沪。幸而今晨到，否则今日必至挨饿，因邻居送饭来者已谢绝也。明日当可举火，今日以面包充饥。此间对我之消息甚恶，英警署连夜派人来保卫①，现决无虞。吾断不至遇险。吾生平所确信，汝等不必为我忧虑。现一步不出门。并不下楼。

每日读书甚多，顷方拟著一书，名曰《泰西近代思想论》，觉此于中国前途甚有关系。

处忧患最是人生幸事，能使人精神振奋，志气强立。两年来所境较安适，而不知不识之间，德业已日退。在我犹然，

① “此间……”以下两句：1915年12月16日，即蔡锷潜行之后半个月，梁启超到上海筹措反袁诸事。梁先住礼查饭店，袁世凯派人随至，后数次变迁住所，却一直无法摆脱密探追随，不得已报知英捕房，“请他们派2名巡捕来日夜轮流看门”（周善陪《谈梁任公》）。

况于汝辈。今复还我忧患生涯，而心境之愉快，视前此乃不啻天壤。此亦天之所以玉成汝辈也。使汝辈再处如前数年之境遇者，更阅数年，几何不变为纨绔子哉！

此书可寄示汝两弟，且令宝存之。①

（1916年2月8日）

书及禧柬并收，屋有售主，速沽为宜，第求不亏已足，勿计赢也。此著既办，冰泮②后即可尽室南来，赁庑数椽，齑盐送日③，却是居家真乐。

孟子言："生于忧患，死于安乐。"汝辈小小年纪，恰值此数年来无端度虚荣之岁月，真是此生一险运。吾今舍安乐而就忧患，非徒对于国家自践责任，抑亦导汝曹脱险也。吾家十数代清白寒素，此乃最足以自豪者，安可逐腥膻而丧吾所守耶？此次义举虽成，吾亦决不再仕宦，使汝常长育于寒士之家庭，即授汝等以自立之道也。

吾近来心境之佳，乃无伦比，每日约以三四时见客治事，以三四时著述，余晷④则以学书。近专临帖不复摹矣。终日孜孜⑤，而无劳倦，斯亦忧患之赐也。

---

① "此书……"以下两句：观此语可知，任公对此行或有不测的心理准备在乎不言之间也。

② 冰泮：冰融化解冻，此指春来。

③ 赁庑［wǔ］数椽，齑［jī］盐送日：即租屋而住，过平常清淡生活。庑，堂下的廊屋；齑盐，朝齑暮盐（韩愈《送穷文》）的省称，借指素食、清贫的生活。齑，本指切碎的腌菜。

④ 晷［guǐ］：日影，比喻时光。

⑤ 孜孜［zī］：勤勉。

（1916年3月20日、21日）

吾居此山陬[①]四日矣。今夕乃忽烦闷主人殷勤乃愈增吾闷。不自聊，盖桂使[②]尚须八九日乃至也。最苦者烟亦吸尽，无可买，夜间无茶饮，饭亦几不能入口，饥极，则时亦觉甘。书亦读尽。一灯如豆，虽有书亦不能读也。前此三日中作文数篇，有日记寄去，已收否？不见日记则不知吾此书作何语也。文兴发则忘诸苦，今文既成，而心乃无所寄，依依不复能为怀。此间距云南仅三日程，吾悔不于初到时即一往彼，吾深负云南人，彼中定怨我矣。稍淹信宿，更折而回，犹未晚也。

呜呼，吾此时深念吾爱女，安得汝飞侍我旁耶？吾欲更作文或著书以振我精神，今晚已瞢瞢不能属思，明日誓当抖擞一番也。吾欲写字，则又无纸，箧中有笺数十幅，珍如拱璧，不敢浪费也。

离泸迄今虽仅半月，而所历乃至诡异，亦不能知其苦乐，但吾抱责任心以赴之，究竟乐胜苦也。约二十七八乃能行，行半月乃能至梧州，此后所历更不知若何诡异，今年不复预计。极闷中写此告家人。（三月二十日　由帽溪山庄）

① 山陬［zōu］：山里，山坳中。陬，山脚。按：此地即越南海防郊外的帽溪农场，任公赴广西助陆荣廷独立反袁途中在此躲避、等待10日。

② 桂使：即陆荣廷派来迎接、保护任公入桂的人。

孟曦[1]昨日至海防，即夕入云南，觉顿[2]早安抵梧州。

嗟夫思顺，汝知我今夕之苦闷？吾作前纸书时九点耳，今则四点犹不能成寐。吾被褥既委不带，今所御者，此间佣保之物也，秽乃不可向迩。地卑湿，蚤缘延榻间以百计，嘬吾至无完肤。又一日不御烟卷矣。能乘此戒却，亦大妙。今方渴极，乃不得涓滴水，一灯如豆，油且尽矣。主人非不殷勤，然彼伧也，安能使吾适者。汝亦记台湾之游矣，今之不适且十倍彼时耳。

因念频年佚乐太过，致此形骸习于便安，不堪外境之剧变，此吾学养不足之明证也。人生惟常常受苦乃不觉苦，不致为苦所窘耳。更念吾友受吾指挥效命于疆场者，其苦不知加我几十倍，我在此已太安适耳。吾今当力求睡得，睡后吾明日必以力自振，暂利用此数日间著一书矣[3]。（二十夜向晨）

（1919年12月2日）

得十月廿 ·日禀，甚喜。总要在社会上常常尽力，才不愧为我之爱儿。人生在世，常要思报社会之恩，因自己地位做得一分是一分，便人人都有事可做了。……

---

① 孟曦：黄大暹（1883—1918），字孟曦，毕业于东京帝国大学，与梁启超、蔡锷、范源濂为至交。

② 觉顿：汤叡（1878—1916），字觉顿，1894年入万木草堂，曾任日本大同学校教习，在梁启超引导下研究财政，1913年梁推荐他担任中国银行总裁。此次，觉顿、孟曦二人与任公同赴广西讨袁。觉顿在1916年4月12日海珠联席会议上被龙济光手下射杀。

③ 暂利用此数日间著一书矣：梁在帽溪农场病稍愈，奋力写出2万字的《国民浅训》。

（1923年11月5日）

昨日松坡图书馆成立，馆在北海快雪堂，地方好极了，你还不知道呢，我每来复四日住清华，三日住城里，入城即住馆中。热闹了一天。今天我一个人独住在馆里，天阴雨，我读了一天的书，晚间独酌醉了，好孩子别要着急，我并没[1]有恁么醉，酒亦不是常常多吃的。书也不读了，找我最爱的孩子谈谈罢。谈什么呢？想不起来了。

哦，想起来了。

你报告希哲在那边商民爱戴的情形，令我喜欢得了不得。我常想，一个人要用其所长。人才经济主义。希哲若在国内混沌社会里头混，便一点看不出本领，当领事真是模范领事了。我常说天下事业无所谓大小，士大夫救济天下和农夫善治其十亩之田所成就一样。只要在自己责任内，尽自己力量去做，便是第一等人物。希哲这样勤勤恳恳做他本分的事，便是天地间堂堂地一个人，我实在喜欢他。

好孩子，你气不分弟弟妹妹们，希哲又气不分你，有趣得很。你请你妈妈和我打弟弟们替你出气，你妈妈给思成们的信帮他们，他们都拍手欢呼胜利，我说我帮我的思顺，他们淘气实在该打。平心而论，爱女儿那里会不爱女婿呢，但总是间接的爱，是不能为讳的。徽音我也很爱她，我常和你妈妈说，又得一个可爱的女儿。但要我爱她和爱你一样，终究是不可能的。

我对于你们的婚姻，得意得不了得。我觉得我的方法好

① 没：原无此字，据文意加。

极了，由我留心观察看定一个人，给你们介绍，最后的决定在你们自己，我想着真是理想的婚姻制度。好孩子，你想希哲如何，老夫眼力不错罢。徽音又是我第二回的成功。我希望往后你弟弟妹妹们个个都如此；这是父母对于儿女最后的责任。我希望普天下的婚姻都像我们家孩子一样。唉，但也太费心力了。像你这样有恁么多弟弟妹妹，老年心血都会被你们绞尽了。你们两个大的我所尽力总算成功，但也是各人缘法侥幸碰着，如何能确有把握呢？好孩子，你说我往后还是少管你们闲事好呢，还是多操心呢？

你妈妈在家寂寞得很，常和我说，放暑假时候很高兴，孩子们都上学，便闷得慌，这也是没有法得事。像我这样，一个人独处一年，我也不闷，因为我做我的学问便已忙不过来，但天下人能有几个像我这种脾气呢？

王姑娘近来体气大坏，因为你那两个殇弟[①]产后缺保养。我很担心，他也是我们家庭极重要的人物。他很能伺候我，分你们许多责任，你不妨常常写些信给他，令他欢喜。

我本来答应过庄庄，明年暑假绝对不讲演，带着你们顽一个夏天。但前几天我已经答应中国公学暑假学校讲一月了。他们苦苦要我，我耳朵软，答应了。我明春要到陕西讲演一个月，你回来的时候还不知我在家不呢。酒醒了，不谈了。（耶告这两个字是王右

① 两个殇弟：此指王桂荃早夭的两个孩子。按：梁启超共有14个孩子，9个长大成人，王桂荃所生有4个夭折。

军给儿女信札的署名法。）

（约1925年5月）

我自从给你们两亲家[1]强逼戒酒和强逼运动后，身体更强健，饭量大加增。有一天在外边吃饭，偶然吃了两杯酒回家来，思达说“打电报告姊姊去”，王姑娘也和小思礼说“打电报给亲家”，小思礼便说“打！打！”，闹得满屋子都笑了，我也把酒吓醒了。

梁思礼

我现在每日著书多则三四千字，少则一千几百，写汉隶每天两三条屏，功课有定，不闲不忙，早睡早起，甚是安适。

致梁思成、梁思永

（1916年6月22日）

来禀已悉。新遭祖父之丧，来禀无哀痛语，殊非知礼。以年幼姑勿责也。汝等能升级固善，不能也不必愤懑，但问果能

① 亲家：姐姐，此指思顺、思庄。广州方言称姐为“家姐”，省“姐”而加“亲”，表示亲爱。又：李喜所等《梁启超家族》谓“亲家”指梁思顺，盖梁氏对长女思顺和幼子思礼疼爱有加，常开玩笑说两人是亲家，将来两人的孩子要结亲（这只是玩笑，思顺大思礼31岁）。但此处说的“两亲家”显然指思顺、思庄，故李说似不确。

用功与否。若既竭吾才，则于心无愧。若缘怠荒所致，则是自暴自弃，非吾家佳子弟矣。闻汝姊言，汝等颇知习劳苦、学俭朴，吾心甚慰，宜益图向上。吾再听汝姊考语，以为忧喜也。

致梁思成

（1923年5月）

吾欲汝以在院两月中取《论语》《孟子》，温习谙诵，务能略举其辞，尤于其中有益修身之文句，细加玩味。次则将《左传》《战国策》全部浏览一遍，可益神智，且助文采也。更有余日读《荀子》则益善。各书可向二叔处求取。《荀子》颇有训诂难通者，宜读王先谦《荀子集解》。可令张明去藻玉堂老王处取一部来。

（1923年7月26日）

汝母归后说情形，吾意以迟一年出洋为要。志摩亦如此说。昨得君励书，亦力以为言。盖身体未完全复元[①]，旋行恐出毛病，为一时欲速之念所中，而贻终身之戚，甚不可也。人生之旅历途甚长，所争决不在一年半月，万不可因此着急失望，招精神上之萎崽。汝平生处境太顺，小挫折正磨练德性之好机

① 盖身体未完全复元：1923年5月7日，梁思成去参加国耻日纪念活动，骑摩托车在南长街被汽车撞倒，左腿骨折，脊椎受损，为此不得不推迟一年出国留学。

② 1924年思庄到加拿大读书后，梁启超写了思念爱女的小诗，装裱成精美手卷，题曰“千里一笑”，寄给思庄。

会。况在国内多预备一年，即学业论，亦本未尝有损失耶。吾星期日或当入京一行，届时来视汝。

致孩子们

（1925年7月10日）

……庄庄，你的信写许多有趣话告诉我，我喜欢极了。你往后只要每水船都有信，零零碎碎把你日常生活和感想报告我，我总是喜欢的。我说你“别要孩子气”，这是叫你对于正事——如做功课，以[1]及料理自己本身各事等——自己要拿主意，不要依赖人。至于做人带几分孩子气，原是好的。你看爹爹有时还“有童心”呢！

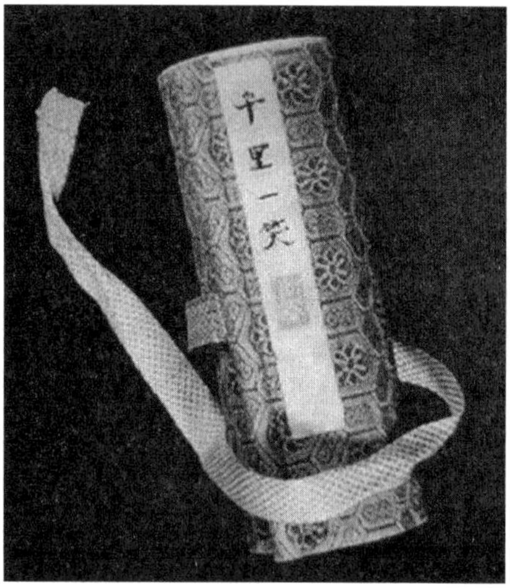

千里一笑[2]

你入学校还是在加拿大好。你三个哥哥都受美国教育，我们家庭要变“美国化”了！我很想你将来不经过美国这一级也并非一定如此，还要看环境的利便。便到欧洲去，所以在加拿大预备像更好。稍旧一点的严正教育，受了很有益，你还是安心入加校罢。至于未能立进大学，这有什么要紧，“求学问不是求文

① 以：原作“与”。

凭”，总要把墙基越筑得厚越好。你若看见别的同学都入大学，便自己着急，那便是“孩子气”了。

思顺对于徽音感情完全恢复，我听见真高兴极了。这是思成一生幸福关键所在。我几个月前，很怕思成因此生出精神异动，毁掉了这孩子，现在我完全放心了。

思成前次给思顺的信说：“感觉着做错多少事，便受多少惩罚，非受完了不会转过来。”这是宇宙间惟一真理，佛教说的“业”和“报”，就是这个真理。我笃信佛教就在此点，七千卷《大藏经》也只说明这点道理。凡自己造过的“业”，无论为善为恶，自己总要受“报”。一斤报一斤，一两报一两，丝毫不能躲闪，而且善和恶是不准抵消的。佛对一般人说轮回，说他佛。自己也曾犯过什么罪，因此曾入过某层地狱，做过某种畜生；他自己又也曾做过许多好事，所以亦也曾享过什么福。……如此，恶业受完了报，才算善业的账。若使止在享善业的报的时候，又做些恶业，善报受完了，又算恶业的账。并非有个什么上帝做主宰，全是“自业自得”。又并不是像耶教说的“到世界末日算总账”，全是“随作随受”。又并不是像耶教说的“多大罪恶一忏悔便完事”。忏悔后固然得好处，但曾经造过的恶业，并不因忏悔而灭，是要等“报”受完了才灭。佛教所说的精理，大略如此。他说的六道轮回等等，不过为一般浅人说法，说些有形的天堂地狱，其实我们刻刻在轮回中，一生不知经过多少天堂地狱。

即如思成和徽音，去年便有几个月在刀山剑树上过活①！这种地狱，比城隍庙十王殿里画出来还可怕！因为一时造错了一点业，便受如此惨报，非受完了不会转头。倘若这业是故意造的，而且不知忏悔，则受报连绵下去，无有尽时。因为不是故意的，而且忏悔后又造善业，所以地狱的报受彀②之后，天堂又到了。若能绝对不造恶业，而且常造善业——最大善业是“利他”。则常住天堂，这是借用俗教名词。佛说是涅槃。涅槃本义是“清凉世界”。

我虽不敢说常住涅槃，但我总算心地清凉的时候多。换句话说，我住天堂的时候比住地狱的时候多，也是因为我比较的少造恶业的缘故。我的宗教观、人生观的根本在此，这些话都是我切实受用的所在。因思成那封信像是看见一点这种真理，所以顺便给你们谈谈。

思成看着许多本国古代美术，真是眼福，令我羡慕不已。甲胄的扣带，我看来总算你新发明了。可得奖赏。或者书中有讲及，但久已没有实物来证明。

昭陵石马③怎么会已经流到美国去，真令我大惊！那几只马是有名的美术品，唐诗里“可要昭陵石马来”“昭陵风雨

---

① “即如思成……”以下两句：此当是1924年思成与徽因情感上的一次波折，联系上面“思顺对于徽音感情完全恢复”“这是思成一生幸福关键所在”“很怕思成因此生出精神异动”等，可知。

② 彀［gòu］：同“够”。

③ 昭陵石马：此指“昭陵六骏”中的2匹，1914年被美国文物商购走（现藏于宾夕法尼亚大学博物馆）。昭陵六骏是李世民陵墓北祭坛两侧的六匹骏马浮雕。李世民为纪念自己的6匹战马，令阎立德、阎立本绘制雕成。（罗振玉《石交录》：袁克文令文物商将昭陵六骏运往洹上村，文物商因石体太大，将其中2匹分解装运，袁“怒估人之剖石也，斥不受”，后被美国文物商购走。）

埋冠剑，石马无声蔓草寒”，向来诗人讴歌不知多少。那些马都有名字——是唐太宗赐的名，画家、雕刻家都有名字可考据的。我所知道的，现在还存四只，我们家里藏有拓片，但太大，无从裱，无从挂，所以你们没有看见。怎么美国人会把他搬走了！若在别国，新闻纸不知若何鼓噪。在我们国里，连我恁么一个人，若非接你信，还连影子也不晓得呢！可叹，可叹！

希哲既有余暇做学问，我很希望他将国际法重新研究一番。因为欧战以后，国际法的内容和从前差得太远了。十余年前所学，现在只好算古董！既已当外交官，便要跟着潮流求自己职务上的新智识。还有中国和各国的条约全文，也须切实研究。希哲能趁这个空闲做这类学问最好，若要汉文的条约汇纂，我可以买得寄来。……

（1926年3月10日）

贺寿的电报接到了，你们猜我在那里接到？乃在协和医院三零四号房！你们猜我现在干什么？刚被医生灌了一杯蓖麻油，禁止吃晚饭！活到五十四岁，儿孙满前，过生日要挨饿！你们说可笑不可笑？

Baby：你看！公公不信话，不乖乖，过生日还要吃泻油，不许吃东西哩！

我想做一首诗，唱唱这段故事，但做来做去做不好，算了罢。过用心思，又要受王姨娘们唠叨了！

我这封信写得最有趣，是坐在病床上用医院吃饭用的盘当桌子写的。我发明这项工具，过几天可以在病床上临帖了。

现在还是检查诊断。时期：昨天查过一次，明天再查一次，就可以决定治疗方法了。协和真好！可惜在德国医院担搁许多日子，不然，只怕现在已经全好了。

诊断情形，你二叔们当陆续有详细报告，不消我说了。我写这封信，是要你们知道我的快活顽皮样子。

昨晚院中各科专门医生分头来检查我的身体，各部分都查到了，都说五十岁以上的人体子如此结实，在中国是几乎看不见第二位哩！

致梁思顺

（1926年4月19日）

……近来因我的病惹起许多议论[1]。北京报纸有好几家都攻击协和，《现代评论》《社会日报》攻得最厉害。我有一篇短文在《晨报副刊》发表，带半辩护的性质，谅来已看见了。总之，这回手术的确可以不必用，好在用了之后身子没有丝毫吃亏，唐天如细细诊视，说和从前一样。只算费几百块钱，挨十来天痛苦，换得个安心也还值得。

现在病虽还没有清楚，但确已好多了，而且一天比一天

① 议论：梁启超于1926年3月因便血入住北京协和医院，经认真检查，发现右肾有一黑影，怀疑为瘤，遂于当月16日手术割去右肾，但便血症依旧，引起舆论对协和的批评。

好。或者是协和的药有效，现在还继续吃。或者是休息的效验。现在还不能十分休息，正在将近毕业，要细阅学生们成绩。半月后到北戴河去，一定更好了。

我想来美一游，各人也不十分反对，但都怕我到美决不能休息，或者病又复发，所以阻止者多，现在决定不来了。

蹇季常、张君劢们极力劝我在清华告假一年，这几天不停的唠叨我。他们怕一开课后我便不肯休息，且加倍工作。我说我会自己节制。他们都不相信。但是我实在舍不得暂离清华，况且我实际上已经无病了。我到底不能采用他们的建议。总之，极力节制，不令过劳便是。你们放心罢。

由天津电汇四千元，想已收。一半是你们存款，一半给思庄们学费，你斟酌着分给他们。思成在费城，今年须特别耗费，务令他够用，不至吃苦。思永也须贴补点，为暑假旅行及买书等费。[1]

思庄考得怎样[2]？能进大学固甚好，即不能也不必着急，日子多着哩。

我写的一幅小楷，装上镜架给他做奖品，美极了，但很难带去，大概只好留着等他回来再拿了。

① “由天津电汇四千元”以下一段：任公割肾手术月余，如此为儿女操心谋划，读之令人动容。

② 思庄考得怎样：1924年周希哲被任命为驻加拿大总领事，思顺夫妇携16岁的思庄随同前往加拿大读中学。此时正值思庄中学毕业考大学（思庄后在加拿大麦基尔大学获文学学士学位，又入美国哥伦比亚大学获图书馆学学士学位）。

许久没有写信给成、永们，好在给你的信，他们都会看见的。

老白鼻会唱“葡萄美酒”了，真乖得好顽。

致梁思永

（1927年4月21日）

前两封信叫你不必回来，现在又要叫你回来了。因为瑞典学者斯温·哈丁——他在中亚细亚、西藏等地过了三十多年冒险生涯，谅来你也闻他名罢——组织一个团体往新疆考古，有十几位欧洲学者和学生同去，到中国已三个多月了。初时中国人反对他、抵制他——十几个学术团体曾联合发表宣言，清华研究院、国立图书馆也列名。但我自始即不主张这种极端排外举动——直到最近才决定和他合作，彼此契约。今天或明天可以签字了，中国方面有十人去：五位算是学者，余五位是学生。其中自然科学方面只有清华所派的一位教授，袁复礼①，他和李济之②同去山西，我们研究院担任他这回旅行的经费，不用北京学术团体的钱。去的人我是大大不满意的。

我想为你的学问计，这是千载难逢的机会，若错过了，以

① 袁复礼（1893—1987）：河北徐水人，地质学家，参与领导了由斯温·哈丁发起的“中国—瑞典西北科学考察团”，获瑞典皇家科学院“北极星奖章”。

② 李济之（1896—1979）：即李济，字济之，湖北钟祥人，考古学家、人类学家，曾任清华国学院讲师，主持了山西夏县、安阳殷墟、章丘城子崖的考古发掘。1938年被推选为英国皇家人类学会名誉会员，1948年随考古组去台湾。

后想自己跑新疆沙漠一趟，千难万难。因此要求把你加入去，自备资斧[①]——因为犯不着和那些北京团体分这点钱钱少得可怜——今日正派人去和哈丁接洽，明后日可以回信，大约十有九可望成功的。

他们的计划：时间一年半到两年，研究范围本来是考古学、地质学、气象学三门。后来因为反对他们拿古物出境，结果考古学变成附庸，由中国人办，他们立于补助地位——能否成功，就要看袁君和你的努力了。其他的人都怕够不上。

我想你这回去能够有大发见固属莫大之幸，即不然，跟着欧洲著名学者作一度冒险吃苦的旅行，学得许多科学的研究方法，也是于终身学问有大益的。所以我不肯把机会放过，要求将你加入。他们预定一个月内大约须一个月后。便动身，你是没有法子赶得上同行了。但他们沿途尚有逗留，你从后面赶上去，就令赶不上第一站，迪化[②]。总可以赶得上第二站哈密。——不同行当然是很麻烦的，但在迪化或哈密以东，我总可以托沿途地方官照料你。

我明天入城和哈丁交涉妥洽，把路程日期计算清楚之后，也许由清华发电给监督处及哈佛校长，要求把你提前放假。果尔，则此信到时，你或者已经动身了。若此信到时还未接有电

① 资斧：本为出门备作砍伐荆棘的利斧，引申为资材、器用，后指盘缠、旅费。梁启超于1926年2月10日致梁思永的信载，“只要能派你实在职务，得有实习机会，盘费、食住费等等都算不了什么大问题，家里景况，对于这点点钱还担任得起也。”

② 迪化：乌鲁木齐旧称，1763年旧城扩建时由乾隆定名。

报，那么或是事情有变动，或是可以等到放暑假才回来还赶得上。总之，你接到这封信时便赶紧预备罢！……

（1927年4月27日）

这是第三封信，我很不愿意写的。因为要报告你以失望消息。

我今天会着斯温·哈丁了。他极高兴得你做同伴，然而事实上绝对办不到，因为他们三个礼拜内就动身了。你无论如何赶不上同行，然而单独行断断乎不可。

从包头京绥路终点。到哈密约摸要骑三个月骆驼，那条路大概自玄奘以后，没有单人独马走过的。这回这个冒险队，中外人连夫役合共六十一人，带机关枪一架，手枪二十多枝，饶是这样，还要和那边的马贼疏通好，花了不少的保镖钱才能成行。你一人赶上去万万来不得的。

哈丁说盼望你从西伯利亚铁路赶到迪化去。但这事谭何容易。无论钱要化得很多，而且中俄邦交已断，在俄国找护照也找不出。

这事完全绝望了，令我白高兴几天。若早两个月发动，当然赶得上，但这并不是我怠慢，因为我们和哈丁的协定，昨天才签字，我在签字前五天已经打主意了，所以我并没有一点可懊悔处。其实难怪，本来第一封信原是我一相情愿的话，完全没有把实际情形研究清楚，你前后几天工夫连接我三封信，前头所讲的话立刻取消，你们谅也觉得好笑。不过，这也算是我替你们学问前途打算的一段历史！我这几天的热心计划和奔走，我希望在你将来学问的生涯中也得有相当的好印象。

这回失望并不必灰心，因为我和哈丁谈话的结果又得了新希望，他们这回大举旅行，我探问他的费用，也不过预备三十万元便够两年。这点钱我们中国也不至拿不出来。这回我们加入那团体原稍为带一点监督的意思——怕他们把古物偷运出境，也带有跟着学习的意思。所以我和袁复礼说情，他将这回作为我们独立探险考古的预备，细细留意那些地方可以采掘，而且学得些经验，采掘和旅行两种经验。预备第二次自己来，那时你或者够上当一员发起人也未可知哩！

这事既不成，李济之却是还盼望你回来和他合作。据他说，山西的希望①也许比新疆还大，他这回所以不肯加入哈丁团体本来我们清华要派他的。就因为舍不得山西。他说，无论如何今年总要出去。打算七月底就到山西，在那边等着你，所以我还是愿意你回来的，来不来请你斟酌罢，若回来要钱用，可问姊姊要。

致孩子们

（1927年1月27日）

……（希哲）调新加坡事倒可以商量，等我打听情形再

① 山西的希望：指1926年开始对山西夏县西阴村新石器时代遗址的发掘，这是中国学者独立进行的考古发掘。

说罢。调智利事幸亏没有办到，不然才到任便裁缺，那才狼狈呢！大抵凡关于个人利害的事，只是“随缘”最好，若勉强倒会出岔子。希哲调新加坡时，若不强留那一年，或者现在还在新加坡任上，也未可知。这种虽是过去的事，然而经一事长一智，正可作为龟鉴[①]。所以我也不想多替你们强求。若这回二五附加税[②]项下使领经费能够有着落，便在冷僻地方——人所不争的，多蹲一两年也未始不好。

顺儿着急和愁闷是不对的。到没有办法时卷起铺盖回国。既已打定这个主意，便可心安理得。

凡着急愁闷无济于事者，便值不得急他愁他，我向来对于个人境遇都是如此看法。顺儿受我教育多年，何故临事反不得力，可见得是平日学问没有到家。你小时候虽然也跟着爹妈吃过点苦，但太小了，全然不懂。及到长大以来，境遇未免太顺了。现在这种困难境遇，正是磨炼身心最好机会；在你全生涯中不容易碰着的，你要多谢上帝玉成的厚意。在这个档口做到“不改其乐”的工夫，才不愧为爹爹最心爱的孩子哩。……

（1927年2月6日、10日、15日、16日）

……思成来信问有用无用之别，这个问题很容易解答。

① 龟鉴：比喻起借鉴作用的事物。龟，古时用来占卜的龟甲；鉴，镜子。

② 二五附加税：1926年广东革命政府征收的关税附加税，即在5％正税外，加征2.5％附加税。

试问唐开元、天宝间李白、杜甫与姚崇、宋璟[1]比较，其贡献于国家者孰多？为中国文化史及全人类文化史起见，姚、宋之有无，算不得什么事，若没有了李、杜，试问历史减色多少呢？我也并不是要人人都做李、杜，不做姚、宋。要之，要各人自审其性之所近何如，人人发挥其个性之特长，以请献于社会，人才经济莫过于此。思成所当自策厉者，惧不能为我国美术界作李、杜耳。如其能之，则开元、天宝间时局之小小安危，算什么呢？

你还是保持这两三年来的态度，埋头埋脑做去便对了。

你觉得自己天才不能副你的理想，又觉得这几年专做呆板工夫，生怕会变成画匠。你有这种感觉，便是你的学问在这时期内将发生进步的特征，我听见倒喜欢极了。

孟子说："能与人规矩，不能使人巧。"凡学校所教与所学，总不外规矩方面的事；若巧，则要离了学校方能发见。规矩不过求巧的一种工具，然而终不能不以此为教、以此为学者，正以能巧之人，习熟规矩后，乃愈益其巧耳。不能巧者，依着规矩可以无大过。

你的天才到底怎么样，我想你自己现在也未能测定，因为终日在师长指定的范围与条件内用功，还没有自由发摅自己性灵的余地。

---

① 姚崇（651—721）：武则天、唐玄宗朝宰相，在御边、清除张易之党羽、迫使武则天还政唐中宗、朝政治理方面有突出贡献。宋璟（663—737），历仕高宗至玄宗六朝（计以武周朝），敢于犯颜直谏、不怕得罪权贵，择才任事，刑赏无私，与姚崇并称贤相。

况且凡一位大文学家、大美术家之成就，常常还要许多环境与及附带学问的帮助。中国先辈屡说要“读万卷书，行万里路”。你两三年来蛰居于一个学校的图案室之小天地中，许多潜伏的机能如何便会发育出来?

即如此次你到波士顿一躺，便发生许多刺激，区区波士顿算得什么，比起欧洲来，真是“河伯”之与“海若”[①]，若和自然界的崇高伟丽之美相比，那更不及万分一了。然而令你触发者已经如此。

将来你学成之后，常常找机会转变自己的环境，扩大自己的眼界和胸次，到那时候或者天才会爆发出来，今尚非其时也。

今在学校中只有把应学的规矩，尽量学足。不惟如此，将来到欧洲、回中国，所有未学的规矩也还须补学。这种工作乃为一生历程所必须经过的——而且有天才的人绝不会因此而阻抑他的天才，你千万别要对此而生厌倦，一厌倦即退步矣。

至于将来能否大成，大成到怎么程度，当然还是以天才为之分限。我生平最服膺曾文正两句话：“莫问收获，但问耕耘。”将来成就如何，现在想他则甚?着急他则甚?

一面不可骄盈自慢，一面又不可怯弱自馁，尽自己能力做去，做到那里是那里，如此则可以无入而不自得，而于社会亦

① “河伯”之与“海若”：《庄子·秋水》载，夏秋间连续大雨，黄河涨满，河水宽阔，河伯顺着滚滚浪涛东流至海，见大海之无涯，一时自失。北海若于是给他讲了一番大海之水“万川归之，不知何时止而不盈；尾闾泄之，不知何时已而不虚”的道理。

总有多少贡献。我一生学问得力专在此一点，我盼望你们都能应用我这点精神。

思永回来一年的话怎么样？主意有变更没有？刚才李济之来说，前次你所希望的已经和毕士卜谈过，他很高兴，已经有信去波士顿博物院，一位先生名罗治者和你接洽，你见面后所谭如何可即回信告我。现在又有一帮瑞典考古学家要大举往新疆发掘了，你将来学成归国，机会多着呢！

忠忠会自己格外用功，而且埋头埋脑不管别的事，好极，好极，好极。姊姊、哥哥们都有信来夸你，我和你娘娘都极喜欢。西点事三日前已经请曹校长再发一电给施公使，未知如何，只得尽了人事后听其自然。你既走军事和政治那条路，团体的联络是少不得的，但也不必忙。在求学期内，暂且不以此分心也是好的。

梁思永

旧历新年期内，我着实顽了几天。许久没有打牌了，这次一连打了三天，也很觉有兴。……昨日清华已经开学了，自此以后我更忙个不了。但精神健旺，一点不觉得疲倦。虽然每遇过劳时，小便还带赤化，但既与健康无关，绝对不管他便是了。

致梁思顺

（1927年5月13日）

我看见你近日来的信，很欣慰。你们缩小生活程度，暂在坎挨一两年，是最好的。

你和希哲都是寒士家风出身，总不要坏自己家门本色，才能给孙子们以磨练人格的机会。生当乱世，要吃得苦，才能站得住。其实何止乱世为然。一个人在物质上的享用，只要能维持着生命便够了。至于快乐与否，全不是物质上可以支配。能在困苦中求出快活，才真是会打算盘哩，何况你们并不算穷苦呢？拿你们比你们两个人的父母，已经舒服多少倍了，以后困苦日子，也许要比现在加多少倍，拿现在当作一种学校，慢慢磨练自己，真是最好不过的事，你们该感谢上帝。

……

我们家几个大孩子大概都可以放心，你和思永大概绝无问题了。

思成呢？我就怕因为徽音的境遇不好[1]，把他牵动，忧伤憔悴是容易销磨人志气的。最怕是慢慢的磨。即如目前因学费艰难，也足以磨人，但这是一时的现象，还不要紧，怕将来为日方长。

我所忧虑者还不在物质上，全在精神上。我到底不深知徽音胸襟如何，若胸襟窄狭的人，一定抵当不住忧伤憔悴，若忧

① 境遇不好：林徽因的父亲林长民（曾任福建省参议院秘书长、进步党政治部部长、段祺瑞内阁司法总长等）于1925年11月24日因参与反奉运动遇害。

伤憔悴影响到思成，便把我的思成毁了。你看不至于如此吧！关于这一点，你要常常帮助着思成注意预防。总要常常保持着元气淋漓的气象，才有前途事业之可言。

思忠呢，最为活泼，但太年轻，血气未定。以现在情形而论，大概不会学下流，我们家孩子断不至下流，大概总可放心。只怕进锐退速，受不起打击。他所择的术——政治、军事——又最含危险性，在中国现在社会做这种职很容易堕落。即如他这次想回国，原是一种极有志气的举动，我也很夸奖他，但是发动得太孟浪了。这种过度的热度，遇着冷水浇过来，就会抵不住。从前许多青年的堕落，都是为此。

我对于他这种志气，不愿高压，所以只把事业上的利害慢慢和他解释，不知他听了如何？这种教育方法，很是困难，一面不可以打断他的勇气，一面又不可以听他走错了路，走错了本来没有什么要紧，聪明的人会回头另走，但修养工夫未够，也许便因挫折而堕落。所以我对于他还有好几年未得放心，你要就近常常察看情形，帮着我指导他。……

你们的留支稍为迟点再寄去，因为汇去美金五千，此间已无余钱，谅来迟一两个月还不碍事吧。

致孩子们

（1927年6月14日、15日）

三个多月不得思成来信，正在天天悬念，今日忽然由费城打回头相片包——系第一次所寄者，阴历新年。合家惊皇失措。当即发电坎京询问，谅一二日即得覆电矣。

你们须知你爹爹是最富于情感的人，对于你们的爱情，十二分热烈。你们无论功课若何忙迫，最少隔个把月总要来一封信，便几个字报报平安也好。你爹爹已经是上年纪的人，这几年来，国忧家难，重重叠叠，自己身体也不如前，你们在外边几个大孩子，总不要增加我的忧虑才好。①

我本月初三离开清华，本想立刻回津，第二天得着王静安先生自杀的噩耗，又复奔回清华，料理他的后事及研究院未完的首尾，直至初八才返到津寓。现在到津已将一星期了。

静安先生自杀的动机，如他遗嘱上所说："五十之年，只欠一死，遭此世变，义无再辱。"他平日对于时局的悲观，本极深刻。最近的刺激，则由两湖学者叶德辉②、王葆心③之被枪毙。叶平日为人本不自爱，学问却甚好。也还可说是有自取之道。王葆心是七十岁④的老先生，在乡里德望甚重，只因通信有"此间是地狱"一语，被暴徒拽出，极端棰辱，卒致之死地。静公深痛之，故效屈子沉渊，一瞑不复视。

---

① "你们须知……"以下一段：此时任公55岁，想到他一年半以后就逝世了，读之一恸！

② 叶德辉（1864—1927）：湖南湘潭人，进士出身，曾任吏部主事等。著名学者、藏书家、出版家。对湖南打土豪分田地的农民运动有微词，被农民协会处决。著有《书林清话》《翼教丛编》《经学通访》《观古堂书目丛刻》等。

③ 王葆心（1867—1944）：湖北罗田人，光绪33年举贡考试名列第一。曾在清朝学部、礼部任职，方志学大家，与王国维相契。他被枪毙的消息系误传。

④ 七十岁：应为六十岁，当系笔误。王葆心生于1867年至1927年为60岁。

此公治学方法，极新极密，今年仅五十一岁，若再延寿十年，为中国学界发明，当不可限量。今竟为恶社会所杀，海内外识与不识莫不痛悼。研究院学生皆痛哭失声，我之受刺激更不待言了。……

（1927年8月29日）

……思成再留美一年，转学欧洲一年，然后归来最好。

关于思成学业，我有点意见。思成所学太专门了，我愿意你趁毕业后一两年，分出点光阴多学些常识，尤其是文学或人文科学中之某部门，稍为多用点工夫。我怕你因所学太专门之故，把生活也弄成近于单调，太单调的生活，容易厌倦，厌倦即为苦恼，乃至堕落之根源。

再者，一个人想要交友取益，或读书取益，也要方面稍多，才有接谈交换或开卷引进的机会。不独朋友而已，即如在家庭里头，像你有我这样一位爹爹，也属人生难逢的幸福。若你的学问兴味太过单调，将来也会和我相对词竭，不能领着我的教训，你全生活中本来应享的乐趣，也削减不少了。

我是学问趣味方面极多的人，我之所以不能专精有成者在此，然而我的生活内容异常丰富，能够永久保持不厌不倦的精神，亦未始不在此。我每历若干时候，趣味转过新方面，便觉得像换个新生命，如朝旭升天，如新荷出水，我自觉这种生活是极可爱的，极有价值的。我虽不愿你们学我那泛滥无归的短处，但最少也想你们参采我那烂漫向荣的长处。这封信你们留着，也算我自作的小小像赞。

我这两年来对于我的思成，不知何故常常像有异兆的感觉，怕他渐渐会走入孤峭冷僻一路去。我希望你回来见我时，还我一个三四年前活泼有春气的孩子，我就心满意足了。这种境界，固然关系人格修养之全部，但学业上之薰染陶镕，影响亦非小。因为我们做学问的人，学业便占却全生活之主要部分。学业内容之充实扩大，与生命内容之充实扩大成正比例。所以我想医你的病，或预防你的病，不能不注意及此。这些话许久要和你讲，因为你没有毕业以前，要注重你的专门，不愿你分心，现在机会到了，不能不慎重和你说。

你看了这信，意见如何？徽音意思如何？无论校课如何忙迫，是必要回我一封稍长的信，令我安心。

你常常头痛，也是令我不能放心的一件事。你生来体气不如弟妹们强壮，自己便当自己格外撙节[1]补救，若用力过猛，把将来一身健康的幸福削减去，这是何等不上算的事呀！前在费校功课太重，也是无法，今年转校之后，务须稍变态度。

我国古来先哲教人做学问方法，最重优游涵饫，使自得之。这句话以我几十年之经验结果，越看越觉得这话亲切有味。凡做学问总要“猛火熬”和“慢火炖”两种工作循环交互着用去。在慢火炖的时候，才能令所熬的起消化作用，融洽而

① 撙［zǔn］节：指控制、调理身心。撙，节省、限制。

实有诸己。

思成，你已经熬过三年了，这一年正该用炖的工夫。不独于你身子有益，即为你的学业计，亦非如此不能得益。你务要听爹爹苦口良言。

庄庄在极难升级的大学中居然升级了，从年龄上你们姐妹弟兄们比较，你算是最早一个大学二年级生，你想爹爹听着多么欢喜。你今年还是普通科大学生，明年便要选定专门了，你现在打算选择没有？

梁思庄

我想你们弟兄姊妹，到今还没有一个学自然科学，很是我们家里的憾事，不知道你性情到底近这方面不？我很想你以生物学为主科，因为它是现代最进步的自然科学，而且为哲学、社会学之主要基础，极有趣而不须粗重的工作，于女孩子极为合宜，学回来后本国的生物随在可以采集试验，容易有新发明。截到今日止，中国女子还没有人学这门，男子也很少。你来做一个“先登者”不好吗？还有一样，因为这门学问与一切人文科学有密切关系，你学成回来可以做爹爹个大帮手，我将来许多著作，还要请你做顾问哩！不好吗？

你自己若觉得性情还近，那么就选他，还选一两样和他有密切联络的学科以为辅。你们学校若有这门的好教授，便留校，否则在美国选一个最好的学校转去，姊姊、哥哥们当然会替你调查妥善，你自己想想定主意罢。

专门科学之外，还要选一两样关于自己娱乐的学问，如音乐、文学、美术等。据你三哥说，你近来看文学书不少，甚好，甚好。你本来有些音乐天才，能够用点功，叫他发荣滋长最好。

姊姊来信说你因用功太过，不时有些病。你身子还好，我倒不十分担心。但做学问原不必太求猛进，像装罐头样子，塞得太多太急，不见得便会受益。我方才教训你二哥，说那“优游涵饫，使自得之”，那两句话，你还要记着受用才好。

你想家想极了，这本难怪，但日子过得极快，你看你三哥转眼已经回来了，再过三年你便变成一个学者回来帮着爹爹工作，多么快活呀！

……

这几天几位万木草堂老同学韩树园、徐君勉[1]、伍宪子都来这里共商南海先生身后事宜，他家里真是八塌糊涂，没有办法。

最糟的是他一位女婿，三姑爷。南海生时已经种种捣鬼，连

---

① 徐君勉（1873—1945）：徐勤，字君勉，广东三水人，康门十大弟子之一，戊戌政变后，康有为曾作书托付其照顾老母家人，可见其关系非常。

偷带骗，南海现在负债六七万，至少有一半算是欠他的。他串同外人来盘剥。现在还是他在那里把持，二姨太是三小姐的生母，现在当家，惟女儿女婿之言是听，外人有什么办法。君勉任劳任怨，想要整顿一下，便有“干涉内政”的谤言，只好置之不理。他那两位世兄，和思忠、思庄同庚，现在还是一点事不懂，远不及达达、司马懿。活是两个傻大少。人当不坏，但是饭桶，将来亦怕变坏。还有两位在家的小姐，将来不知被那三姑爷摆弄到什么结果，比起我们的周姑爷和你们弟兄姊妹，真成了两极端了。

我真不解，像南海先生这样一个人，为什么全不会管教儿女，弄成这样局面。我们公同商议的结果，除了刊刻遗书由我们门生负责外，盼望能筹些款，由我们保管着，等到他家私花尽，现在还有房屋、书籍、字画等所值不少。能够稍为接济那两位傻大少及可怜的小姐，算稍尽点心罢了。……

（1927年11月24日、12月5日）

（思成）你们回国后职业问题大不容易解决，现在那里有人敢修房子呢？学校教授也非易——全国学校除北京外，几乎都关门了。但没法之中也许还是在当教书匠上想法，那么教的什么东西，不能不稍预备。我想你们在西洋美术史上多下一点工夫，何如？

我想你们这一辈青年，恐怕要有十来年　　或者更长，要挨极艰难困苦的境遇，过此以往却不是无事业可做，但要看你对付得过这十几二十年风浪不能。你们现在就要有这种彻底觉悟，把自己的身体和精神十二分注意锻炼、修养，预备着将来历受孟子所谓“苦其心志，劳其筋骨，饿其体肤，空乏其身，行拂乱其所为[①]”者。我对于思成身子常常放心不下，就是为此。

……

这几天常常在我脑子里转的就是思成们结婚问题。结婚当然是回国后才办最好，这是不消说的。在徽音固然他娘娘只有他一个，应该在跟前郑重举行。即以思成论，虽然姊妹弟兄很多，但你是长子，我还不是十二分不愿意如此盛典不在我跟前看着办吗？

梁思成与林徽音

前几天我替南开大学一位教授研究院毕业生。主婚，他们夫妇都是云南人，没有一个亲属在此。我便充当两边的家长，很觉得他们冷清清的，同时想起我的思成，若在美结婚，只怕还赶不上他们热闹哩！心里老大不自在。

① 行拂乱其所为：做事总达不到当初所要达到的目标。拂，违逆、不如意。

但是为你们学业计，非到欧洲一游不可。回国后想在较近期间内再出去，实属千难万难。这种机会如何可以错过呢？你今天来信说的徽音从太平洋先归省亲，虽然未尝不可，但徽音虽曾到过欧洲，经过这几年学业后，观察眼光当然与前不同，不去再看一趟，到底是可惜。况且两个人同游同看，彼此观摩，当然所得益处比一个人独游好得多。……所以，我替你们打算，还是在美办的好，徽音乖孩子，采纳我的主张罢！林家长亲完全和我同一主张，想也有信去了。

我替你们出主意，最好是在阿图和办——婚礼即在那边最大的礼拜堂里举行。

林叔叔本是基督教信徒，我虽不喜教会，但对于基督当然是崇拜的。既然对于宗教没有什么界限，而又当中国婚礼没有什么满意的仪式的时候，你们用庄严的基教婚仪有何不可呢？一面希哲夫妇用"中国国家代表"的资格参列，再请上该地官长和各国外交官来观礼，也很够隆重的了。

你们若定了采用这办法，可先把日期择定，即刻写信回来，或怕赶不上则电告。到那天我和徽音的娘当各有电报给你们贺喜并训勉，岂不是已经相当的热闹和郑重了吗？

有一件事要告诉你们。你们若在教堂行礼，思成的名字便用我的全名——用外国习惯叫做"思成梁启超"，表示你以长子资格继承我全部人格和名誉。

你的腿能够跪拜否？若能，则结婚后第二天新夫妇同到领事馆向两家祖宗及父母双双遥拜，若不能屈膝，则双双鞠躬亦得，总之行最恭敬礼便是了。

婚礼只要庄严，不要奢靡，不独在外国如是，即回本国举行也不过如是。

……

致梁思成

（1927年12月18日）

……我替你们打算：到英国后折往瑞典、那威[1]一行，因北欧极有特色，市政亦极严整有新意，新造之市，建筑上最有意思者为南美诸国，可惜力量不能供此游，次则北欧特可观。必须一往。由是入德国，除几个古都市外，莱因河畔著名堡垒，最好能参观一二。回头折入瑞士看些天然之美。再入意大利，多耽阁些日子，把文艺复兴时代的美彻底研究了解。最后便回到法国，在玛赛上船。到西班牙也好，刘子楷在那里当公使，招呼极方便。中世及近世初期的欧洲文化实以西班牙为中心。中间最好能腾出点时间和金钱到土耳其一行，看看回教的建筑和美术，附带着替我看看土耳其革命后政治。关于这一点，最好能调查得一两部极简明的书（英文的）回来讲给我听听。……

（1928年2月12日）

……国币五千或美金三千可以给你，详信已告姊姊。在

① 那威：即挪威。

这种年头，措此较大之款，颇觉拮据。但这是你学问所关，我总要玉成你，才尽我的责任。除此间划拨那二千美金外，剩下一千，若姊姊处凑不出这数目，你们只好撙节着用，或少到一两处地方罢了。

我前几封信都主张你们从海道回国，反对走西伯利亚铁路，但是若为省钱计，我也无可无不可。若走西伯利亚，要先期告我，等我设法，令你们入境无阻滞。

你脚踏到欧陆之后，我盼望你每日有详细日记，将所看的东西留个印象，凡注意的东西都留他一张照片。可以回来供系统研究的资料。若日记能稍带文学的审美的性质，回来我替你校阅后可以出版，也是公私两益之道。

今寄去名片十数张，你到欧洲往访各使馆时可带着投我一片，问候他们，托其招呼，当较方便些。你在欧洲不能不借使馆作通信机关，否则你几个月内不会得着家里人只字了。

你到欧后，须格外多寄些家信，明信片最好。令我知道你一路景况。

此外，还有许多话叫思永告诉你，想已收到了。

致梁思成、林徽音

（1928年4月26日、28日）

我将近两个月没有写“孩子们”的信了，今最可以告慰你们的，是我的体子静养极有进步，半月前入协和灌血并检查，灌血后红血球竟增至四百二十万，和平常健康人一样了。你们远游中得此消息，一定高兴百倍。

思成和你们姊姊报告结婚情形的信，都收到了，一家的冢嗣[①]，成此大礼，老人欣悦情怀可想而知。尤其令我喜欢者，我以素来偏爱女孩之人，今又添了一位法律上的女儿，其可爱与我原有的女儿们相等，真是我全生涯中极愉快的一件事。

你们结婚后，我有两件新希望：头一件，你们俩体子都不甚好，希望因生理变化作用，在将来健康上开一新纪元。第二件，你们俩从前都有小孩子癖气，爱吵嘴，现在完全成人了，希望全变成大人样子，处处互相体贴，造成终身和睦安乐的基础。这两种希望，我想总能达到的。近来成绩如何？我盼望在没有和你们见面之前，先得着满意的报告。

……

你们回来的职业，正在向各方面筹画进行，虽然未知你们自己打何主意。一是东北大学教授，东北为势最顺，但你们去也有许多不方便处，若你能得清华，徽音能得燕京，那是最好不过了。一是清华学校教授，成否皆未可知，思永当别有详函报告。

另外还有一件“非职业的职业”——上海有一位大藏画家庞莱臣[②]，其家有六朝唐画十余轴，宋元画近千轴，明清名作不

① 冢嗣：此指长子，即冢子，本指太子（中国传统为嫡长子继承制）。

② 庞莱臣（1864—1949）：庞元济，字莱臣，浙江南浔人。其父与胡雪岩同做军火生意，莱臣承父业，又开药店和杭州缫丝厂等。醉心收藏，有人说他“是全世界最大的中国书画收藏家，拥有书画名迹数千件”。

计其数。这位老先生六十多岁了。我想托人介绍你拜他门，已托叶葵初。当他几个月的义务书记。若办得到，倒是你学问前途一个大机会。你的意思如何？亦盼望到家以前，先用信表示。

你们既已成学，组织新家庭，立刻须找职业，求自立，自是正办，但以现在时局之混乱，职业能否一定找着，也很是问题。我的意思，一面尽人事去找，找得着当然最好，找不着也不妨，暂时随缘安分，徐待机会。若专为生计独立之一目的，勉强去就那不合式或不乐意的职业，以致或贬损人格，或引起精神上苦痛，倒不值得。

一般毕业青年中，大多数立刻要靠自己的劳作去养老亲，或抚育弟妹，不管什么职业得就便就，那是无法的事。你们算是天幸，不在这种境遇之下，纵令一时得不着职业，便在家里跟着我再当一两年学生，在别人或正是求之不得的。也没什么要紧。

所差者，以徽音现在的境遇，该迎养他的娘娘才是正办，若你们未得职业上独立，这一点很感困难。但现在觅业之艰，恐非你们意想所及料，所以我一面随时替你们打算，一面愿意你们先有这种觉悟，纵令回国一时未能得相当职业，也不必失望沮丧。失望沮丧，是我们生命上最可怖之敌，我们须终身不许他侵入。

《中国宫室史》诚然是一件大事业，但据我看，一时很难成功，因为古建筑什九被破坏，其有现存的，因兵乱影响，无从到内地实地调查，除了靠书本上资料外，书本上资料我有些可以供给你，尤其是从文字学上研究中国初民建筑，我有些少颇有趣的意见，可惜未能成片段，你将来或者因我所举的例继续研究，得有更好的成绩。只有北京一地可以着手。幸而北京资料不少，用科学的眼光整理出来，也很够你费一两年工作。

所以我盼望你注意你的副产工作——即《中国美术史》。这项工作，我很可以指导你一部分，还可以设法令你看见许多历代名家作品。我所能指导你的，是将各派别提出个纲领，及将各大作家之性行及其时代背景详细告诉你。名家作品家里头虽然藏得很少，也有些佳品为别家所无。但现在故宫开放以及各私家所藏，我总可以设法令你得特别摩挲研究的机会，这便是你比别人便宜的地方。

所以我盼望你在旅行中便做这项工作的预备。所谓预备者，其一是多读欧人美术史的名著，以备采用他们的体例，关于这类书，认为必要时，不妨多买几部；其二是在欧洲各博物馆、各画苑中见有所藏中国作品，特别注意记录。

回来时立刻得有职业固好，不然便用一两年工夫，在著述上造出将来自己的学术地位，也是大佳事。

你来信总是太少了，老人爱怜儿女，在养病中以得你们的信为最大乐事①，你在旅行中尤盼将所历者随时告我，明信片也好。以当卧游，又极盼新得的女儿常有信给我。

清华教授事或有成功的希望，若成功，新校长已允力为设法。则你须要开学前到家，届时我或有电报催你回来。

---

① 最大乐事：任公8个月后离世，为儿女拳拳之心，读至此，一恸！

致梁思成

（1928年5月4日）

你的清华教授闻已提出评议会了，结果如何，两三天内当知道。此事全未得你同意，不过我碰有机会姑且替你筹画，你的主意何在？来信始终未提。因你来信太少，各事多不接头。

论理，学了工程回来当教书匠，是一件极不经济的事，尤其是清华园，生活太舒服，容易销磨志气。我本来不十分赞成，朋友里头丁在君、范旭东都极反对，都说像你所学这门学问，回来后应该约人打伙办个小小的营业公司，若办不到，宁可在人家公司里当劳动者，积三两年经验，打开一条生活新路。这些话诚然不错，以现在情形论，自组公司万难办到。恐必须亏本。亏本不要紧，只怕无本可亏。且一发手便做亏本营业，也易销磨志气。你若打算过几年吃苦生涯，树将来自立基础，只有在人家公司里学徒弟。这种办法你附带着还可以跟着我做一两年学问，也很有益。若该公司在天津，可以住在家里，或在南开兼些钟点。

但这种办法为你们计，现在最不方便者是徽音不能迎养其母。若你得清华教授，徽音在燕大更得一职，你们目前生活那真合式极了。为我计，我不时到清华，住在你们那里也极方便。只怕的是“晏安鸩毒”，把你们远大的前途耽误了。两方面利害相权，全要由你们自己决定。

不过我看见有机会不能放过，姑且替你预备着一条路罢了。

……

（1928年5月8日）

昨日杨廷宝来，言东北大学事。该大学理科学长高介清亦清华旧同学。该大学有建筑专系，学生约五十人，秋后要成立本科，前是预科。曾欲聘廷宝，渠不能往，渠在基泰公司，荐汝自代，薪俸月二百八十元，总算甚优。

廷宝谓奉天建筑事业极发达，而工程师无一人，汝在彼任教授，同时可以组织——营业公事房，立此基础，前途发展不可限量。渠甚望汝先往开辟，渠将来尚思与汝打伙云云。津、沪等处业此者多，难与竞争。

我虽未得汝同意，已代汝应允矣。惟该系既属创办，汝之职或即是该系主任，故开学前应有许多准备，故盼汝最迟能以阳历八月十号前到家乃好。已别发一电促归。今日寄清华，叫思永英译。恐不明白，故急发此信。

清华事亦已提出评议会，惟两事比较，似东北前途开展之路更大，清华园是“温柔乡”，我颇不愿汝销磨于彼中，谅汝亦同此感想。

归期既如此匆促，则非走西伯利亚铁路不可。车期定后务必发一电来，我当托哈尔滨祖生在哈尔滨，或托彼往。中国银行或浙江兴业银行，特派一人往满洲里招呼入境。电中须声明日期。我或在北戴河车站迎汝。

我身子极好，便血几将肃清，勿念。

致梁思成、林徽音

（1928年5月14日）

近日有好几封专给你们的信，由姊姊那边转寄，只怕到在此信之后。

你们沿途的明信片尚未收到。巴黎来的信已到了，那信颇有文学的趣味，令我看着很高兴。

我盼望你们的日记没有间断。日记固然以当日做成为最好，但每日参观时跑路极多，晚间疲倦，欲全记甚难，宜记大略，而特将注意之点记起，用一种特别记忆术。备他日重观时得以触发续成。所记范围切不可宽泛，专记你们最有兴味的那几件——美术、建筑、戏剧、音乐便够了。最好能多作“漫画”。你们两人同游有许多特别便利处，只要记个大概，将来两人并着覆勘原稿，彼此一谭，当然有许多遗失的印象会复活，许多模糊的印象会明了起来。

能做成一部“审美的”游记，也算得中国空前的著述。况且你们是蜜月快游，可以把许多温馨芳洁的爱感，迸溢在字里行间，用点心做去，可成为极有价值的作品。

……

评析

梁启超9个儿女，出了3个院士，其余个个学有所长、行有所成，堪称奇迹！

这与其家风家教有莫大关系。

对于梁启超家教成功之道，探讨与想探讨的多不胜数。读他的家书与教育论，我感觉最突出的是“爱的教育”。有一家出版社出版他给子女的400封信，题目是他的手书墨迹“宝贝你们好吗”，可谓传神！他在信中说：“须知你爹爹是最富于情感的人，对于你们的爱情，十二分热烈。”这种爱不仅仅是对子女的关心、支持、奉献（这自然很多），更重要的是平等、交流与独特的引导。他告诉子女，做人带几分孩子气，原是好的，说自己就存有童心。看他因吃了酒被几个孩子嚷着要打电报告状，“我也把酒吓醒了”；看他得了精良版书籍，故作不许孩子们来索要的口气，等等。他把自己变到孩子群中去了！我始终认为与孩子有良好的交流，是家教成功的关键。而没有平等的爱，就难有良好的交流。教育中，爱之力的巨大，是超乎我们想象的！在他生命最后的三四年，信越写越长，有时一写就是两三千字，尤其是读他手术后那些为子女操心谋划的文字，常常令人鼻酸，其中蕴藏着巨大的感召力！

爱当中，有严正的指导与提点。这方面内容十分丰富，包括做人、循礼、为学，包括趣味、心理、性情。其中有许多今天看来具有独特价值的东西。比如强调寒士家风，在思顺他们生活出现困难时候，告诫不要忘记自己“寒士家风出身，总不要坏自己家门本色，才能给孙子们以磨练人格的机会”。比如在思成因车祸住院导致当年不能出国时，劝告说“人生之旅历途甚长，所争决不在一年半月……小挫折正磨练德性之好机会”。比如以自己发动反袁之战至广西途中，不堪茶烟俱绝、虱多褥潮之苦为例，“因念频年佚乐太过，致此形骸习于便安”，而反省自己“学养不足”，说“人生惟常常受苦乃……不致为苦所窘”。比如强调礼节孝道，批评思成、思永“新遭祖父之丧，来禀无哀痛语，殊非知礼”；要思成在美国举行婚礼后须到领事馆“双双遥拜”两家祖宗及父母。而还有一点犹须重视的是，他强调“稍旧一点的严正教育，受了很有益”。至于在学问方面，强调“求学问是不求文凭”，强调“莫问收获，但问耕耘”“优游涵饫，使自得之”“‘猛火熬’和‘慢火炖’”，讲不能为世俗有用无用之见所蔽，讲规矩、巧与天才的发抒，尤其讲学问趣味要如“朝旭升天”“新荷出水”“烂漫向荣”，真乃字字如金。

梁启超家教成功还有一个重要方面是提供与创造条件。9个孩子中，有7个曾在国外留学（梁生前亲送5个出国），为思永谋划跟国内外名家一起进行考古实习，为思成夫妇安排欧游以得进行建筑、艺术观摩的机会，乃至促成思成成为东北大学、清华大学两所学校建筑系的创办者和清华城市规划专业的奠基人，梁启超的助成作用是很大的。他曾在年假、暑假亲自为子女讲国学，后又请清华国学研究院学生谢国桢做家庭教师，给子女补习国学基础、历史、书法等，使子女在专业之外打下很好的文化基础。不过，讲这一点时须知，给子女提供良好教育和成才条件，与引导子女在学问事业、立身做人上皆有所成，不是一回事。——这也是梁启超反复强调不以优裕养成纨绔、困难境遇磨练身心等的原因。

另外，梁启超人格、性情、勤奋的表率作用也不可忽视（他自己对此很重视，见《北海谈话记》），他每天在餐桌上讲故事、讲自己正在研究的内容等，这样日月之间“润物细无声”的滋养，则是梁家子弟得天独厚的家教条件了！

附一：“父亲伟大的人格，博大坦诚的心胸、趣味主义和乐观精神，对新事物的敏感性和严谨的治学态度，都是我们取之不尽、用之不竭的精神源泉。”“他一生写给他的孩子们的信有几百封，这是我们兄弟姐妹的一笔巨大的财富，也是社会的一笔巨大财富。”（梁思礼）

梁启超始终注意把握孩子们的前途，他以自己超人的智慧、广博的知识和卓越的远见，对孩子们进行言教和身教……不仅努力培养他们成为有学问的人，还要他们成为有高尚品德、对社会有用的人。

梁启超的9个儿女中先后有7人曾到国外求学或工作……就他们的学问及本人的素质，完全可以进入西方国家上层社会，物质、地位可达到较高层次，但他们没有一个留在国外，都是学成后就回国来报效祖国。几十年来，他们在不同的岗位上都有很大的贡献。（吴荔明《梁启超和他的儿女们》）

据夏晓虹《梁启超家庭讲学考述》，梁在日本双涛园曾亲授思顺国文的阅读与写作，并作读书笔记示范。1918年暑假2个多月，在饮冰室每日上午为子女讲清代学术与《孟子》，“思顺所记讲义已裒然成巨帙”。他感觉子女“能领解者少”，“不过予以一模糊之印象，数年以后，或缘心理再显之作用，稍有会耳。”对于梁启超自己来说，“无论是《清代学术概论》的迅速完稿（笔者按：15日撰成6万言），还是‘国学小史’在清华的开讲，背后都连接着两年前的家庭讲学。”（夏晓虹《在政治与学术之间》）

附二：梁启超子女

女梁思顺（1893–1966）：文史学者。

子梁思成（1901—1972）：建筑学家，第一届中央研究院院士（1948）。

子梁思永（1904—1954）：考古学家，第一届中央研究院院士（1948）。

子梁思忠（1907—1932）：国民革命军第十九路军炮兵上校，英年早逝。

女梁思庄（1908—1986）：图书馆学家。

子梁思达（1912—2001）：经济学学者。

女梁思懿（1914—1988）：社会活动家。

女梁思宁（1916—2006）：新四军女战士。

子梁思礼（1924—2016）：火箭控制系统专家，中国科学院院士。

少年中国说

［1900］

题解

本文发表于《清议报》第35册，1900年2月10日出版。这是中国近代第一抒情鸿文，与西汉司马迁《报任安书》双峰遥对，为中国抒情散文的一双杰作。它以炽烈的激情、强烈的批判性、坚定的信念和满怀的热望，在近代新旧转折的历史关口，吹响了中国少年的进军号和少年中国的催生曲。

梁启超青年照

日本人之称我中国也，一则曰老大帝国，再则曰老大帝国。是语也，盖袭译欧西人之言也。

呜呼，我中国其果老大矣乎？

梁启超曰：恶①，是何言！是何言！吾心目中有一少年中国在！

① 恶［wū］：感叹词，表示惊讶。《孟子·公孙丑上》：“恶，是何言也！”

欲言国之老少，请先言人之老少。

老年人常思既往，少年人常思将来。

惟思既往也，故生留恋心；惟思将来也，故生希望心。惟留恋也，故保守；惟希望也，故进取。惟保守也，故永旧；惟进取也，故日新。惟思既往也，事事皆其所已经者，故惟知照例；惟思将来也，事事皆其所未经者，故常敢破格。

老年人常多忧虑，少年人常好行乐。

惟多忧也，故灰心；惟行乐也，故盛气。惟灰心也，故怯懦；惟盛气也，故豪壮。惟怯懦也，故苟且；惟豪壮也，故冒险。惟苟且也，故能灭世界；惟冒险也，故能造世界。

老年人常厌事，少年人常喜事。

惟厌事也，故常觉一切事无可为者；惟好事也，故常觉一切事无不可为者。

老年人如夕照，少年人如朝阳。老年人如瘠牛，少年人如乳虎。老年人如僧，少年人如侠。老年人如字典，少年人如戏文。老年人如鸦片烟，少年人如泼兰地酒。老年人如别行星之陨石，少年人如大洋海之珊瑚岛。老年人如埃及沙漠之金字塔，少年人如西伯利亚之铁路。老年人如秋后之柳，少年人如春前之草。老年人如死海[①]之潴[②]为泽，少年人如长江之初发源。

——此老年与少年性格不同之大略也。

梁启超曰：人固有之，国亦宜然。

梁启超曰：伤哉，老大也！

浔阳江头琵琶妇，当明月绕船，枫叶瑟瑟，衾寒于铁，似梦非梦之时，追想洛阳尘中春花秋月之佳趣。

西宫南内，白发宫娥，一灯如穗，三五对坐，谈开元天宝间遗事，谱霓裳羽衣曲。[③]

青门种瓜人[④]，左对孺人，顾弄孺子，忆侯门似海、珠履杂沓之盛事。

拿破仑之流于厄蔑[⑤]，阿剌飞之幽于锡兰[⑥]，与三两监守吏或过访之好事者，道当年短刀匹马，驰骋中原，席卷欧洲，血战海楼，一声叱咤，万国震恐之丰功伟烈，初而拍案，继而抚

---

① 死海：以色列与约旦交界处的大咸水湖。

② 潴［zhū］：水（积聚）。

③ “西宫南内”以下六句：天宝十五年（756），唐玄宗出长安西逃，至马嵬坡（今陕西兴平）为禁军所逼将杨贵妃缢死；安史乱平，玄宗返回，被安置于西宫（兴庆宫），与宫娥处，思念贵妃。霓裳羽衣曲，相传为西域舞曲，经唐玄宗润色并改此名。

④ 青门种瓜人：秦东陵侯召平，秦亡后为布衣，种瓜于长安青门（东南门）外。瓜甜美，时称“青门瓜”。以下数句借召平回忆往日盛况，以喻中国之老大。

⑤ 厄蔑：厄尔巴（Elba）岛，在意大利半岛和法国科西嘉岛之间。一度称霸欧洲的拿破仑一世于1814年为反法联军打败，被流放于此。

⑥ 阿剌飞之幽于锡兰：埃及解放运动的领袖阿剌飞于1881年发动政变，推翻英法殖民统治，后任新政府陆军部长，领导抗击英军进攻，战败后被流放于锡兰。

髀[①]，终而揽镜：呜呼，面皴齿尽，白发盈把，颓然老矣！

若是者，舍幽郁之外无心事，舍悲惨之外无天地，舍颓唐之外无日月，舍叹息之外无音声，舍待死之外无事业。

美人、豪杰且然，而况于寻常碌碌者耶？

生平亲友，皆在墟墓；起居饮食，待命于人。今日且过，遑知他日；今年且过，遑恤明年。

普天下灰心短气之事，未有甚于老大者！

于此人也，而欲望以拏云[②]之手段，回天[③]之事功，挟山超海[④]之意气，能乎不能？

呜呼，我中国其果老大矣乎？

立乎今日以指畴昔，唐虞三代，若何之郅治[⑤]；秦皇汉武，若何之雄杰；汉唐来之文学，若何之隆盛；康乾间之武功，若何之烜赫[⑥]。历史家所铺叙，词章家所讴歌，何一非我国民少年时代良辰美景、赏心乐事之陈迹哉！

而今颓然老矣！昨日割五城，明日割十城，处处雀鼠尽，

---

① 抚髀［bì］：摸着腰腿间长出的肥肉而生感叹。三国时，刘备客寄荆州，一日席间入厕，见髀里肉生，慨然流涕，感叹自己离开鞍马后，“髀里肉生”，“老将至矣”！事见《九州春秋》。

② 拏云：比喻志向远大。李贺《致酒行》：“少年心事当拏云。”

③ 回天：比喻挽回事势。《新唐书·张玄素传》：“张公论事，有回天之力。”

④ 挟山超海：比喻本领大。《孟子·梁惠王上》：“挟泰山以超北海。”

⑤ 郅治：即至治，盛世的意思。

⑥ “康乾”以下两句：康熙曾击退入侵内蒙古和西藏等地的准噶尔部族；乾隆曾平定新疆等地叛乱。烜赫，声威盛大。

夜夜鸡犬惊。十八省[①]之土地财产，已为人怀中之肉；四百兆之父兄子弟，已为人注籍之奴[②]。岂所谓“老大嫁作商人妇”[③]者耶？

鸣呼，凭君莫话当年事，蕉萃韶光不忍看！楚囚相对[④]，岌岌顾影；人命危浅，朝不虑夕。国为待死之国，一国之民为待死之民。万事付之奈何，一切凭人作弄，亦何足怪！

梁启超曰：我中国其果老大矣乎？

是今日全地球之一大问题也。

如其老大也，则是中国为过去之国，即地球上昔本有此国，而今渐澌灭，他日之命运殆将尽也。如其非老大也，则是中国为未来之国，即地球上昔未现此国，而今渐发达，他日之前程且方长也。

欲断今日之中国为老大耶？为少年耶？则不可不先明国字之意义。

夫国也者，何物也？有土地，有人民，以居于其土地之人民，而治其所居之土地之事，自制法律而自守之，有主权，有

① 十八省：清初，全国分十八行省。这里代指全中国。

② 注籍之奴：注籍之奴者，要随主人改姓，列入主人的户籍。这里比喻亡国奴。

③ 老大嫁作商人妇：白居易《琵琶行》语。这里比喻晚清的没落。

④ 楚囚相对：西晋灭亡，中原望族渡江到江南，常在新亭聚会。一次周顗感叹风景不殊，山河却异，引得大家流泪。丞相王导愀然变色说：“当共戮力王室，克复神州，何至作楚囚相对？”（《世说新语·言语》）

服从，人人皆主权者，人人皆服从者。夫如是，斯谓之完全成立之国。

地球上之有完全成立之国也，自百年以来也。

完全成立者，壮年之事也；未能完全成立而渐进于完全成立者，少年之事也。故吾得一言以断之曰：欧洲列邦在今日为壮年国，而我中国在今日为少年国。

夫古昔之中国者，虽有国之名，而未成国之形也。或为家族之国，或为酋长之国，或为诸侯封建之国，或为一王专制之国。虽种类不一，要之，其于国家之体质也，有其一部而缺其一部。正如婴儿自胚胎以迄成童，其身体之一二官支先行长成，此外则全体虽粗具，然未能得其用也。

故唐虞以前为胚胎时代，殷商之际为乳哺时代，由孔子而来至于今为童子时代，逐渐发达，而今乃始将入成童以上少年之界焉。

其长成所以若是之迟者，则历代之民贼有窒其生机者也。譬犹童年多病，转类老态。或且疑其死期之将至焉，而不知皆由未完全、未成立也；非过去之谓，而未来之谓也。

且我中国畴昔岂尝有国家哉？不过有朝廷耳。

我黄帝子孙，聚族而居，立于此地球之上者既数千年，而问其国之为何名，则无有也。夫所谓唐、虞、夏、商、周、秦、汉、魏、晋、宋、齐、梁、陈、隋、唐、宋、元、明、清者，则皆朝名耳。

朝也者，一家之私产也；国也者，人民之公产也。朝有朝之老少，国有国之老少。朝与国既异物，则不能以朝之老少而指为国之老少明矣。文、武、成、康[①]，周朝之少年时代也；幽、厉、桓、赧[②]，则其老年时代也。高、文、景、武[③]，汉朝之少年时代也；元、平、桓、灵[④]，则其老年时代也。自余历朝，莫不有之。

凡此者谓为一朝廷之老也则可，谓为一国之老也则不可。

一朝廷之老且死，犹一人之老且死也，于吾所谓中国者何与焉？！

然则，吾中国者，前此尚未出现于世界，而今乃始萌芽云尔。天地大矣，前途辽矣，美哉我少年中国乎！

---

① 文、武、成、康：周朝文王、武王开创基业；成王、康王承继光大，史称“成康之治”。

② 幽、厉、桓、赧：西周厉王暴虐无道，被流放于彘（今山西霍县）；幽王宠褒姒、废申后，申侯联合犬戎将其攻杀，西周灭亡。东周桓王时，诸侯势力膨胀，王室衰微，到战国末沦为大诸侯国的附庸；赧王死后，周为秦所灭。

③ 高、文、景、武：汉高祖灭秦败楚，统一中国；文帝、景帝时国家富强，史称“文景之治”。武帝利用文、景两朝积累，威服四夷，成就大汉伟业。

④ 元、平、桓、灵：西汉元帝、平帝时，国力衰微，平帝死后两年王莽篡汉；东汉桓帝、灵帝等皆为外戚、宦官、军阀所苦，国家衰微至极。

玛志尼[1]者，意大利三杰之魁也。以国事被罪，逃窜异邦。乃创立一会，名曰“少年意大利”，举国志士，云涌雾集以应之。卒乃光复旧物，使意大利为欧洲之一雄邦。

夫意大利者，欧洲第一之老大国也。自罗马亡后，土地隶于教皇，政权归于奥国，殆所谓老而濒于死者矣。而得一玛志尼，且能举全国而少年之，况我中国之实为少年时代者耶？

堂堂四百余州之国土，凛凛四百余兆之国民，岂遂无一玛志尼其人者！

龚自珍氏之集有诗一章，题曰《能令公少年行》[2]。吾尝爱读之，而有味乎其用意之所存。

我国民而自谓其国之老大也，斯果老大矣；我国民而自知其国之少年也，斯乃少年矣。西谚有之曰：“有三岁之翁，有百岁之童。”然则，国之老少，又无定形，而实随国民之心力以为消长者也。

吾见乎玛志尼之能令国少年也，吾又见乎我国之官吏、士民能令国老大也。吾为此惧。

---

① 玛志尼（1805—1872）：19世纪，意大利受法、奥等列强奴役，玛志尼创立“少年意大利同盟”，在日内瓦起事，战败亡命瑞士，复又组织欧洲新党，坚持民主革命，致力于完成意大利独立统一大业。

② 《能令公少年行》：此诗说，人不要自馁，不要汲汲于功名利禄，要放宽心怀，饮酒唱歌，做自己应做之事，永葆青春。面对冷酷污浊的现实，诗人以丰富的想象力，表现了对理想的热烈追求。

夫以如此壮丽浓郁、翩翩绝世之少年中国，而使欧西、日本人谓我为老大者，何也？

则以握国权者皆老朽之人也！

非哦几十年八股，非写几十年白折[①]，非当几十年差，非捱几十年俸，非递几十年手本[②]，非唱几十年喏[③]，非磕几十年头，非请几十年安，则必不能得一官，进一职。

其内任卿贰以上[④]、外任监司[⑤]以上者，百人之中，其五官不备者，殆九十六七人也。非眼盲，则耳聋；非手颤，则足跛；否则半身不遂也。彼其一身，饮食、步履、视听、言语，尚且不能自了，须三四人在左右扶之、捉之，乃能度日，于此而乃欲责之以国事，是何异立无数木偶而使之治天下也！

且彼辈者，自其少壮之时，既已不知亚细亚、欧罗巴为何处地方，汉祖、唐宗是那朝皇帝。犹嫌其顽钝腐败之未臻其极，又必搓磨之、陶冶之，待其脑髓已涸，血管已塞，气息奄奄，与鬼为邻之时，然后将我二万里山河、四万万人命，一举而畀[⑥]于其手。呜呼！老大帝国，诚哉其老大也！

---

① 白折：清朝进士通过殿试后，在授任官职前举行朝考，朝考时用白折（白纸叠成折页。见康有为《广艺舟双楫》）作答。

② 手本：清代门生见座师，下级见上级所用的名帖。分红、白两种，或称红禀、白禀。书写官衔、姓名者谓之官衔手本，书写履历者谓之履历手本。

③ 唱喏［rě］：古人见面时，相揖致敬且口诵祝词，谓之唱喏。据说起于东晋王氏。

④ 卿贰以上：指尚书、侍郎之类的高官。隋唐后，以六部（吏、礼、户、工、刑、兵）尚书为六卿，少卿（侍郎）为卿之贰（副职）。

⑤ 监司：清代通称各省布政使、按察使、各道道员为监司。其地位比府（州）、县长官高。

⑥ 畀［bì］：此指断送。

而彼辈者，积其数十年之八股、白折、当差、捱俸、手本、唱喏、磕头、请安，千辛万苦，千苦万辛，乃始得此红顶花翎[①]之服色、中堂大人[②]之名号，乃出其全副精神，竭其毕生力量，以保持之。如彼乞儿拾金一锭，虽轰雷盘旋其顶上，而两手犹紧抱其荷包，他事非所顾也，非所知也，非所闻也。

于此而告之以亡国也、瓜分也，彼乌从而听之，乌从而信之？即使果亡矣，果分矣，而吾今年既七十矣八十矣，但求其一两年内，洋人不来，强盗不起，我已快活了一世矣；若不得已，则割三头两省[③]之土地奉申贺敬，以换我几个衙门，卖三几百万之人民作仆为奴，以赎我一条老命，有何不可，有何难办？

呜呼！今之所谓老后老臣老将老吏者，其修身齐家治国平天下之手段，皆具于是矣！

西风一夜催人老，凋尽朱颜白尽头。使走无常[④]当医生，携催命符以祝寿，嗟乎痛哉！以此为国，是安得不老且死，且吾恐其未及岁而殇也。

① 红顶花翎：清代官员的冠饰。帽顶为红色，其上插孔雀翎羽。最初只是有功勋、受特恩者所戴，咸丰后五品以上均戴。花翎多可至三眼，多者为贵。

② 中堂大人：唐朝在中书省设政事堂，为宰相办公地。后世即称宰相为中堂。清朝大学士地位相当于宰相的也称“中堂”。

③ 三头两省：粤闽方言，即三两个省。

④ 走无常：活人的生魂被阎王利用帮助勾取将死之人的灵魂者，为走无常。

梁启超曰：造成今日之老大中国者，则中国老朽之冤业也；制出将来之少年中国者，则中国少年之责任也。彼老朽者何足道，彼与此世界作别之日不远矣；而我少年乃新来而与世界为缘。

如僦屋[①]者然，彼明日将迁居他方，而我今日始入此室处。将迁居者，不爱护其窗栊，不洁治其庭庑，俗人恒情，亦何足怪。

若我少年者，前程浩浩，后顾茫茫！中国而为牛为马为奴为隶，则烹脔鞭棰之惨酷，惟我少年当之；中国如称霸宇内，主盟地球，则指挥顾盼之尊荣，惟我少年享之，于彼气息奄奄与鬼为邻者何与焉！

彼而漠然置之，犹可言也；我而漠然置之，不可言也！

使举国之少年而果为少年也，则吾中国为未来之国，其进步未可量也；使举国之少年而亦为老大也，则吾中国为过去之国，其澌亡可翘足而待也。

故今日之责任，不在他人，而全在我少年。少年智则国智，少年富则国富，少年强则国强，少年独立则国独立，少年自由则国自由，少年进步则国进步，少年胜于欧洲则国胜于欧洲，少年雄于地球则国雄于地球！

---

① 僦［jiù］屋：租赁屋舍。僦，租赁。

红日初升，其道大光；河出伏流[1]，一泻汪洋；潜龙腾渊，鳞爪飞扬；乳虎啸谷，百兽震惶；鹰隼试翼，风尘吸张[2]；奇花初胎，矞矞皇皇[3]；干将发硎，有作其芒[4]；天戴其苍，地履其黄；纵有千古，横有八荒，前途似海，来日方长。

美哉——我少年中国，与天不老！

壮哉——我中国少年，与国无疆！

“三十功名尘与土，八千里路云和月。莫等闲白了少年头，空悲切！”此岳武穆[5]《满江红》词句也，作者自六岁时即口受记忆，至今喜诵之不衰。自今以往，弃“哀时客[6]”之名，更自名曰“少年中国之少年”。作者附识。

评析

这是一篇近4000字的抒情鸿文，针对欧西、日本人加给我中国“老大帝国”之名，而举起“少年中国”大旗。全文内容可概括为四个方面：

1. 辨析国之老少，以人之老少为喻，伤老大之悲颓。

---

① 伏流：潜伏地下的水流。《水经注·河水》：“河出昆山，伏流地中万三千里。”

② 吸张：风吹与息。偏义复词，意在张，即大风鼓荡。

③ 矞［yù］矞皇皇：明盛的样子。这里形容万物逢春生气勃勃。《太玄经》：“物登明堂，矞矞皇皇。”

④ 干将发硎，有作其芒：新磨过的宝剑，光芒四射。干将，古代宝剑名。发硎，刀刃新磨。硎，磨刀石。

⑤ 岳武穆：指岳飞，武穆是其谥号。

⑥ 哀时客：作者的笔名之一。

2. 辨析我中国果老大矣乎：提出历史上的隆盛和“未来之国”概念；而按照百年以来的国家概念，中国还是未完全成立之国——相当于未长成之少年，因为过去中国国家形态并未完全形成——由孔子至今只是国家的幼童而已。秦、汉、唐、宋等不过朝廷耳，难说是国家。所以一朝代之老少，不能视为国家之老少。

3. 由“少年意大利”而呼唤中国之“玛志尼”，进而批判老朽文化与官风。

4. 展示中国少年的伟大责任和少年中国的壮美前途。

这篇文章特色极其鲜明。

首先是强烈的批判性。整篇文章是批判“老大帝国”说，上面的内容概括“2”已经指明。同时对文化中的老朽因素与官场的老颓风气，进行揭露。

其次是丰富的形象表现。写“老”，不仅用“夕照”“瘠牛”“秋柳”“陨石”，用浔阳江头琵琶妇、西宫南内白发媪等为人所熟知的形象，而且大量运用新知识、新事物与新形象，如“死海”“金字塔”“西伯利亚之铁路”，拿破仑的流放、阿剌飞的幽囚、玛志尼的革命等。而这，自然而然地把读者（尤其是当时的读者）的眼光引向中国之外的广阔世界，让人在不知不觉中领悟到，要使古老民族恢复青春，必须以欧西先进文化为师。而这，也在艺术上把散文传统的形象体系大大地扩展和丰富了。

再次是充沛的情感抒发。对于我中国遭“老大帝国”之判，梁启超感到满腔压抑，所以一落笔，就像久遭禁锢的火山突然爆发，先一气用了19个“惟”字，接着又一气用了18个“如”字——9个对偶比喻排列成阵，将“老年人”与“少年人”的两种生理状况、心理特征、精神状态、思想方法等，反复地进行对比。结尾处“少年智则国智”一段排比，“红日初升”一段骈体，把对中国少年和少年中国的炽热感情推向高潮。读此文，常使人热泪盈眶，热血沸腾！

最后是使用有力的修辞手法，包括层递和对比、繁复和博喻、对偶和排比、反问和感叹、庄语和谐语、文言和白话等。尤其是通过对比、排偶、博喻等进行敷张扬厉的表达，造成笔势纵横，气象峥嵘的风格，集中反映了一代英才梁启超非凡的创造力。

采取散文诗的方式编排，希望对读者领略本文有好的帮助。

附：这抒情诗般的语言，充满着多少激情，洋溢着多少豪气！作者用浓墨重彩为我们描绘了一幅壮美的少年中国远景，读后令人意气风发，神采飞扬，豪情满怀，气壮山河。一个作家，如果缺乏对祖国深挚的爱，缺乏对祖国前途的自信，缺乏沸腾的热血，是不可能写出这样气势磅礴、热情洋溢的文字来的。这是作者思想中爱国主义火花的爆发，它引起爱国知识青年的强烈共鸣是很自然的。这种声情并茂的文字，在梁启超的散文中不胜枚举。（郭延礼《中国近代文学发展史》）

他在1900年作的《少年中国说》是一篇典型的作品。这篇散文极力歌颂少年的精神作用，不嫌反复强调，淋漓尽致；运用语言，又非常自由，或奇或偶，或文或白，或中或外，力求表达的明白无碍。这种文章，是王韬、冯桂芬以来进步散文进一步的发展，是适应改良运动宣传需要的产物。……他的散文虽有重叠过甚不免累赘的缺点，但就形式风格和社会影响来说，确实代表着散文发展的一个新的阶段。（游国恩、季镇淮等《中国文学史》）

在那篇著名的《少年中国说》一文中，梁则以热情洋溢的语言，呼吁中国的青年一代力戒老大帝国的衰颓，努力创造一个青春活泼的少年中国。他的这一呼吁在当时思想界产生了强烈共鸣，自此以后，“少年中国”一词便常常出现在20世纪初期的报纸杂志上。（耿云志、崔志海《梁启超》）

诗十七首

题解

梁启超在晚清诗坛占有特殊地位，今存诗400多首，词66首。钱仲联《近百年诗坛点将录》比之以“总采声息头领、天速星神行太保——戴宗”。总采声息者，以其提倡“诗界革命”，鼓吹诗界新声息是也。“一时豪杰，奔趋其旗纛之下”，影响巨大；“其所自作，天骨开张，才情横溢”。尤以古风、歌行与其文风相类，最见其特色。本书因篇幅关系，仅选其典实少而易读、颇能见“本以陶写吾心”的短章。

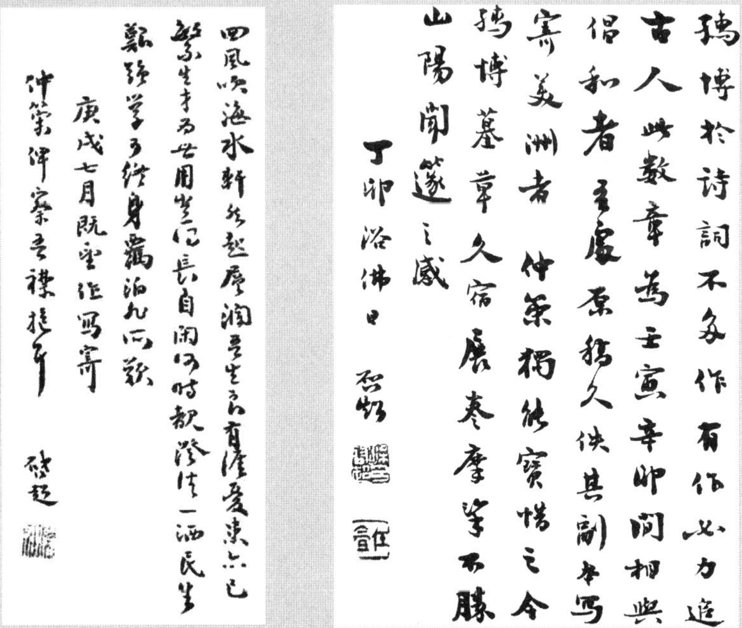

梁启超手迹

壮别二十六首选一①

［1899］

丈夫有壮别，不作儿女颜。
风尘孤剑在，湖海一身单。
天下正多事，年华殊未阑。
高楼一挥手，来去我何难？

纪事二十四首选八②

［1900］

人天去住两无期，啼鴂年芳每自疑。③
多少壮怀偿未了，又添遗憾到峨眉。

---

① 1899年冬，梁启超应旧金山中国维新会之邀赴北美，行前其日本友人柏原东亩在箱根环翠楼设宴饯行，席间求字，梁为书“壮哉此别”并上“丈夫”一首（即此篇），抒发大丈夫驰骋担当的豪情。余25首皆作于太平洋船上。

② 1899年底，梁奉康有为之命往美洲办理保皇会事务，在檀香山遇上鼠疫，外国人禁止离岛，梁滞留岛上半年。当地华侨少女何蕙珍为他担任英文翻译。何爱慕梁的为人与才干，梁对何也生出爱恋，“几乎不能自持”。当地华侨朋友为二人说合，梁以理制情婉拒。何在梁拒绝后决定终身非梁不嫁。这组诗表现了梁陷于深爱而又不能去爱的特殊情感，以及关于婚姻、女权等现代文明思想的思考。

③ 人天去住两无期，啼鴂年芳每自疑：天意与人事、分离与留住，两者皆不可必；是否要留住啼鴂鸣时的芳华（珍贵的年华）总是犹疑不定。表示内心十分矛盾。下言“遗憾”，是决定放弃，但心却恋恋不舍。期，必。啼鴂年芳，啼鴂即杜鹃鸟，或说为伯劳鸟，啼鴂鸣于暮春，一年芳华将近，喻人生美好之事短暂珍贵。

目如流电口如河，睥睨时流振法螺[①]。
不论才华论胆略，须眉队里已无多。

我非太上忘情者[②]，天赐奇缘忍能谢？
思量无福消此缘，片言乞与卿怜借[③]。

后顾茫茫虎穴身，忍将多难累红裙？
君看十万头颅价[④]，遍地鉏霓[⑤]欲噬人。

一夫一妻世界会，我与浏阳[⑥]实创之。
尊重公权[⑦]割私爱，须将身作后人师。

万一维新事可望，相将携手还故乡。
欲悬一席酬知己，领袖中原女学堂。[⑧]

---

① 睥睨时流振法螺：看不上所谓名流，而自有见识，宣扬真理。睥睨，不用正眼瞧，藐视。法螺，佛教举行宗教仪式时吹奏的一种乐器。《法华经·序品》：“世尊欲说大法……吹大法螺。”

② 我非太上忘情者：此谓自己正是钟情之人。《世说新语·伤逝》：“圣人忘情，最下不及情，情之所钟正在我辈。”

③ 片言乞与卿怜借：请求体谅我“无福消此缘”的话。借，顾，此有体谅意。

④ 君看十万头颅价：指清廷重金悬赏取作者头颅。

⑤ 鉏［chú］霓［ní］：古刺客名。先秦时，无道昏君晋灵公派其去刺杀赵盾，其以赵盾为贤臣不忍下手，触槐自尽。

⑥ 浏阳：指谭嗣同，其为湖南浏阳人，故名。与梁启超等倡导不纳妾。

⑦ 公权：人人平等的公民权利，此指男女平权。

⑧ “欲悬……”一联：何蕙珍本为檀香山学校教师，故梁启超拟待维新成功，邀请她回国主办女子学校。

匆匆羽檄[①]引归船，临别更悭一握缘，
今生知否能重见，一抚遗尘一惘然。

猛忆中原事可哀，苍黄天地[②]入蒿莱。
何心更作喁喁语[③]，起趁鸡声舞一回[④]。

自励二首[⑤]

[1901]

平生最恶牢骚语，作态呻吟苦恨谁？
万事祸为福所倚，百年力与命相持[⑥]。
立身岂患无余地[⑦]，报国惟忧或后时[⑧]。

---

① 羽檄：插上羽毛表示加急的文书。1900年6月，梁启超正要离檀岛赴美，却连续接到国内函电促归，要其主持策划自立军起义。“七月急归沪，方思有所效”，不料随后不久唐才常等20多人就在汉口为张之洞捕杀。

② 苍黄天地：青苍天黄土地，指祖国。这句说，国家正处于破败荒芜的境况。

③ 喁［yú］喁语：本形容低声说话，此指男女相互倾诉私情亲爱之语。

④ 起趁鸡声舞一回：鸡鸣时就起床舞剑，表示奋起报国的志向。《晋书·祖逖传》载，祖逖与刘琨为了报效国家，常常一听到鸡鸣，就起床练剑。

⑤ 1901年梁启超应邀访问澳大利亚保皇会半年后回日时作此诗。梁启超1898年10月流亡日本，由名满天下的变法英才变成政治通缉犯，经历了人生事业的大挫折，但诗中却充满顽强奋斗的精神、坚定的自信和豪迈的格调。

⑥ 百年力与命相持：一生奋力与命运抗争。

⑦ 立身岂患无余地：不担心没有自由充裕的生活。“岂患”与下句“惟忧”表明梁启超忧心的是国家的落后。

⑧ 后时：落在时代后面，即跟不上时代发展。

未学英雄先学道，肯将荣瘁校群儿[①]！

献身甘作万矢的，著论求为百世师。
誓起民权移旧俗，更研哲理牖[②]新知。
十年以后当思我，举国欲狂[③]欲语谁？
世界无穷愿无尽，海天寥廓立多时。

秋夜[④]

［1902］

秋色不可极，秋心无定端。
酒颜争叶瘦，诗骨挟风酸。[⑤]
笛脆吹愁急，灯寒煮梦难。
那堪淡黄月，弄照到更阑！

---

① 肯将荣瘁校群儿：不肯与人比个人的荣辱苦乐。瘁，困苦。校，比较，计较。

② 牖：通“诱”，开启、诱导。《诗经·大雅·板》：“牖民孔易”。

③ 狂：发疯、失常，引申为不清楚、糊涂昏乱意。

④ 此诗以秋夜的情景烘托出一种索寞苍凉的心情。诗人因变法被通缉流亡海外数年，此种心情生发于复杂的家国背景。

⑤ 酒颜争叶廋，诗骨挟风酸：酒后的容颜仍如枯叶没有颜色，诗的格调融入了秋风一样的悲凉。

戊申初度二首选一[1]

［1908］

一出修门[2]已十秋，黄华见惯也应羞。
无穷心事频看镜，如此江山独倚楼。
何处平芜下秋隼[3]，却怜沧海著沙鸥[4]。
尊前百感君休问，哀乐中年未易收。

元日放晴，二日雨，三日阴霾[5]

［1908］

入春三日觉春深，隔日春如判古今。
容我瞢腾[6]行[7]坐卧，从渠翻覆雨阴晴[8]。

---

① 此诗作于梁启超35岁生日。至此，诗人流亡日本已10年，“春花冉冉驹奔隙，吾道悠悠羊触藩”（另一首颈联），年华徒去，报国无门，所以羞见菊开。“如此江山”引出“无穷心事”，秋隼无由搏击，一如天地中飘飖无定之沙鸥。颇有英雄失路之感。初度，指生日。《离骚》：“皇揽揆余初度兮”。

② 修门：国门（国都的城门）。

③ 何处平芜下秋隼：用杜甫《画鹰》“何当击凡鸟，毛血洒平芜”意，说何处有雄鹰一击，喻英雄失路。

④ 却怜沧海著沙鸥：用杜甫《旅夜书怀》“飘飘何所似，天地一沙鸥”意，由无处搏击的鹰隼，而怜飘飖无定的沙鸥。却：正，加强语气。

⑤ 此诗由开年几天阴晴不定，而愤时事之翻覆、己身之困穷，兴托微妙。

⑥ 瞢［méng］腾：朦胧迷糊。

⑦ 行，且。

⑧ 从渠翻覆雨阴晴：此句因物托喻，批判恶社会翻云覆雨者。从渠，任他。

拥炉永夕成微醉，袖手看云得短吟[1]。
落尽檐花无一语，百年谁识此时心。

庚戌岁暮感怀六首选二[2]

[1911]

岁云暮矣夜冥冥，自照寒灯问影形[3]。
万种恨埋无量劫[4]，有情天老一周星[5]。
催人鬓雪摇摇白，撩梦家山历历青。
今古兹晨同一概，只应长醉不成醒。

入骨酸风尽日吹，哪堪念乱更伤离。
九州无地容伸脚[6]，一盏和花且祭诗[7]。
运化细推知有味，痴顽未卖漫从时。

---

① 袖手看云得短吟：冷眼看风云变化。与“从渠”一句相应。

② 作者1898年9月自天津出逃日本，至此经历了13年的流亡生活，所以诗中“远托异国”之悲很深切。6首诗中由己之悲而及国之悲，写人民“鬻子算租庸”，而公卿家“金穴如山”积，对“诛敛空罗雀”的统治给予有力批判。

③ 自照寒灯问影形：此以自问影形，写内心的孤独无依之感。

④ 无量劫：佛教以世界一生一灭为一劫，无量劫表示无限的时间，此犹历史长河。

⑤ 一周星：古代以岁星（即木星）在黄道上运行一周的时间为12年。作者流亡已13年整，“天若有情天亦老”（李贺诗句）矣！

⑥ 九州无地容伸脚：清廷宣布立宪后，曾两度赦免戊戌变法党人，但康梁都不在列，梁氏故有此言。

⑦ 一盏和花且祭诗：流亡日本，姑且以和花为祭。唐贾岛“每至除夕，必取一岁所作诗置几上，焚香而拜，酹酒而祝”，以祭自己苦心所系。（《唐才子传》）和花，日本花。

劳人歌哭为昏晓，明镜明朝知我谁①！

感秋杂诗六首选一②

［1911］

门前一泓水，赤岸通银河③。
昨夜西风动④，飒飒扬其波。
似闻有伏龙，鳞甲寒相摩⑤。
兹水清且浅，腾上欲如何？

---

① 明镜明朝知我谁：时光流逝，心形俱变，自己都不认识镜中自己了。

② 此诗作于辛亥革命爆发之后，用比兴手法。伏龙欲上腾，隐喻自己要有所作为的志向。按：《感秋杂诗》六首写辛亥革命爆发后作者的复杂感受。对暴力革命，他是不赞成的，所以写下“平居所隐忧，乃今真见之”；但他也乐见革命摧毁了腐朽势力，所以写“即此涤澳浊，为功良不诬”。他更担心革命后社会重新建设的难度，所以写“萌春实匪易，陨秋毋乃劳”；同时担心改良派和自己“碧海槎久断”“乘时还自危”。康有为评这组诗之所以用比兴手法，“或以语涉嘉许，不欲明写也。”

③ 赤岸：河岸，其地众说不一。杜甫《戏题画山水图歌》：“巴陵洞庭日本东，赤岸水与银河通。”注家谓之在甘肃临夏黄河南岸。此联借杜甫诗意，说自己心与远方祖国的政局相通。

④ 昨夜西风动：喻武昌起义。《感秋杂诗》其三载“八月十八潮，壮观天下无”，（作者）自注：“用苏句，武汉首难，正八月十八夕也。”

⑤ 鳞甲寒相摩：写鳞甲在寒水中摩擦、振荡的气势。摩，摩擦、振荡。龙伏于深水，故用“寒”字。

评析

梁启超是情感极丰富且富于豪情的人。这在他的文章中可以看到。但由于他的文章富于理性思维，表现时代发展之要求，而诗歌则以情感吐露为主，表现一定情景中精神的真实状态，所以在梁启超的诗歌中，可以更强烈地感受到作者的真性情及其多种面貌的展示。

这里所选的17首诗，可分四组来看。

1．《壮别》《自励》3首，表现的是对变革事业的坚定信念，报国新民的担当精神，以及由此而生出的豪迈感情。这些诗写于戊戌变法失败后作者被通缉流亡海外时，这样高迈的格调令人惊叹！并令人想到杜甫的《望岳》。“齐鲁青未了”的博大气象，“一览众山小”的豪迈情怀，多么了得！但这却是唐开元二十四年（736）杜甫在洛阳参加进士考试落第后出游齐赵时所作。“忤下考功第，独辞京尹堂。放荡齐赵间，裘马颇清狂。”（《壮游》。忤：文章不合时宜）不得不说，两位诗人具有独特的内在性情与精神内涵，因此给诗作注入了一种非凡的内涵。

2．《秋夜》《戊申初度》《元日放晴，二月雨，三日阴霾》《庚戌岁暮感怀》5首，表现的是长期流亡生活中产生的索寞苍凉的心情，其中包含对国事的执着和不能回国有所作为的叹恨。从梁全部诗作看，这种情感，在1907年以后，表现得比较集中。这与梁同革命派论战受挫、政闻社独遭清廷封禁、清廷赦免戊戌党人却不放过康梁等历史背景有关。所以，这类作品有深切的家国身世内涵，与一般叹往嗟卑的泛泛之作有别。

3．《感秋杂诗》1首，表现的是对辛亥革命的复杂感情。这组诗（6首）很有特色，但因为需要大量注释，而本书篇幅有限，所以割爱仅取这首“羌无故实”的直寻之作。

4．《纪事》8首。这是梁28岁时，在檀香山与20岁的华侨少女发生了不该发生的恋情，而留下的作品。内心情感的产生，非主观所能控制；

但怎样对待内心的情感，梁一开始就采取理性控制态度。情感的奔涌与控制、眷恋与逃避，两种力在诗中盘旋，形成这组诗的特色。所选8首，可以作为联章体看。与何蕙珍互相爱恋的情况，梁曾在写给妻子李惠仙的两封信中有详细表述，可以参看。

附：启超又尽裒生平所为诗数百首，畀之陈衍曰："子为我正之。"衍亦奋其笔削，未尝有所逊谢退让委避也。曰："任公诗如其文，天骨开张，精力弥满。……大体古体长于近体，惟七律中对时有未工整处，古体诗用韵有上去声通押者，似非所宜。"（钱基博《现代中国文学史》）

他的诗歌，也自具有一种矫俊不屈之姿，也自具有一种奔放浩莽、波涛翻涌的气势，与他的散文有同调。他喜欢放翁的诗、稼轩的词，而他的诗词，也实际的很受他们的影响。姑举一首《志未酬》为例……（郑振铎《梁任公先生》）

梁启超是"诗界革命"的倡导者和理论家，但他并不以诗名。他曾说："余向不能为诗，自戊戌东徂以来，始强学耳。"（《饮冰室诗话》六六）……梁启超以为诗在"陶写吾心"，即表现诗人的性灵和个性。……他的诗确有自己的风格。梁启超是一位热情奔放、才华横溢而又胸怀大志的文学家和政治活动家，他的诗也表现了一种积极进取和追求理想的精神，有启蒙思想家的气魄和风范。他的《举国皆我敌》《志未酬》和《自励》二首，都表现了抒情主体为宣传变法和进行思想启蒙可贵的献身精神。（郭延礼《中国近代文学发展史》）

举国皆我敌，吾能勿悲？吾虽悲而不能改吾度兮，吾有所自信而不辞！（梁启超《举国皆我敌》）

天下兴亡各有责，今我不任谁贷之……不愿金高北斗寿东海，但愿得见黄人捧日崛起大地与彼族齐驰骋！（梁启超《赠别郑秋蕃兼谢惠画》）

附录

梁启超编年事略

同治十二年（1873） 一岁

2月23日（正月二十六日）生于广东省新会县熊（音尼，下作三点）子乡茶坑村。向南10公里，即是南宋灭亡之前崖门海战及宋末帝赵昺蹈海处。

祖父梁维清为秀才，新会县教谕；父亲梁宝英，乡村塾师。母赵氏，能阅读。

4岁起随母亲、祖父读“四书”和《诗经》，祖父为讲古豪杰、哲人嘉言懿行和亡宋、亡明国难之事。

6岁后跟父亲读中国史略、“五经”。

8岁习八股文，9岁能写千字文。在乡间有神童之誉。

11岁至广州应童子试未中，获购张之洞《輶轩语》《书目答问》，“归而读之，始知天地间有所谓学问者”。

光绪十年（1884） 十二岁

中秀才。日治贴括，喜词章、唐诗，常读《史记》《纲鉴易知录》，《史记》能成诵者八九。诵读获赠的《汉书》《古文辞类纂》等。

光绪十一年（1885） 十三岁

入广州学海堂，从吕拔湖等受学。学海堂为朴学大师、两广总督阮元创建，为南国最著名书院，汉学风气浓厚。

16岁取得学海堂正班生资格（一说学海堂无正班生之设，当为专课生），同时为菊坡、粤秀、粤华等书院院外生。梁在学海堂前后6年（至18岁），接受训诂考据与词章之学的扎实训练，“不知天地间于训诂词章之外更有所谓学也”。月考每每获奖，得以购买四史及《四库提要》《百子全书》《知不足斋丛书》等。第3年，“季课大考，四季皆第一，自有学海堂以来，自文廷式外，卓如一人而已。”

光绪十五年（1889） 十七岁

8月，应广东乡试，中举人第8名。极受主考官李端棻赏识，李将堂妹李惠仙许配给他（2年后赴京完婚）。

光绪十六年（1890） 十八岁

春，赴京会试，落第。归途经上海，见江南制造局所译西书，心好之而无力购买，仅购《瀛环志略》读之，“始知有五大洲各国”。从此，读西书、求西学成为梁数十年努力不懈的项目。

9月，因陈千秋拜见康有为。康此时33岁，仅为秀才，但为南粤名师朱次琦（九江）高足，留意西学亦有心得。梁功名高于康，且以颇知训诂词章之学，“沾沾自喜”；拜见之日，“先生乃以大海潮音，作狮子吼，取其所挟持之数百年无用旧学更端驳诘，悉举而推陷廓清之。冷水浇背，当头一棒，一旦尽失故垒，惘惘然不知所从事，且惊且喜，且怨且艾，且疑且惧。明日再谒，先生乃教以陆王心学，而并及史学、西学之梗概。自是决然舍去旧学，自退出学海堂，而间日请业南海之门。生平知有学问自兹始。”（《三十自述》）

光绪十七年（1891） 十九岁

应梁启超、陈千秋等要求，康有为开办万木草堂收徒讲学，梁等入读。“先生为讲中国数千年学术源流、历史政治、沿革得失，取万国以比例推断之。余与诸同学日札记其讲义。一生学问之得力，皆在此年。”梁在万木草堂就读3年，受学宋元明儒学案、二十四史、《文献通考》，广泛涉猎草堂藏书，参与《新学伪经考》校勘、《孔子改制考》分纂工作。梁在此成就其学问格局：一者学问以革新政治，改变中国落后面貌为基础；二者吸收西学，为建设中国先进的社会和文化而努力。由于康后期落伍，梁顾及师生伦理受到一定拖累，但这两点却使梁终身受益。梁启超之为梁启超，皆基于这两点。

光绪十八年（1892）　二十岁

3月，入京会试，不第。

光绪二十年（1894）　二十二岁

2—10月，携妻客居北京，读西书，攻算学、史地。与夏曾佑订交，结识沈曾植、曾广均、盛伯熙、黄绍箕、文廷式、张謇等。

光绪二十一年（1895）　二十三岁

春，入京会试，落第。

4月22日，联络在京会试的广东、湖南举人上书都察院，反对签订《马关条约》。

5月2日，与康有为一起发动1300名举人联名上书光绪皇帝，请求拒和、迁都、练兵、变法。是即“公车上书”。

8月起，《万国公报》创刊，任编辑；11月，强学会成立，任书记员。12月《万国公报》改名《中外纪闻》，作为强学会机关报。

是年，曾做英国传教士李提摩太的秘书数月。

结识谭嗣同、陈炽等。

光绪二十二年（1896）　二十四岁

4月，由京抵沪，参与创办《时务报》，任主笔。1年多发表文章60余篇，主要有《变法通议》《论报馆有益于国事》《中国积弱在于防弊》《西学书目表》（含“读西学书法”）等。《时务报》风行，销行至万余份。“新会梁启超”名震遐迩，时人始以“康梁”并称。

11月，往澳门筹办《知新报》。

12月，伍廷芳邀任公为参赞，出访美国、西班牙、秘鲁等，梁婉辞。

结识黄遵宪、汪康年、章太炎、严复等。

光绪二十三年（1897）　二十五岁

1月，由澳门至武昌，拜谒张之洞，极受礼遇。婉辞入幕之邀。

6月，编辑出版“西政丛书”32册，涉及官制、学制、史志、公法、工农商兵等。

7月，与汪康年、麦孟华等在上海创办不缠足会。

秋冬间，联合友人创办上海大同译书局，与经元善等创办中国第一所女子学堂。

11月往长沙，就任时务学堂总教习。教习中有唐才常，交为契友。学生有林圭、李炳寰、蔡锷等。

是年，与黄遵宪、夏曾佑等始倡“诗界革命”。

光绪二十四年（1898）　二十六岁

2月，重病，离长沙往上海就医。

3月，入京会试。针对沙俄企图强占旅顺、大连，联合两广、云贵、陕西、山西、浙江百余举人上书都察院，主张拒俄变法。

4月12日，追随康有为，联合二三百人成立保国会。

5月，联合百名举人上书，请求变通科举、废除八股取士。

6月11日，光绪颁布“明定国是”诏，百日维新开始。7月3日梁受召见，命呈《变法通议》，授六品衔，令办京师大学堂译书局事务。8月18日，在上海创设编译学堂。

9月21日，慈禧发动政变。梁当晚避入日本公使馆，26日由天津大沽口乘日轮流亡，10月16日抵达东京。

12月23日，创办《清议报》于横滨。发表《戊戌政变记》等。

光绪二十五年（1899） 二十七岁

春，在神户创办同文学校。

4月，往东京箱根潜心攻习日文，大量阅读日本维新思想家的著作和日译西籍，思想为之一变。

7月，康有为在海外华人社会成立保皇会。梁与唐才常策划武装勤王。

8月，得华侨赞助，创办东京高等大同学校。“内地有志者纷纷奔来求学。”

夏秋间，与孙中山交往，磋商两派合作问题。后被康有为斥责，勒令离日赴美办理保皇事务，12月20日乘日轮往檀香山。

发表《爱国论》《瓜分危言》等，《自由书》开始发表。开始提倡“自由”“民权”，鼓吹“破坏主义”。

光绪二十六年（1900） 二十八岁

因檀香山鼠疫流行，滞留至7月。办理《时务报》时，梁之文名已远播海外，所以在檀岛受到热烈欢迎。他在檀岛参加了三合会（封智多星），建立了保皇党组织，筹款9万元。

乘义和团之乱，8月下旬潜回上海，自立军起义败局无可挽回，10日后往新加坡向康有为请示方略。

9月，应澳大利亚保皇会邀请，往澳洲考察半年。

发表《论近世国民竞争之大势及中国之前途》《少年中国说》等。

光绪二十七年（1901） 二十九岁

5月，由澳洲返日本横滨。

12月1日，《清议报》报馆失火，被迫停办。

是年，在上海创办广智书局。

发表《中国积弱溯源论》《立宪法议》《过渡时代论》《霍布士学

案》《斯片诺莎学案》《卢梭学案》《中国史叙论》，著《康南海先生传》《李鸿章》（即《中国四十年大事记》）等。

光绪二十八年（1902） 三十岁

2月8日，《新民丛报》在横滨创刊，取《大学》“欲维新吾国，先维新吾民”意。发行量日增，影响空前。

3月，何擎一编辑的《饮冰室文集》出版，为梁文首次结集。

11月14日，创办《新小说》，发表《新中国未来记》。

是年，在横滨集股创办译书局。因为译书局与康有为等在香港办商会撞车，梁在横滨办报所得多用于支付康的费用，更因不断言“革命”与康发生矛盾，颇为苦闷。（见致徐君勉的书信）

发表《新民说》《新民议》《新史学》《论中国学术思想变迁之大势》《论小说与群治之关系》《保教非所以尊孔论》《论立法权》《论政府与人民之权限》《释革》《三十自述》等，以及介绍培根、笛卡尔、达尔文、孟德斯鸠、边沁、亚里士多德等的专文，还著有《匈牙利爱国者葛苏士传》《张博望班定远合传》等多种中外名人传记。（其著述之丰令人惊叹！）

光绪二十九年（1903） 三十一岁

3月4日，应美洲保皇会邀请赴加拿大访问2个月，行经温哥华、渥太华、蒙特利尔等。

5月12日，到美国纽约，后至波士顿、华盛顿、费城、芝加哥、西雅图、波特兰、旧金山、洛杉矶等。11月由温哥华返日。由一度趋于激进回归渐进改良，放弃“破坏主义”和“革命排满”的想法。

著《新大陆游记》，发表《论中国国民之品格》《政治学大家伯伦知理之学说》《二十世纪之巨灵托辣斯》《克林威尔传》《赵武灵王传》等。

光绪三十年（1904）　三十二岁

3月，应邀参加香港保皇大会。

4月，由香港潜入上海，筹办《时报》。5月返日，6月12日《时报》发行，作《发刊词》。

5月，清廷诏赦戊戌党人，唯梁启超与康有为、孙中山除外。

是年，在横滨大同学校讲中国历史，开始编写《中国通史》。

发表《中国历史上革命之研究》《中国法理学发达史》《中国之武士道》《中国国债史》《外资输入问题》《子墨子学说》《余之生死观》等。

光绪三十一年（1905）　三十三岁

7月，重编本《饮冰室文集》出版。

8月20日，同盟会在东京成立，刊发《民报》。改良派与革命派分别以《新民丛报》和《民报》为阵地展开论战。梁发表《文字狱与文明国》《中国殖民八大伟人传》《俄罗斯革命之影响》等。

光绪三十二年（1906）　三十四岁

3月，其父梁宝英赴日筹买地款。

9月1日，清政府宣布预备立宪。10月后，联合杨度、熊希龄等成立“宪政会”，以求统一立宪党力量，因协调杨度、张謇不成未能实现。

是年，奋力与革命派论战，发表《开明专制论》《申论种族革命与政治革命之得失》《再驳谋报之土地国有论》《杂答谋报》等。两派论战白热化。

光绪三十三年（1907）　三十五岁

3月，新民丛报上海分店与时报报馆遭受火灾。《新民丛报》停刊（共出96期）。

10月7日，立宪机关报《政论》创刊于东京（后迁上海），梁撰《政闻社宣言书》。

10月17日，政闻社在东京神田区锦辉馆开成立大会，梁发表演说。以任公未解除通缉，所以推马相伯为总务员，会务骨干有徐佛苏、蒋智由等，任公为实际领袖。陆续派社员回国往各地各界活动。

著《政治与人民》《政治上之监督机关》等。

光绪三十四年（1908） 三十六岁

2月，政闻社迁往上海。

7月2日，政闻社致电清政府宪政编查馆，请限3年召开国会。

9月13日，政闻社被清政府勒令解散（袁世凯于此最有力），《政论》停刊。

11月14日，光绪去世，15日，慈禧死。康梁进行倒袁活动，袁世凯被黜回籍养病。

著《王荆公》《上资政院总裁论资政院组织权限说帖》。

宣统元年（1909） 三十七岁

9月2日，致弟梁启勋："兄前此诸学，悉泛滥涉猎，无一专精，故终无所得。今虽不尽除好博之病，然稍定所向，大约国法与生计学二学，为我巢穴矣。"

12月，16省谘议局代表在上海开会，决定成立国会请愿同志会。梁多次致函出谋划策，亦以联络国内立宪团体。

是年，清廷开复翁同龢、陈宝箴原官，却仍未赦免康梁。又以政闻社遭禁，失去政治团体力量，养晦待时，生活亦遇困难（与弟书言"贫乃彻骨"虽过言，但不得不停德文教习、卖文为济，确亦捉襟见肘），致力读书著述，成《管子传》《中国财政改革私案》等。

宣统二年（1910）　三十八岁

1月，上书主持军咨事务大臣载涛，陈立宪之策。

2月10日，《国风报》创刊（发行人何国桢，梁为实际领导人）。《国风报》出刊1年半，梁发文100多篇，宣传宪政不遗余力，使之成为整个宪政运动中最有影响的刊物，销行国内17省及南洋、澳、美。史家论梁此时将推动立宪的注意力“从上层转向下层，努力于所谓‘国民立宪’”。

6月，国会请愿活动达到高潮，任公积极赞助，于舆论声援犹为有力。

11月，清政府宣布将预备立宪期限由9年改为5年，任公著《感言》，警告若不开国会，则将来绝不会出现“宣统五年”，一语成谶。

是年，撰文66篇，多为立宪而作。如《宪政浅说》《立宪政体与政治道德》《中国国会制度私议》《资政院章程质疑》《内阁责任与政治家》《论政府阻挠国会之非》《国会期限问题》《为国会期限问题敬告国人》《论请愿国会当与请愿政府并行》等。此外，也有专论币制、税制、经济者。

宣统三年（1911）　三十九岁

3月24日，携汤觉顿及长女思顺赴台湾考察（列考察项目10条）半月，盖任公从新闻纸中屡见日人“治台成绩”的报道，蓄志多年，“欲察台湾行政之足为吾法者”，而实地见闻则“大失望”，以日压迫台民、教育困陋、无现代政治气象。但也看到其改币制、办专卖、兴水利、调查土地户口、干涉卫生，以及应用新技术、技工多等“可佩服者”（1911游台书牍）。

清政府宣布缩短预备立宪期限后（1900年11月），张謇为首的江浙立宪派退出国会请愿，任公致书国内徐佛苏、孙洪伊等，在国会请愿同志会解散后组建新团体。6月4日，宪友会在北京成立（发起者70人，多为第二届谘议局联合会、国会请愿同志会、立宪团体中人）。

5月28日，发表《内阁对于谁而负责人乎》，批评宪政编查馆“内阁对君主负责”之说为“陋儒之邪说”，必致“取立宪政体之原则翻根柢以破坏之，而复反于专制”。

10月10日，武昌起义爆发。10月底，清廷下罪己诏，开放党禁，任命袁世凯为内阁总理大臣，组成新内阁。

11月3日，提出“和袁慰革，逼满服汉”八字方针。

11月6日，离日回国，19日抵大连，又往沈阳，见形势不利旋返日本。

11月中旬，袁世凯责任内阁成立，聘梁为司法副大臣，梁坚辞不就。

11月，返日后，发表《新中国建设问题》，提出“虚君共和”主张。

是年，前期继续论说宪政，发表《国会与义务》《敬告国人之误解宪政者》《责任内阁释义》《立宪国诏旨之种类及其在国法上之地位》《内阁是否代君主负责任》《政党与政治上之信条》等。

民国元年（1912）　四十岁

2月，加入孙洪伊、汤化龙组织的“共和建设讨论会”。

2月7日，致书康有为，劝其放弃君宪或退隐（“吾师便赁箱根绝顶，管领湖山”等），不然或将“趋舍异路”。事实上，康梁由此“谈事动生扞格”，分途而行，不能复合。

2月23日，致书袁世凯，论理财、政治之策。

4月，刊行《中国立国大方针》，公开拥护共和，指出不能“于共和制之外而别得活国之途”。

9月，由神户返国。

10月5日抵天津大沽口，20日到北京，受到各团体盛大欢迎。

10月8日至11日，在各种欢迎会和答谢会上演说，今存17篇，内容主要为政党建设、共和国与政党政治、工商业发展等，可见其回国后主要的建国思想。

12月1日，创刊《庸言》杂志。

发表《财政问题商榷书》《省治问题》《论国务院会议》《论审计院》等。

民国二年（1913）　四十一岁

2月，加入共和党。5月29日，促进共和党（黎元洪等）、统一党（章太炎、张謇等）、民主党（汤化龙等）三党合并，组成进步党，推黎元洪为理事长，梁等9人当选为理事。

3月20日，宋教仁被刺，4月1日发表《暗杀之罪恶》。

9月11日，进步党"第一流人才内阁"成立（熊希龄任总理），出任司法总长（至1914年2月），实际为内阁精神中心。

10月初，为内阁起草《政府大政方针宣言书》。（10月6日，袁世凯派军警数千冒充公民团包围议会，强迫议会选举其为大总统。11月，袁下令解散国民党并取消国民党籍议员资格，议会瘫痪。）

是年，发表《宪法之三大精神》《一年来之政象及国民程度之映射》《读中华民国大总统选举法》《说幼稚》等。

民国三年（1914）　四十二岁

2月，内阁倒台，辞去司法总长。被任命为币制局总裁，整顿币制步履维艰，多次请辞，至年底卸去。此后与袁世凯渐行疏远。

6月20日，被参政院选为参政员。

10月，避居清华园。

11月，在清华作演讲。其引述的《易经》语"自强不息""厚德载物"后成为清华校训。

年底，举家迁往天津。

著币制、银行制度建设文多篇，以及《欧洲战役史论》《清史商例初稿》等。

民国四年（1915）　四十三岁

1月20日，受聘《大中华》杂志总撰述，作发刊词。主编中华书局发起的“时局小丛书”。第一次发表脱离政治宣言（《吾今后所以报国者》）。

2月12日和3月31日，坚辞袁世凯政治顾问、考察沿江司法员之聘，与袁拉开距离。

春月，撰文多篇评论对日外交，揭露日本“二十一条”侵华罪行。

4月下旬，回广东为父庆寿。

6月，回程转道南京，约同冯国璋进京劝说袁世凯。

8月，袁世凯政治顾问安诺德发表《共和与君主论》，杨度等成立筹安会，帝制复辟舆论始著。

8月15日，与蔡锷在天津家中密谋，决定以云南为基地举兵反袁。

9月3日，发表《异哉所谓国体问题者》，反对帝制，维护共和。

12月，袁世凯称帝，改国号为中华帝国、改1916年为洪宪元年。蔡锷潜往昆明，组织军事起义；梁启超潜往上海，从事倒袁准备与联络（运动南京冯国璋、广西陆荣廷等）。25日云南宣布独立，组成护国军，武装讨袁；其策略皆与梁商定，公文函电多为梁起草。

发表《孔子教义实际裨益于今日国民者何在，欲昌明之其道何由》《复古思潮平议》等，揭露以复古尊孔为复辟张目的倒行逆施伎俩。发表《中日交涉平议》等，对政府发出警告，揭露日本侵略阴谋。

民国五年（1916）　四十四岁

年初，潜居上海，统筹指挥护国运动。1月27日，贵州独立。

由于广西将军陆荣廷允诺，若梁启超到桂，即行起义。3月4日，梁秘密乘船经香港、海防、镇南关入桂，4月4日到达南宁。在香港时，梁派汤觉顿由陆路先期到达，所以广西于3月15日宣布独立，成立两广护国军总司令部，任梁为参谋长。但广东都督龙济光被袁世凯拉拢，陆与梁联名发布檄文，并率军东征，同时策动广州等地民军攻打龙济光，龙济光被迫于4月6日宣布广东独立。

应龙济光一再要求，派汤觉顿为代表往广州。4月12日，在广东各界联席会议上发生争执，龙济兴手下开枪射杀汤觉顿等3人，是为“海珠惨案”。

5月1日，两广都司令部在肇庆成立，推岑春煊为都司令，梁启超为都参谋。号召广东捐输支持北伐。

5月5日，为讨袁护国大局，梁启超“忍泪言和”，亲赴广州做龙济光工作。席间又有人发难，梁拍案而起，说：“我在海珠事变发生后来，并非不知你们这里会杀人。”申明大义，气势凛然，稳定了广东反袁局面，逼龙济光发出北伐通电。

5月8日，具有临时政府性质的军务院成立，梁启超为抚军兼政务委员长。发布对内对外各种宣言、通电、布告，表明政策：袁世凯犯谋叛大罪必须去位，推副总统黎元洪为大总统，由军务院代行国务院职权，指挥全国军队，处理善后庶政，俟正式国务院成立即行撤废。

5月20日，到达上海，意在运动各方迫袁退位。对护国军，指示必须认识袁氏言和阴谋；对段祺瑞、冯国璋，提出袁氏必须去位。洪宪皇帝退位后，不能回头还做民国大总统。

5月30日，得知父亲已于3月14日在他赴海防时病逝，即电辞都司令部和军务院各职，回家守孝。

6—7月，斡旋时局，促进南北统一。

7月6日，拒绝黎元洪请其出任总统府秘书长的邀请。

8月下旬，号召在京进步党人组成宪法案研究会，9月12日，宪法案研究会与宪法研究同志会合并为“宪法研究会”，以与国民党联合组成的“宪法商榷会”竞争。

9月，将护国之役期间发出的公文、函电、论文辑为《盾鼻集》（盾鼻，盾牌的纽；因梁时荀济“于盾鼻上磨墨檄之”语，后指紧急檄文。“盾鼻”语出韩翃《寄哥舒仆射》诗）出版。

11月8日，蔡锷去世，12月发起筹建松坡图书馆；此为梁氏图书馆事业之开端。

民国六年（1917）　四十五岁

2月，著《外交方针质言》等，力主加入协约国，对德宣战。后多次致电段祺瑞，劝其对德断交，因与总统黎元洪及国会中国民党的观点对立，议沮不行。至6月14日，经历了张勋辫子军入京、黎元洪解散国会、段祺瑞重新组阁后，新内阁才对德宣战，宣战布告仍出于梁启超之手。

7月1日，张勋、康有为拥溥仪复辟，梁启超即日通电反对，力斥“贪黩无厌之武夫，大言不惭之书生”倒行逆施。并亲往段祺瑞宅邸游说其起兵讨伐。

7月2日，随段祺瑞赶往新军第八师驻地马厂（在河北青县），组成讨逆军总司令部，梁受聘司令部参赞，重要文电皆出梁之手。辫子军不堪一击，7月12日张勋逃亡，复辟闹剧收场。

7月17日，出任段祺瑞内阁财政总长。组成币制委员会、战时财政金融审议会，制定财经政策，编制财政预算，派员赴日考察，但政府预算大半（七成左右）用于军事，地方解款多被截留，整顿金融币制工作难以措手，遂于11月18日辞任。

入阁后主张并推动召集临时参议院以改组国会，再次与国民党走向对立，并为段祺瑞利用，段祺瑞操纵的“安福系”（皖系政客在安福胡同成立“安福俱乐部”）在国会选举中全胜，“研究系”惨败。

8月28日，与日本银行团代表签署第一次善后借款1000万日元。

是年，致书大总统徐世昌，请予落实东坡图书馆划地、筹款、集书等事。

著《余与此次对德外交之关系及其所主张》《代拟对德、对奥宣战布告》《反对复辟电》《代段祺瑞讨张勋复辟通电》《关于召集参议院问题政府之电文》等。

民国七年（1918） 四十六岁

去冬至本年春，专力治碑刻之学。

2月，在上海发起组织“松社”，以搜购图籍为建立松坡图书馆做准备。

3月始，全力编撰《中国通史》。因用功过度，8月累病吐血。

争取到巴黎和会会外顾问资格，从总统徐世昌处获得6万元支持，在朋友处筹得4万元，组团赴欧洲考察。一者“向世界舆论申诉”，二者考察战后社会状况，三者开阔眼界、增加学问。所以精选一批学有专长的名人（政治张君劢，经济徐振飞，军事蒋方震，工业丁文江、刘子楷、杨鼎甫），12月28日由上海启程赴欧。

发表《为请求列席和平会议敬告我友邦》《对德宣战回顾谈》《国际同盟与中国》等。

民国八年（1919） 四十七岁

2月11日，抵伦敦。住一等旅馆尚且“每日恒不饱，糖为稀世之珍，煤极缺，室中苦寒”。参观葬有数百英国名人的威士敏士达寺，旁听下议院的辩论。

2月18日，抵巴黎。先后会见美国总统威尔逊及法国、意大利、日本等多国代表。在万国报界俱乐部宴会即席演说，维护我国山东主权。将和会上于中国不利之情况电告国内，后经国民外交协会公之于报，遂引发“五四”游行。

同时，拜访各界名人，参观各地文化名胜，考察战场遗迹。以巴黎为大本营，四进四出，先后游历英国、比利时、荷兰、瑞士、意大利、德国。

10—12月，在法国巴黎郊区白鲁威撰写游记感想。

民国九年（1920） 四十八岁

1月18日，由马赛登上法国邮轮回国，3月5日抵沪，19日到京。拜见徐世昌，报告欧游经过，要求释放“五四”被捕学生。次日又专门写信，再请释放学生。

3月，《欧游心影录》在《时事新报》《晨报》发表。表达对西方文明危机的认识，对发扬中国文化的期望，以及对西方文明的信心和对中国文化落后的批判。

4月，与蒋百里等组织共学社，编译新书。

5月，接受承办中国公学（1915年梁曾任董事长），直到1927年。

7月，准备成立制宪同志会，未果。为谭延闿起草《湖南省治法》《自治法大纲说明书》。

9月5日，联合蔡元培、林长民、张元济等，创办讲学社，先后邀请罗素、杜威、杜里舒、泰戈尔来华讲学，影响巨大。

9月15日，《解放与改造》杂志更名《改造》，梁任主编，直至1922年停刊。

10月，罗素应讲学社之邀，来华讲学。

著《清代学术概论》《墨经校释》《老孔墨以后之学派》《老子哲学》《孔子》《地理及年代》《佛教之初输入》《印度佛教概观》《说四阿含》《中国佛学史稿》等。

民国十年（1921） 四十九岁

2月，发表《复张东荪论社会主义运动》，认为中国工业不兴，缺乏社会主义的基础。

秋，应南开大学聘，讲授中国文化史、中国历史研究法。

10月10日—12月21日，在京、津各大中学讲演，后有《梁任公先生最近讲演集》结集出版。

著《中国历史研究法》《墨子学案》《中国历史上之民族研究》《从发音上研究中国文字起源》《阴阳五行说之来历》《自由讲座制之教育》等。

民国十一年（1922）　五十岁

3月，在清华大学讲学。

4月1日至9月中旬，先后往北京、济南、南京、上海、南通、武昌、长沙等地演讲20多次，内容广泛，包括文化、历史、文学、哲学、科学、教育、美术，以及女权与政治问题。

10月下旬，赴南京东南大学讲学，11月21日突发心脏病停讲，后据讲义整理成《先秦政治思想史》。

著《中国韵文里头所表现的情感》《情圣杜甫》《屈原研究》《趣味教育与教育趣味》《教育与政治》《教育家的自由田地》《学问之趣味》《什么是文化》《护国之役回顾谈》《五十年中国进化概论》等。1920—1922年，“三年间著述总共一百余万言，在当时学术界起了一定的作用。”（杨鸿烈语）

民国十二年（1923）　五十一岁

1月15日，离东南大学返回天津，在《晨报》发表“养病谢客启事”。同月，在南开大学发起创办中国文化学院，后因经济问题停办。

2月，科学与人生观论战拉开，5月发表《关于玄学科学论战之“战时国际公法”》《人生观与科学——对丁、江论战之批评》等，在玄学与科学之间取非简单有所偏倚的中间路线。

5月下旬，在天津会见康有为，师生关系缓和。

6月，致书曹锟，劝其放弃欲做总统的想法。

7月，在南开暑期学校主讲。

8月，赴北戴河避暑。

10月，发起戴东原二百周年诞辰纪念会。

松坡图书馆之设立获黎元洪政府批准（1920年欧游回国后申请），并获拨北海快雪堂及西城石虎胡同7号为馆址。11月4日，松坡图书馆正式成立，任馆长，并卖字补贴经费。（1949年后并入北京图书馆）

著《国学入门书要目及其读法》《治国学的两条大路》《陶渊明》《朱舜水年谱》《颜李学派与现代教育思想》等。

民国十三年（1924） 五十二岁

1月，在京召开戴东原二百周年生辰纪念会，撰《戴东原先生传》《戴东原哲学》。

春季，讲学于南开大学。

4月26日，会见来华讲学的印度诗人泰戈尔。

6月，送梁思成赴美留学。

9月13日，夫人李惠仙病故。

著《中国近三百年学术史》《清代学者整理旧学的成绩》《明清之际思想界及其代表人物》《近代学风地理分布》《印度与中国文化之亲缘关系》《非“唯”》《说方志》等。

民国十四年（1925） 五十三岁

年初，在北京西山卧佛寺旁买下一块墓地，8月16日，动工修筑家族坟园。10月3日，李惠仙入葬。

3月12日，孙中山逝世，前往中山行馆吊唁。

4月，长婿周希哲任驻加拿大总领事，梁令娴携妹思庄赴加拿大。

5月初，段祺瑞请任宪法起草会秘书长，明确拒绝。

五卅惨案发生，与朱启钤、顾维钧等发表共同宣言，表示愤慨，又发表《我们该怎样应付上海惨杀事件》。

6月2日，在中华图书馆协会成立大会上发表演说，当选为首席董事，为会刊《图书馆学季刊》撰发刊词。就发展公共图书馆、图籍入藏原则、分类编目方法等提出指导意见。

以万元在北戴河买下一栋别墅，夏季入住避暑。

9月初，受聘为清华大学国学研究院导师。

12月，出任国立北平图书馆馆长（以政府资金不到位，由美国庚款董事会单独创办），在争取经费、改组馆制方面做出巨大努力。

著《要籍解题及其读法》《中国文化史——社会组织篇》《桃花扇注》《无产阶级与无业阶级》等。

民国十五年（1926）　五十四岁

1月，因便血加剧入北京德国医院，3月转入协和医院，16日手术割去右肾，仍未找到病源。便血时发，需数月输血一次。6月2日，在《晨报副刊》发表《我的病与协和医院》，希望不要因其被误诊之事引起社会对西医的误会，“生出一种反动的怪论，为中国医学前途进步之障碍”。

4月，出院。因病不能赴美，辞谢美国耶鲁大学因其在图书馆事业上的突出贡献而颁授的名誉博士学位。

7月，送梁思忠赴美留学。

秋冬间，接办司法储才馆。

9月，内阁决定改组京师图书馆，聘梁为馆长。俟国立北平图书馆建成后合并。

10月13日，在北海公园漪澜堂为徐志摩、陆小曼证婚并讲话。

10月28日，为南昌心远大学校长熊育锡被逮捕事，致电浙、闽、苏、皖、赣5省总司令孙传芳，请其营救。

12月，病情好转，常做学术讲演。

著《汉书艺文志诸子略考释》《先秦学术年表》及有关庄、荀、韩等诸子的文章多篇。

民国十六年（1927）　五十五岁

1月17日，司法储才馆开学，致开幕词，出任馆长。

2月开始，在燕京大学兼课半年，讲授《古书真伪及其年代》。

3月8日，往上海祝康有为七十大寿。3月31日，康有为在青岛去世，汇去数百元助其丧葬，作祭文、挽联。4月17日，邀集在京康门弟子于先哲祠设灵公祭。

6月，王国维投昆明湖自尽，赶赴清华园参与料理后事。

主持《中国图书大辞典》编纂项目。6月撰编辑计划、内容概要等。本拟编成一部如有新系统的《四库提要》。其规模空前，实为中国近代目录学一大创获，惜因病故未能完成。

因身体关系，打算辞去各项职务，专心养病。

本年病情稍稳定，著述达30余万言，有《儒家哲学》《中国文化史》等。

民国十七年（1928）　五十六岁

1—4月，住北京协和医院治疗。

3月，思成与徽因在加拿大举行婚礼，8月18日回到国内。

6月，辞去清华研究院工作。8月24日，请辞《中国图书大辞典》编纂项目。

8月，送梁思永赴美留学。

9月，作《辛稼轩年谱》至其52岁。

9月27日，因痔疾严重入协和医院治疗，稍愈出院返津续作《辛稼轩年谱》（至其61岁。辛弃疾寿67）。

10月12日，卧病不起。11月27日，再入协和医院。自知病将不治，嘱咐家人“以其尸身解剖，务求病源所在，以供医学界之参考。”

民国十八年（1929） 五十七岁[①]

1月15日，病情急剧恶化；19日下午2时15分，在协和医院去世。“至临终时，无一语遗嘱”，寂然长默。

2月17日，北京各界500多人在广惠寺举行公祭；同日，上海各界在静安寺召开追悼大会。痛悼为推动中国走进现代文明而终生奋斗的时代伟人和知识界泰斗。

① 任公年岁，有56岁、57岁两种计法。一因公历、农历计日之参差，其逝世时间，公历为1929年1月19日，农历为1928年12月9日，相差1年；二按足岁、虚岁计算不同，如以出生次年才计1岁者，则56岁为足岁，以出生当年计1岁者，则57岁为虚岁。中国传统计“享年”，故此以57岁计。

延伸阅读推荐书目

1. 《梁启超全集》，汤志钧、汤仁泽编，中国人民大学出版社，2018年版。

2. 《〈饮冰室文集〉点校》，吴松等编，云南教育出版社，2001年版。

3. 《饮冰室合集》典藏版，中华书局，2015年版。

4. 《梁启超选集》，李华兴、吴嘉勋编，上海人民出版社，1984年版。

5. 《宝贝，你们好吗》，穆卓编，山西人民出版社，2012年版。

6. 《梁启超和他的儿女们》，吴荔明著，北京大学出版社，2013年版。

7. 《梁启超新传》，李喜所、元青著，商务印书馆，2015年版。

8. 《梁启超》，耿云志、崔志海著，广东人民出版社，2008年版。

9. 《追忆梁启超》，夏晓虹编，三联书店，2009年版。

10. 《梁启超年谱》，吴天任著，广东人民出版社，2018年版。

后记

本书包括导读、诗文选读及附录等部分。

导读可以让读者更好地理解梁启超的几个基本问题：由强烈的现实性、坚定的现代性构成的价值特性，由启蒙性、学术性构成的文化意义，由文体创造（“新文体”）形成的文字魅力。

诗文选读是本书的重点和难点所在，因为本书所选仅为梁启超著作的百分之一，而且梁启超著作的选本由不同篇幅到各种主题堪称众多。我接受这项编写任务后，集中通读了《梁启超文集》和《梁启超全集》的演说、函电几卷以及部分专著，本意是想发掘一些篇目。但拉出一个备选篇目后，发现篇幅10倍有余，于是回过头来按照当初“计划书”所拟订的，突出梁启超与时俱进、以现代性为目标和原则来推进整个社会变革——思想启蒙——的主旨，优先考虑其中的名篇名作（包括节选），并兼顾各个时期。这样做是希望本书能成为一个极其精炼，而又具有梁启超著作代表作价值的精读本。选文大体按时间顺序编排，便于读者了解梁启超思想变化发展的脉络。

选文录自汤志钧、汤仁泽编《梁启超全集》（中国人民大学出版社2018年版），而用《饮冰室合集》（中华书局2015放大影印原1936年版）作了校核。需要说明的是，这一校核很有必要。《梁启超全集》在搜集、编辑方面贡献巨大，但或许由于篇幅的原因，排校的错误时有，例如《异哉所谓国体问题者》1万字，即有5处错字和至少5处明显的标点错误。

每篇选文都进行了重新分段。段落划分上，《梁启超全集》比《饮冰室合集》小，本书比《梁启超全集》更小。因为分段除了标示意义单元，还有标示注意的意义；而且太大的段落过于滞重，也不符合现代读者的阅读习惯。标点也在《梁启超全集》的基础上进行了认真斟酌，有不少改标及改正。目的都是方便读者理解文意。

注释原拟从简，但开始工作以后，发现梁启超的著作要句句读通，文字障碍不少，考虑到本书规模即使减少注释也无法给选文让出多少篇幅，所以大致以方便青年读者阅读来注释，希望这样做能使本书成为梁启超著作的一个精读本。（那、哪；的、地、得；他、她、它；少微、稍微；狠、很；钞、抄；像、象；辨、辩等，现代汉语的规范用法当时尚未形成，梁氏误用者多，不便改正，亦未出注。在此提请读者注意。）

评析是对各篇的理解，编者对此十分重视，也下了相当功夫，但这部分毕竟是见仁见智，若对读者能起到一定的提示、引发思考乃至激起辩证的作用，那就太好了。

编年事略帮助大家简要了解梁启超生平主要活动与学术文化事业。太繁难免滞重，太简又不管用，所以采用事项稍多、突出重点、文字求简的原则来处理。

感谢江门市社科联对梁启超研究工作的支持，感谢江门市梁启超研究会同人一直以来的切磋砥砺。

由于新冠肺炎疫情的发生，春节以后被阻隔在老家湖北荆门整整2个月，耽误了本书的编写进度，也使后期时间有些赶。但我因此得以在大学毕业后近40年里第一次在家陪伴老母亲2个月，心里觉得很好。在此将本书献给一生辛劳、抚养了子孙两代11人的父母！

由于水平和条件限制，书中难免会有缺点与错失，希望大家指正。

李　旭

2020年5月17日